Os intelectuais
CUBANOS
e a política cultural da Revolução
(1961-1975)

Os intelectuais
CUBANOS
e a política cultural da Revolução
(1961-1975)

Sílvia Cezar Miskulin

Copyright © 2009 Sílvia Cezar Miskulin

Edição: Joana Monteleone
Assistente editorial: Marília Chaves
Projeto gráfico e diagramação: Pedro Henrique de Oliveira
Revisão: Flávia Yacubian
Capa: Pedro Henrique de Oliveira

CIP-BRASIL. CATALOGAÇÃO-NA-FONTE
SINDICATO NACIONAL DOS EDITORES DE LIVROS, RJ
M66i

Miskulin, Sílvia Cezar, 1971-
    Os intelectuais cubanos e a política cultural da Revolução (1961-1975) / Sílvia Cezar Miskulin. - São Paulo : Alameda, 2009.

    Anexos
    Inclui bibliografia
    ISBN 978-85-98325-89-7

    1. El Puente (Editora). 2. El Caimón Barbudo (Suplemento). 3. Política e cultura - Cuba - História - Século XX. 4. Imprensa e política - Cuba - História - Século XX. 5. Cuba - Vida intelectual - Século XX. 6. Cuba - Política e governo - 1959-1990. I. Título.

09-0520.   CDD: 306.209291
                        CDU: 316.74:32(729.1)
05.02.09   09.02.09   010924

[2009]
Todos os direitos dessa edição reservados à
ALAMEDA CASA EDITORIAL
Rua Iperoig, 351 - Perdizes
CEP 05016-000 - São Paulo - SP
Tel. (11) 3862-0850
www.alamedaeditorial.com.br

Sumário

Prefácio 7

Introdução 11

1. Ebulição cultural pós-Revolução
A Revolução e o espaço da cultura 29
A editora El Puente e a nova geração de escritores 37
O suplemento cultural *El Caimán Barbudo* 54

2. Intelectuais, políticas oficiais e Revolução
O fechamento da editora e a repressão aos intelectuais de El Puente 89
Embates entre El Puente e *El Caimán Barbudo* 103
A intelectualidade e suas disputas no meio cultural 110
O papel do intelectual em *El Caimán Barbudo* 121

3. Política e História em El Caimán Barbudo
A história cubana e a defesa da Revolução 139
A exaltação da luta guerrilheira e a solidariedade ao Terceiro Mundo 147
O desfecho da primeira época do suplemento 170

4. Institucionalização das políticas culturais
A segunda época de *El Caimán Barbudo* 183
Nova direção e temas na segunda época do suplemento 196
Heberto Padilla no centro do turbilhão 208

5. Controle estatal e endurecimento cultural
A sobrevivência de *El Caimán Barbudo* 223

Considerações finais 253

Fontes	255
Bibliografia	269
Anexos	
Notas biobibliográficas	281
Livros publicados pela editora El Puente	297
Agradecimentos	299

Prefácio

A Revolução Cubana de 1959 provocou um furacão no universo político latino-americano. Despertou simpatias e adesões imediatas, assim como medos e rejeições duradouras. No cenário interno, houve na ilha um extraordinário florescimento cultural cheio de entusiasmo e de esperança diante dos tempos novos que pareciam se abrir. O governo também entendia que a cultura era indispensável para respaldar a Revolução. E, assim, se dispôs a criar jornais, editoras, suplementos literários; e a patrocinar a produção pictórica, musical e cinematográfica. Entretanto, o idílio inicial entre intelectuais/artistas e o governo foi efêmero. As tensões cresceram. De um lado, o desejo de liberdade e de busca de experimentações colidia com a política oficial do Estado, cada vez mais estrita e disciplinadora. O período de ajuste foi doloroso. Muitos desses homens e mulheres sofreram perseguições, foram presos e acabaram por se exilar; outros permaneceram na ilha e se adaptaram, como puderam, às limitações impostas.

Sílvia Miskulin, neste livro, reflete sobre tão candentes temas, escolhendo como protagonistas os jovens intelectuais da editora El Puente e do suplemento literário *El Caimán Barbudo*. Analisa os diálogos, embates e confrontos ideológicos desses grupos diante da política oficial do governo de Fidel Castro, entre 1961 e 1975.

A editora El Puente surgiu por iniciativa do escritor José Mario Rodríguez em 1961, sendo co-dirigida pela escritora Ana María Simo. A editora congregou autores jovens e desconhecidos, muitos deles negros, mulheres e homossexuais, que desejavam marcar sua independência frente a outros grupos literários de gerações anteriores. Publicou 37 obras literárias, em especial livros de poesia.

A autora estuda a trajetória de seus idealizadores e colaboradores e o precoce fechamento de El Puente em 1965. Sua explicação para entender a curta existência da editora apóia-se em dois eixos. Em primeiro lugar, indica que, na perspectiva oficial, as publicações não demonstravam suficiente comprometimento com os ideais e objetivos revolucionários. Em segundo, salienta o fato da editora ser dirigida por um homossexual, José Mario Rodríguez. A partir de 1965, com a política oficial de repressão àqueles que não se pautassem por um comportamento sexual "adequado", tornou-se impossível a um homossexual ocupar cargo de tal relevância no panorama cultural cubano. Desse modo, José Mario foi preso – como também outros integrantes da editora – e depois confinado a uma *Unidad Militar de Ayuda a La Producción* (UMAPs) em Camagüey, que funcionava como um campo de trabalho forçado para a recuperação dos "desviados" ideológicos ou sexuais. Em 1968, exilou-se na Espanha, vivendo em Madri até sua morte em 2002.

El Caimán Barbudo, fundado em abril de 1966, era o suplemento literário mensal do jornal *Juventud Rebelde*, órgão da Juventude do Partido Comunista Cubano. Jesús Díaz, escritor e professor de filosofia, era seu diretor. O nome *Caimán* – uma espécie de jacaré – homenageava a ilha de Cuba cuja forma se assemelha à desse animal. Barbudo era a referência óbvia aos barbudos revolucionários de Sierra Maestra. Como indica a eleição do título, os editores do suplemento manifestavam plena adesão à Revolução, defendiam uma concepção de arte marxista em suas páginas e se propunham atingir o público jovem, que devia ser "adequadamente politizado". Entretanto, aconteceram controvérsias e, no final de 1967, Jesús Díaz e seus colaboradores foram afastados da redação por publicarem "artigos polêmicos". Entre eles, estava o texto de Heberto Padilla, de junho de 1967, no qual o autor ousara criticar o romance *Pasión de Urbino*, escrito pelo "poderoso" vice-presidente do Conselho Nacional de Cultura, Lisandro Otero. No mesmo artigo, elogiava o livro *Tres Tristes Tigres*, de autoria do escritor cubano exilado, Cabrera Infante, que acabara de receber um prêmio no exterior.

O fim da primeira fase de *El Caimán Barbudo* significou a dispersão do grupo principal de seus colaboradores. Mas o suplemento continuou a ser editado por várias outras equipes mais "disciplinadas". Jesús Díaz ainda exerceu diversos cargos, como por exemplo no ICAIC (Instituto Cubano del Arte e Industria Cinematográficos). Nos anos 1990, acabou se exilando em Madri, onde faleceu em 2002.

Os problemas enfrentados pelos intelectuais de El Puente e de *El Caimán Barbudo* se assemelhavam aos do grupo que criou, imediatamente após a vitória da Revolução em 1959, o importante suplemento literário *Lunes* publicado pelo jornal *Revolución*. Este foi o tema estudado por Sílvia Miskulin em seu primeiro livro, *Cultura Ilhada. Imprensa e Revolução*

Cubana (1959-1961), no qual analisou a curta trajetória desse suplemento "demasiadamente independente", fechado em 1961 pelo governo, em virtude de divergências em termos de posturas políticas e ideológicas. Sílvia estudou com acuidade as manifestações culturais nesse relevante período, – de 1961 a 1975 – podendo, desse modo, demonstrar sua tese, qual seja, a de que o fechamento político e ideológico posto em prática pelo governo cubano em relação à cultura já se manifestava antes das diretrizes restritivas apresentadas no Congresso Nacional de Educação e Cultura de 1971, marco apontado pelos analistas como o do início das restrições às liberdades individuais em Cuba. Na sua interpretação, desde 1961, a política oficial não tolerou, no campo da cultura, rebeldias juvenis, diversidade de comportamentos ou livre orientação sexual.

As observações da autora sobre os problemas enfrentados pelos intelectuais homossexuais cubanos não são meras opiniões ou posturas políticas tomadas a priori. Elas nascem da análise cuidadosa das fontes documentais. A decisão do Estado que pôs em prática a perseguição aos homossexuais pode ser comprovada ao acompanhar as intervenções oficiais nas vidas de alguns desses intelectuais. O cenário, afirma a autora, iria mudar em meados da década de 1980, quando houve uma abertura relativa em termos de liberdade de expressão e de comportamento com relação à produção intelectual e à criação artística.

As qualidades apontadas neste livro de Sílvia Miskulin – rigor, competência, profundo conhecimento do tema e familiaridade com a bibliografia – precisam ser enfatizadas, fazendo dela uma reconhecida especialista da história contemporânea de Cuba.

Neste sentido, convido o leitor a entrar por essa complexa trama de idéias em disputa e em confronto que teve repercussões sobre tantas vidas individuais, sobre o rumo da Revolução em Cuba e sobre o cenário mais amplo da esquerda latino-americana.

Maria Ligia Coelho Prado
Departamento de História
Universidade de São Paulo

Introdução

O triunfo da Revolução Cubana inaugurou um período de grande agitação política e artística. Surgiram novas instituições e publicações, abrindo grandes possibilidades de trabalho aos intelectuais. Os escritores e artistas se entusiasmaram com a intensa movimentação e com as novas oportunidades para criar suas produções, o que não impediu o surgimento de tensões e disputas dentro do mundo cultural. Neste trabalho, serão enfocados os conflitos no meio intelectual, a partir da análise das trajetórias e publicações da editora El Puente (1961-1965) e do suplemento cultural *El Caimán Barbudo* (1966-1975). As relações entre os intelectuais e o governo cubano, entre 1961 e 1975, constituirão os grandes eixos desta pesquisa.

Criada em 1961, pelo escritor José Mario Rodríguez, a editora El Puente foi também co-dirigida pela escritora Ana María Simo. Por ser uma editora independente, publicou livros de poesias, teatro e contos de diversos escritores jovens, na maioria até então inéditos, e agrupou ao seu redor muitos negros, mulheres, homossexuais ou jovens de extração social humilde, de diferentes tendências literárias e políticas. Entretanto, a editora foi fechada pelo governo cubano em 1965 e seus principais colaboradores se dispersaram, alguns foram presos e muitos posteriormente se exilaram.

El Caimán Barbudo surgiu como suplemento cultural mensal do jornal *Juventud Rebelde*, periódico da União de Jovens Comunistas (UJC), em 1966. Dirigido por Jesús Díaz e acompanhado por uma equipe de jovens escritores e filósofos, o suplemento tinha como objetivo ser uma publicação direcionada aos jovens. Desde o início, seus fundadores declararam que suas obras seriam comprometidas e produzidas em diálogo com a Revolução. No final de 1967, Jesús Díaz e os demais colaboradores foram afastados de sua redação, por publicarem artigos "polêmicos" no suplemento. *El Caimán Barbudo* continuou a ser editado por várias equipes de colaboradores a partir de 1968, denominada de segunda época da publicação.

Nos anos setenta, alguns eventos marcaram os rumos da política cultural cubana: a prisão e "confissão" do escritor Heberto Padilla, em 1971, conhecidas como "caso Padilla"; o Primeiro Congresso Nacional de Educação e Cultura, em 1971 e o Primeiro Congresso do Partido Comunista

Cubano, em 1975. Assiste-se, nesses anos, a um progressivo fechamento e endurecimento das normas e parâmetros culturais e políticos que transpareceram nas páginas de *El Caimán Barbudo*. A publicação tornou-se cada vez mais um órgão da propaganda oficial do governo cubano e estimulou as produções culturais a se aproximarem do realismo socialista soviético, ao exaltar nas obras os valores nacionais, revolucionários e otimistas, direcionadas à maioria da população.

Os anos sessenta, em Cuba, foram considerados por muitos estudiosos como um período de grande efervescência intelectual, com o surgimento de muitas instituições, editoras e publicações, em contraposição ao endurecimento e fechamento que marcou os anos setenta. Minha hipótese central é a de que o fechamento político e ideológico com relação à cultura foi anterior aos anos setenta. Ainda que as mudanças da política cultural oficial, anunciadas no Congresso Nacional de Educação e Cultura de 1971, tenham sido consideradas como um marco pela historiografia, esse Congresso apenas acentuou o controle cultural que já vinha sendo posto em prática desde os anos sessenta. A fundação do Partido Comunista Cubano (PCC), em 1965, estabeleceu um regime de partido único na ilha, passando seus militantes a ocupar os cargos mais relevantes na administração política, econômica e cultural. O cerceamento da liberdade de expressão e criação em Cuba tornou-se cada vez mais evidente. O controle dos órgãos de poder por uma pequena parcela de dirigentes políticos, membros do PCC, ao centralizar e ditar as políticas culturais, burocratizou-se e limitou o espaço de participação nas esferas culturais.

Este trabalho tomou como fontes principais as publicações culturais da editora El Puente[1] (1961-1965) e os artigos do suplemento *El Caimán Barbudo* (1966-1975). Também utilizou fontes oficiais do governo cubano como os textos dos: Primeiro Congresso Nacional de Escritores e Artistas, de 1961; Congresso Cultural de Havana, em 1968; Primeiro Congresso Nacional de Educação e Cultura, em 1971; e Primeiro Congresso do Partido Comunista Cubano, em 1975. Portanto, as balizas cronológicas foram de 1961, com a criação da editora El Puente, até 1975, com a realização do Primeiro Congresso do PCC.

---

1 Ver lista completa das obras publicadas pela editora El Puente no anexo 3, no fim desse trabalho.

Muitos estudiosos têm analisado revistas, suplementos culturais e jornais cubanos e brasileiros. Estabeleci um diálogo com muitos desses autores, apoiando-me em suas análises. Com relação às publicações cubanas, destaco os trabalhos sobre *Orígenes*, *Ciclón* e *Casa de las Américas*[2]. Uma referência importante para meu trabalho foi a análise realizada por Liliana Martínez Pérez sobre a primeira época de *El Caimán Barbudo*[3].

No Brasil, o trabalho pioneiro de utilização da imprensa como fonte documental para o historiador, de Maria Ligia Coelho Prado e Maria Helena Capelato, foi muito inspirador para a perspectiva metodológica de minha pesquisa. No livro *O Bravo Matutino*, as historiadoras analisaram a ideologia liberal do jornal *O Estado de São Paulo*, entre os anos de 1927 e 1937 e mostraram como a imprensa foi fundamental no processo político do período, como um "instrumento de manipulação de interesses e de intervenção

---

2   Jesús Barquet analisou na sua Tese de Doutorado, defendida na Tulane University, a revista *Orígenes* (1944-1956), dirigida por José Lezama Lima, além de pesquisar também todas as publicações dos *"origenistas"* que a antecederam. Já Adriana Kanzepolsky desenvolveu seu doutorado na USP sobre a relação de *Orígenes* com os intelectuais europeus, latino-americanos e estadunidenses que publicaram em suas páginas. A revista *Ciclón* (1955-1959), editada por José Rodríguez Feo e Virgilio Piñera, foi estudada em Cuba por Roberto Pérez León. Ver: BARQUET (1990); KANZEPOLSKY (2004); PÉREZ LEÓN (1995). Extenso levantamento das revistas cubanas entre 1902 e 1958 foi realizado nos Estados Unidos por Roberto Esquenazi-Mayo. Ver: ESQUENAZI-MAYO (1993). A revista *Casa de las Américas* surgiu em 1960 e é publicada bimestralmente até hoje. Diversos trabalhos foram elaborados sobre a revista, desde o de Luisa Campuzano, em Cuba (membro do conselho de redação da revista, fez uma leitura canonizadora da publicação), além de muitos outros estudos críticos desenvolvidos fora da ilha, como o de Hans-Otto Dill, Juan Carlos Quintero Herencia e Idalia Morejón Arnaiz. A Tese de Doutorado de Idalia Morejón, elaborada no PROLAM da USP, analisou a revista *Casa de las Américas* e comparou-a com a revista *Mundo Nuevo*, que polemizou fora da ilha com a publicação cubana. Ver: CAMPUZANO (2001); DILL (1992); QUITERO HERENCIA (2002); MOREJÓN ARNAIZ (2004).

3   Na Tese de Doutorado em História, elaborada na Universidade Ibero-americana, no México, Liliana Martinez Pérez analisou a intelectualidade cubana, enfocou a primeira época de *El Caimán Barbudo* (1966-1967), e relacionou-a com a trajetória da revista *Pensamiento Crítico* (1967-1971), do departamento de filosofia da Universidade de Havana. Ver: MARTÍNEZ PÉREZ (2001).

na vida social" (CAPELATO; PRADO, 1980). O jornal foi estudado como um veículo que intervinha na realidade, ao fazer política, assumir posições, analisar a história e participar no debate ideológico e estético da época[4].

Revistas e suplementos culturais também foram objetos de pesquisas no Brasil. O trabalho de Tania Regina de Luca (1998) centrou-se na *Revista do Brasil*, de 1916 a 1925, para analisar como essa publicação enfocou a questão nacional, no quadro amplo das relações entre política e cultura. Já Angela de Castro Gomes (1999) investigou a política cultural do Estado Novo, por meio da revista *Cultura política* e do suplemento *Autores e Livros*, do jornal *Amanhã*, que circulou de agosto de 1941 a fevereiro de 1945. Os órgãos de imprensa selecionados por Castro Gomes eram porta-vozes do governo de Getúlio Vargas. Foram criados para divulgar a doutrina estado-novista, propiciar a difusão da política cultural no período e buscar consolidar o apoio da intelectualidade às diretrizes estatais. A política cultural do Estado Novo fazia parte das políticas públicas e tratava de "presidir e unificar inúmeras iniciativas", com o objetivo de produzir um "apoio de massas para o nacionalismo estatal" (GOMES, 1999, p. 20).

Na perspectiva da história política renovada[5], a pesquisa de Maria Helena Capelato (1998) sobre a propaganda política no varguismo e peronismo baseou-se na análise da cultura política das sociedades brasileira e argentina. Nas sociedades contemporâneas os meios de comunicação de massas seriam formados por aparatos técnicos e científicos sofisticados, que operariam na "fabricação e manipulação dos imaginários coletivos", tornando-se a "força reguladora da vida social e do exercício de poder", como mostrou Capelato (1998, p. 36):

> A propaganda política vale-se de idéias e conceitos, mas os transforma em imagens e símbolos; os marcos da cultura são

---

4 Dentro desta abordagem, inseriu-se também outra pesquisa de Maria Helena Capelato, cujas fontes foram diversos periódicos da imprensa paulista, entre 1920 e 1945. Ver: CAPELATO (1989).

5 Para acompanhar a renovação da história política, foram significativos os trabalhos de Pierre Rosanvallon e René Remond na França, e de Maria Ligia Coelho Prado no Brasil, entre outros. Ver: ROSANVALLON (1986); RÉMOND (1996); PRADO (1999).

também incorporados ao imaginário que é transmitido pelos meios de comunicação. A referência básica da propaganda é a sedução, elemento de ordem emocional de grande eficácia na atração das massas. Nesse terreno onde política e cultura se mesclam com idéias, imagens e símbolos, define-se o objeto propaganda política como um estudo das representações políticas. Tal perspectiva de análise relaciona-se diretamente com o estudo dos imaginários sociais, que constituem uma categoria das representações coletivas.

Para Capelato, a propaganda política desencadeava uma "luta de forças simbólicas" e uma violência simbólica, com o objetivo de reforçar a dominação do poder político, por meio da "interiorização de normas e valores", impostos pela propaganda. Em *Multidões em cena. Propaganda política no varguismo e peronismo*, a historiadora mostrou como tanto no Estado Novo, como no peronismo a propaganda política foi um dos pilares do poder. Nos dois países, o controle da imprensa e dos meios de comunicação de massa esteve a serviço da propaganda, ao impedir a divulgação de certos temas e impor a difusão de outros assuntos que seriam importantes para o Estado.

A relação entre censura e propaganda tornou-se bastante evidente e o governo passou a intervir na esfera cultural. Tanto no varguismo como no peronismo as manifestações artísticas deveriam vincular-se aos temas nacionais, a arte deveria assumir uma função utilitária e submeter-se aos ditames da política e da propaganda. Muitos intelectuais que reagiram a essa submissão tiveram de optar entre o silêncio, a clandestinidade e o exílio. As produções culturais nos dois casos estudados por Capelato (1998, p. 120) inseriram-se em um projeto de política de massas, em que se mesclou política e cultura, e em que as obras de arte voltaram-se para as novas concepções de poder e para o "enaltecimento da política". Esse trabalho de Maria Helena Capelato foi uma contribuição fundamental para analisar as transformações que a publicação *El Caimán Barbudo* sofreu nos anos sessenta e setenta, e como ela tornou-se um veículo de propaganda da política cultural oficial do governo de Fidel Castro.

As contribuições dos filósofos da Escola de Frankfurt foram fundamentais para a compreensão da instrumentalização da cultura pelos

Estados autoritários, como foram os casos do nazismo e fascismo. Herbert Marcuse analisou como o Estado autoritário baseou-se na "mobilização total" do indivíduo, que deveria se subordinar à disciplina desse Estado, que primava pela ausência de liberdade. Nesse contexto, ocorria uma reorganização cultural, com a conversão de "instintos" e "forças explosivas dos indivíduos" em um processo disciplinador e de interiorização, que deveria se submeter à comunidade e coletividade exterior (MARCUSE, 1997, p. 123). O surgimento de uma nova cultura, em que a arte estaria a serviço da defesa nacional, da disciplina militar e do trabalho, destinava-se ao "enriquecimento, embelezamento e segurança do Estado autoritário" e era organizada conforme o interesse de grupos econômicos restritos (MARCUSE, 1997, p. 126). A propaganda cultural por meio de festas, celebrações, desfiles, mobilizações, discursos dos líderes e meios de comunicação de massas era responsável pela submissão dos indivíduos à autoridade do Estado.

No ensaio *A obra de arte na era de sua reprodutibilidade técnica*, Walter Benjamin (1986, p. 171-172) destacou que a obra de arte, com o advento das técnicas de reprodução, descolou-se do ritual mágico e religioso, para assumir uma nova função social, fundamentada na "práxis política". Benjamin advertiu que o fascismo estetizou a vida política e levou a população à guerra, uma vez que, para o fascismo, apenas a guerra permitia dar um objetivo aos grandes movimentos de massa, além de proporcionar a "satisfação artística de uma percepção sensível modificada pela técnica". Como exemplo, Benjamin relembrou o manifesto futurista que havia exaltado a "estética da guerra", ao declarar que "a guerra é bela". A estetização da política promovida pelo fascismo levou a humanidade, em sua alienação, a viver sua destruição como "um prazer estético de primeira ordem". Por outro lado, para Benjamin (1986, p. 195-196), o comunismo respondia a essa situação com a proposta de "politização da arte".

Em outro trabalho, Herbert Marcuse (1999) afirmou que as sociedades ditas comunistas haviam se transformado em regimes autoritários e burocráticos, devido às circunstâncias nacionais e internacionais da época. As razões do surgimento dos regimes autoritários e burocráticos se relacionavam com o uso repressivo e agressivo dos meios existentes, além da coexistência entre os sistemas capitalistas e socialistas, o que gerava enormes gastos nas esferas militares e estratégicas, e impossibilitava o desenvolvimento de uma sociedade livre e democrática. Em sua visão, o comunismo democrático era uma "verdadeira possibilidade histórica", havendo condições de criar uma "sociedade justa e livre para todos os homens", baseada na democracia direta por meio de conselhos e assembléias (MARCUSE, 1999, p. 125-137). As contribuições de Herbert Marcuse e Walter Benjamin foram essenciais para refletir sobre a relação entre as obras de arte, a cultura e o regime autoritário e burocrático que acabou por predominar em Cuba.

A história dos intelectuais constituiu-se também em uma área de estudo fundamental para esta pesquisa. A história dos intelectuais faz parte de um campo que se situou no cruzamento entre a história política, das idéias políticas e a história cultural, na visão do historiador Jean-François Sirinelli (1996). A definição de intelectual elaborada por Sirinelli frisou o caráter polissêmico da noção e de como ela se transformou com o passar do tempo. Baseou-se em duas visões, uma mais ampla, em que os criadores e "mediadores" culturais eram os intelectuais, o que englobava os escritores, jornalistas e professores. Já a segunda acepção de intelectual assentou-se na noção de engajamento e por isso era mais específica, ao enfocar os intelectuais que intervieram na vida das cidades, como por meio da assinatura de manifestos. Para Sirinelli (1996, p. 242-243), o historiador deve partir da visão mais abrangente de intelectual e, se for o caso, deter-se na visão mais restrita de engajamento. Além da definição do objeto, Sirinelli também ressalta a amplitude e diversidade de fontes para se estudar os intelectuais, enfatizando a importância dos textos impressos. Em sua produção, os intelectuais têm papel fundamental, desde sua gênese, circulação, até sua transmissão para formar opiniões (SIRINELLI, 1996, p. 245).

Sirinelli empregou as noções de itinerário, geração e sociabilidade para a análise dos intelectuais. Os itinerários políticos são fundamentais para serem trabalhados, pois revelam o engajamento dos intelectuais. Para esse historiador, não se deve pesquisar apenas as trajetórias dos "grandes intelectuais", mas também os intelectuais de "menor notoriedade", que tiveram papel relevante para as gerações intelectuais posteriores. O termo geração relaciona-se para Sirinelli com as solidariedades de idade estabelecidas entre os intelectuais, muitas vezes ligadas com um acontecimento fundador, definidor de uma vivência comum, e que os diferencia da geração antecedente. A questão da sociabilidade dos intelectuais relaciona-se com a sensibilidade ideológica e cultural comum, que se constituía, por exemplo, na redação de um jornal ou revista, no conselho editorial de uma editora, na elaboração de um manifesto ou abaixo-assinado. Para Sirinelli (1996, p. 249), as revistas são lugares privilegiados para esse estudo, pois se trata de espaço de "fermentação intelectual", de relações afetivas e de movimento de idéias, em que posições são assumidas e debates são realizados, levando muitas vezes a tensões e rupturas entre os intelectuais. Por último, Sirinelli enfatizou a necessidade de relacionar as ideologias produzidas ou veiculadas pelos intelectuais e a cultura política de sua época.

Helenice Rodrigues da Silva (2002) identificou o surgimento do termo intelectual, em língua francesa, no final do século XIX, ligando-o ao caso Dreyfus. Como se sabe, este oficial do exército francês de origem judia foi acusado injustamente de traição. Aqueles que assinaram a petição a seu favor e pediram a revisão do processo "em nome da justiça, da verdade e contra a razão do Estado" foram chamados de intelectuais. Conforme analisou Helenice, o aparecimento da noção estava vinculado com o posicionamento público dos intelectuais e sua intervenção para alterar o julgamento do capitão, que os configurava como "intelectuais de esquerda", defensores de valores e causas universais (SILVA, 2002, p. 15).[6]

Apesar das variações no significado do conceito de intelectual em distintos momentos históricos do século XX, Helenice Rodrigues da Silva apontou para um novo modelo de intelectual, no pós-Segunda Guerra Mundial: o "intelectual engajado", que tinha na figura de Jean-Paul Sartre sua expressão máxima. Não apenas em sua obra, Sartre expressou seu engajamento. Sua trajetória pessoal também o demonstra, com a participação nas lutas de resistência aos nazistas, até seu posicionamento público favorável à independência da Argélia, na guerra de libertação contra a França (1954-1962). Jean-Paul Sartre tornou-se porta-voz do "terceiro-mundismo", ao pregar o caráter revolucionário dos movimentos

---

6   Segundo Helenice, "intelectual" designa, originalmente, uma vanguarda cultural e política que ousava desafiar a razão do Estado. (...) Continuando a designar um grupo político, o substantivo "intelectual" qualifica sobretudo uma atitude e uma maneira de se posicionar no mundo. Ver: SILVA (2002, p. 16).

de libertação nacional e justificar a violência como meio válido para que o "colonizado" se afirmasse perante o "colonizador".

Sartre também se tornou uma referência para os intelectuais cubanos, sobretudo para aqueles que o receberam em sua visita à ilha, em março de 1960, patrocinada pelo jornal *Revolución* e pelo seu suplemento cultural *Lunes de Revolución* (SARTRE, 1960). O modelo de intelectual engajado representado por Sartre posicionava-se à esquerda, e, na maioria das vezes subordinava a produção de conhecimento e a elaboração de idéias ao político. Segundo Helenice, Sartre encarnava a figura do "intelectual total", ou seja, aquele que se posicionava sempre sobre as mais diversas questões do tempo presente (SILVA, 2002, p. 34).

Para Sartre, seu posicionamento tinha o objetivo de buscar transformar a sociedade, por meio de sua ação e de seus escritos. Com seu engajamento, Sartre era "portador de uma utopia revolucionária", que se distanciou do marxismo soviético. Por ser um grande defensor da liberdade, posicionou-se contra o dogmatismo stalinista e o autoritarismo vigente na União Soviética, sobretudo após o relatório de Kruschov que denunciou os crimes de Stalin no XX Congresso do PCUS e a invasão da Hungria, em 1956, pelos soviéticos (SILVA, 2002, p. 139, 147). O engajamento de Sartre com a revolução e sua posição política crítica aos soviéticos e ao realismo socialista, representou uma alternativa de intelectual revolucionário a muitos dos escritores e artistas cubanos que o conheceram e admiraram seu espírito crítico[7].

Outra grande referência para o estudo dos intelectuais foi o trabalho pioneiro de Antonio Gramsci (1981). Em sua concepção, todos os homens eram intelectuais, pois participavam de uma concepção de mundo e de uma conduta moral, o que poderia contribuir para "promover novas maneiras de pensar". Porém, nem todos desempenhavam esta função de intelectual (GRAMSCI, 1981, p. 10-11). A visão de Gramsci (1981, p. 14) representou ampliação no conceito de intelectual; os intelectuais se diferenciavam por graus: os criadores das ciências, da filosofia, da arte estavam no patamar mais alto, enquanto os administradores e divulgadores intelectuais integravam o grau mais baixo. Ao apontar como cada grupo social em desenvolvimento

---

7   Na minha pesquisa de mestrado sobre *Lunes de Revolución*, abordei a visita de Sartre a Cuba e sua repercussão entre os intelectuais. Ver: MISKULIN (2003).

possibilitava o surgimento de novos intelectuais, Gramsci (1981, p. 7, 16) os denominou de "intelectuais orgânicos":

> Cada grupo social, nascendo no terreno originário de uma função essencial no mundo da produção econômica, cria para si, ao mesmo tempo e de um modo orgânico, uma ou mais camadas de intelectuais que lhe dão homogeneidade e consciência da própria função, não apenas no campo econômico, mas também no social e no político. (...) Para alguns grupos sociais, o partido político não é senão o modo próprio de elaborar sua categoria de intelectuais orgânicos (que se formam assim, e não podem deixar de se formar, dadas as características gerais e as condições de constituição, de vida e de desenvolvimento do grupo social dado) diretamente do campo político e filosófico, e já não mais no campo da técnica produtiva.

Esse conceito de intelectual orgânico me pareceu muito relevante para pensar sobre o debate que existiu em Cuba após o triunfo da Revolução, acerca do surgimento dos primeiros jovens intelectuais revolucionários, que seriam os responsáveis por elaborar as novas obras culturais a partir da experiência revolucionária. Já os intelectuais tradicionais eram aqueles que pertenciam às categorias especializadas para o exercício da função intelectual, como o literato, filósofo, artista e jornalista, na definição de Gramsci. O grupo dominante lutava pela "assimilação e conquista ideológica dos intelectuais tradicionais, assimilação e conquista que são tão mais rápidas e eficazes quanto mais o grupo em questão elaborar simultaneamente seus próprios intelectuais orgânicos" (GRAMSCI, 1981, p. 12). Desta maneira, os intelectuais se tornavam os "comissários" do grupo dominante para o "exercício das funções subalternas da hegemonia social e do governo político", ou seja, tratavam de garantir o "consenso espontâneo" da população forjado pelo grupo dominante na vida social, o que não dispensava a utilização do "aparato de coerção estatal", que garantia a disciplina dos grupos que não participassem desse consenso (GRAMSCI, 1981, p. 14).

As revistas também foram objeto de reflexão de Gramsci (1981, p. 111), já que funcionavam ao mesmo tempo como redação e como "círculo de cultura": "O círculo critica de modo colegiado e contribui assim para elaborar os trabalhos dos redatores individuais, cuja operosidade é organizada segundo um plano e uma divisão do trabalho racionalmente preestabelecidos". As discussões e críticas construtivas realizadas entre os redatores das revistas acabavam por criar condições para o surgimento de um "grupo homogêneo de intelectuais", que estava preparado para a atividade editorial. Gramsci (1981, p. 151-152) também avaliou as revistas de partido, que deviam se tornar "força motriz e formadora de instituições culturais de tipo associativo de massa": "O partido é essencialmente político, e, mesmo sua atividade cultural é atividade de política cultural; as 'instituições' culturais devem ser não apenas de 'política cultural', mas de 'técnica cultural'." Sua perspectiva sobre revistas, e sobretudo revistas de partido deu elementos para pensar o papel institucional que ocupou *El Caimán Barbudo* em Cuba, como órgão da União de Jovens Comunistas, organização esta que possuía vínculos estreitos com o Partido Comunista Cubano.

O trabalho de Raymond Williams (1992) também aportou contribuições para minha pesquisa. As instituições culturais nas sociedades pós-capitalistas conformaram um campo importante para os estudos dos intelectuais, pois se tornaram departamentos do Estado, que controlavam os modernos meios de comunicação de massas. Ao abrangerem intelectuais e funcionários estatais, as condições dessas instituições e de seus produtores variavam, segundo Williams, já que muitas vezes eram "totalmente subordinadas à política estatal geral", acentuada pela tentativa de "monopólio total dos meios de produção cultural". Havia também situações mais atenuadas, em que os produtores possuíam autonomia relativa em suas práticas, sem discordar em relação à ordem mais geral, o que muitas vezes gerava tensões e conflitos dentro das instituições (WILLIAMS, 1992, p. 55). Essas reflexões de Williams pareceram-me muito relevantes para entender as posições assumidas pelos diferentes grupos de intelectuais que colaboraram em *El Caimán Barbudo* em suas diferentes épocas, já que mantiveram, na linha editorial da publicação, em diferentes momentos, uma maior, menor ou quase nula autonomia em relação às diretrizes da política cultural oficial e da União de Jovens Comunistas.

A Revolução Cubana suscitou e, ainda hoje estimula, diversas interpretações, produzidas por historiadores, sociólogos, cientistas políticos, críticos literários, entre outros pesquisadores. Consultei inúmeros trabalhos sobre o processo revolucionário cubano, desde as interpretações oficiais estabelecidas em Cuba, passando pelas diferentes visões políticas produzidas no exílio por cubanos, até trabalhos críticos, dentro de uma perspectiva marxista, elaborados por estudiosos brasileiros e de outros países.

Algumas pesquisas foram fundamentais para a compreensão das interpretações marcadas pela defesa estrita da Revolução. Ana Julia Faya e Pedro Pablo Rodríguez (1996) fizeram um trabalho de investigação sobre as relações conflituosas entre Cuba e os Estados Unidos, nos primeiros anos da Revolução, a partir da ótica do governo cubano. Um dos grandes historiadores cubanos, Julio Le Riverand (1975, 1999), dedicou-se a diversos temas e períodos da história da ilha, com destaque para sua análise sobre o período Republicano e os antecedentes do triunfo da Revolução. Entre tantos estudiosos cubanos, ressalto dentro dessa vertente de interpretação o trabalho do historiador haitiano Gérard Pierre Charles (1996). Ao analisar os eventos que desembocaram no triunfo da Revolução, exaltou o papel do Partido Socialista Popular (denominação na época do Partido Comunista Cubano) na organização do movimento operário, mas não mostrou sua quase nula participação na luta armada para derrubar a ditadura de Fulgêncio Batista e o descrédito do PSP por haver participado do governo de Batista nos anos quarenta. A visão oficial da história cubana e da Revolução pôde ser apreendida também nos discursos e textos publicados por Fidel Castro (1961) e Che Guevara (1965, 1967, 1991) entre tantos outros que foram agentes no processo revolucionário cubano.

Inúmeros pesquisadores cubanos vivem no exílio e produziram obras fora de Cuba, com uma visão diferenciada da Revolução Cubana e com diversos pressupostos teóricos e posições políticas. Alguns trabalhos de críticos literários foram de extrema importância para minha pesquisa, como os de Jesús Barquet (1993, 1994, 1998, 1999, 2002) e Carlos Espinosa Domínguez (1992, 2001, 2002), que analisaram a produção cultural cubana nos anos sessenta e setenta, com especial ênfase no teatro e na poesia; do mesmo modo, os estudos sobre cultura cubana de Enrico Mario Santí (2002). Outro pesquisador cubano radicado nos Estados Unidos, Carmelo Mesa-Lago (1979, 2003) que analisa a economia cubana, foi de grande relevância para minha pesquisa, por fornecer um olhar mais abrangente sobre os aspectos econômicos da ilha no período revolucionário.

A temática da homossexualidade e sua repressão pelo governo cubano após a Revolução foi muito abordada por estudiosos cubanos residentes nos Estados Unidos, pesquisadores estadunidenses e espanhóis. Os trabalhos sobre os homossexuais cubanos assumiram tanto uma perspectiva histórica, como também analisaram a questão na literatura e cinema cubanos. Dentre eles, destacaram-se Emilio Bejel (2001), José Quiroga (1997, 2000), Allen Young (1984), Lourdes Argueles e Ruby Rich (1990), Néstor Almendros e Orlando Jiménez-Leal (1984).

Para finalizar a apresentação dos trabalhos sobre a Revolução Cubana, apoiei-me em grande medida nas interpretações e perspectivas críticas de esquerda, desenvolvidas por pesquisadores brasileiros, dentro do campo do marxismo. Pioneiro por estudar a Revolução Cubana ainda no período da ditadura militar, o livro de Florestan Fernandes (1979) analisou a especificidade do processo revolucionário cubano e mostrou o importante papel da guerrilha. Florestan também conceituou a transformação da Revolução: em seu início tinha um caráter de libertação nacional, antiimperialista e antiditatorial e, ao se radicalizar, tornou-se uma Revolução socialista, processo que ele denominou de "Revolução na Revolução". Seu livro não deixou de apontar para alguns problemas ocorridos em Cuba, como a contraditória convivência entre centralização, romantismo revolucionário e humanismo marxista. Florestan também mostrou o fracasso do modelo econômico que Che Guevara tentou aplicar enquanto foi Ministro das Indústrias, além da falência de muitos planos econômicos ao longo dos anos sessenta, que culminou com o colapso da safra de dez milhões de toneladas em 1970. Na visão de Florestan, ao acentuar-se a crise econômica, política e administrativa nos anos setenta, o governo cubano apoiou-se no modelo soviético, institucionalizou as instâncias decisórias, o que levou a uma convergência entre governo e PCC, além de concentração de grande poder nas mãos das Forças Armadas.

O cientista político Luiz Alberto Moniz Bandeira (1998) realizou pesquisa sobre a história de Cuba, em que analisou as guerras de independência e as frustrações em seu desfecho devido à intervenção dos Estados Unidos, às lutas também derrotadas durante a República, até culminar com o triunfo da Revolução em 1959 e suas inúmeras conquistas sociais para a maioria dos trabalhadores cubanos ao longo de quatro décadas.

O trabalho de Moniz Bandeira apontou para certos problemas na conduta política do governo e do Partido Comunista Cubano, mostrando que Fidel Castro e alguns poucos líderes políticos centralizaram excessivamente a estrutura de poder, abafando a participação democrática na ilha.

Ao realizar uma antologia sobre o marxismo na América Latina no século XX, Michael Löwy (1999) mostrou o impacto fundamental da Revolução Cubana, seu questionamento às alianças dos partidos comunistas latino-americanos com as burguesias nacionais, assim como a atualidade da revolução socialista no continente, por meio dos movimentos guerrilheiros. Por outro lado, Löwy criticou a ausência de pluralismo político, o excesso de autoritarismo na ilha e ressaltou que as formas de controle democráticos da população em relação ao governo somente eram possíveis em Cuba na esfera local. Apontou também para a limitação dos líderes políticos cubanos que não fizeram uma crítica teórica consequente do marxismo soviético stalinista, levando tendências burocráticas, repressivas e antidemocráticas a ganharem força na ilha. Além da ausência de liberdade no plano político, Michael Löwy enfatizou a falta de liberdade no campo cultural, com o cerceamento, em muitos momentos, da liberdade de expressão e de criação.

No Brasil, certos estudiosos também analisaram a cultura cubana. A pesquisa de Doutorado de Teresa Barreto (1996) sobre a vida e obra do escritor Virgilio Piñera foi muita valiosa e trouxe grandes contribuições ao meu trabalho. Além da minuciosa análise sobre os *Contos Frios*, Barreto elaborou um primoroso levantamento dos textos ficcionais, ensaísticos e autobiográficos de Virgilio Piñera. Além disso, a elaboração da cronologia da vida e obra de Piñera abarcou não só os principais momentos de sua trajetória (1912-1979), mas também elencou os principais acontecimentos históricos vivenciados pelo escritor, antes e depois do triunfo da Revolução Cubana. Da mesma maneira, os estudos realizados por Mariana Martins Villaça (2004, 2006) foram de grande relevância para o desenvolvimento do meu trabalho. Ao pesquisar no Mestrado a música popular cubana, mais especificamente o grupo de experimentação sonora do Instituto Cubano del Arte e Industria Cinematográficos (Icaic) e compará-lo com o movimento tropicalista no Brasil, entre 1967 a 1972, Villaça não só mostrou as tensões que surgiram entre engajamento e experimentalismo em Cuba, mas também analisou as relações entre os intelectuais e o governo cubano, e o estabelecimento de uma política cultural para regular as produções artísticas no contexto pós-revolução. Já no Doutorado, analisou a história do Icaic e as tensões surgidas entre os projetos dos cineastas e a política cultural oficial entre 1959 e 1991.

Passo a apresentar a estrutura deste trabalho. No primeiro capítulo, mostro como o triunfo da Revolução transformou profundamente a sociedade cubana e como promoveu mudanças no meio cultural, com o surgimento de instituições e de novas publicações e editoras, criadas pelo governo e por diversos grupos de escritores. A efervescência no mundo intelectual foi um dado marcante nos primeiros anos da Revolução. Neste contexto, apresento o surgimento do Editorial El Puente, organizada por jovens escritores. Abordo também a criação da publicação *El Caimán Barbudo*, suplemento do periódico *Juventud Rebelde,* destacando as discussões sobre as produções culturais revolucionárias.

No capítulo dois, enfoco o fechamento do Editorial El Puente e a repressão aos intelectuais da editora. Analiso a polêmica entre os membros de *El Caimán Barbudo* e El Puente, as tensões entre diferentes grupos e gerações de intelectuais representativas das disputas existentes no meio intelectual, em luta por espaço dentro das distintas instituições culturais. O debate sobre o papel do intelectual muito presente, nos anos sessenta, é analisado nesse capítulo.

Já no terceiro capítulo, abordo os aspectos políticos de *El Caimán Barbudo*. A história cubana e os principais acontecimentos da Revolução foram enfocados no suplemento, assim como as guerrilhas na América Latina e as lutas de libertação do denominado Terceiro Mundo. Os editores do suplemento apoiaram explicitamente a Revolução Cubana e também deixaram claro sua solidariedade aos povos em luta contra o imperialismo. Entretanto, mostro como apesar das posições políticas dos editores e membros da redação, artigos polêmicos foram publicados em *El Caimán Barbudo,* levando ao afastamento de toda a equipe inicial de colaboradores, o que culminou com o fim da primeira época da publicação, em 1967.

No quarto capítulo, analiso como as políticas culturais se consolidaram e se institucionalizaram a partir de 1968. Abordo o início da segunda época de *El Caimán Barbudo,* as mudanças na linha editorial e nas equipes de direção do suplemento. A virada na política internacional do governo cubano, que apoiou a invasão da Checoslováquia pela União Soviética para liquidar com a Primavera de Praga, também foi acompanhada por alterações na política cultural, estudadas nesse capítulo. Mostro também a publicação das últimas polêmicas no suplemento, desencadeadas pelo artigo do escritor Heberto Padilla, que foram editadas graças ao aval da direção da União de Jovens Comunistas. Abordo ainda os desdobramentos dessa polêmica, quais sejam a prisão e o *mea culpa* de Padilla, em 1971, ocorrência mais conhecida como "caso Padilla".

O capítulo cinco trata do endurecimento da política cultural a partir de 1971, com as resoluções do Primeiro Congresso Nacional de Educação e Cultura, realizado no mesmo ano. Nesse novo contexto, parâmetros rígidos foram estabelecidos para as produções intelectuais e a política cultural aproximou-se muito do realismo socialista soviético. Estas novas diretrizes culturais foram ratificadas pelo Primeiro Congresso do Partido Comunista Cubano, em 1975. Para finalizar, analiso o papel que a publicação *El Caimán Barbudo* ocupou no espaço intelectual cubano desse período, ao difundir obras realistas socialistas e tornar-se um órgão de propaganda afinado com a política cultural oficial do governo cubano. Por último, esclareço que as traduções das citações em língua estrangeira são de minha autoria.

1
Ebulição cultural pós-Revolução

A REVOLUÇÃO E O ESPAÇO DA CULTURA

O triunfo da Revolução Cubana abriu um período de intensa produção cultural, marcado pelo surgimento de publicações, editoras, teatros e inúmeras outras manifestações artísticas. Os escritores e artistas estavam entusiasmados, diante das novas possibilidades que se abriam em seu país após a Revolução, para elaborar suas criações e transformar a sociedade cubana. Os intelectuais vinham de diferentes formações e experiências anteriores à Revolução. A maioria não havia participado da luta armada que tornou possível o triunfo revolucionário, e muitos se encontravam fora da ilha nos anos cinquenta, exilados em razão das inúmeras dificuldades impostas ao trabalho cultural pela ditadura de Fulgencio Batista (1952-1958). Com o triunfo da Revolução, a maior parte dos intelectuais retornou a Cuba.

A conformação de políticas culturais iniciou-se nos anos sessenta, pouco depois do triunfo da Revolução Cubana. O governo passou a elaborar diretrizes, ao mesmo tempo em que patrocinava as atividades culturais, exigindo um compromisso do artista e do escritor com a nova sociedade. A efervescência política e artística que predominou nos primeiros anos dessa década era acompanhada por disputas entre distintos grupos de intelectuais, que buscavam ocupar espaços e participar da definição dessas políticas. O campo cultural cubano não era homogêneo e as tensões e confrontos foram bastante frequentes.

Diversas instituições surgiram após o triunfo da Revolução. O Instituto Cubano del Arte e Industria Cinematográficas (Icaic) foi fundado em março de 1959, ao qual se integraram cineastas como Alfredo Guevara, Julio García Espinosa, Tomás Gutierrez Alea, José Massip, Santiago Álvarez, entre outros[1]. O objetivo da criação do Icaic era o de promover as propostas da Revolução por intermédio de noticiários e documentários que seriam exibidos em todo o país, visando à conscientização política. Dirigido por Alfredo Guevara de 1959 a 1981, e de 1992 até 2000, o Icaic vem editando a revista *Cine Cubano*[2].

---

1   Esses cineastas fizeram parte da revista *Nuestro Tiempo*, publicada de 1954 a 1959, que era ligada ao Partido Socialista Popular (PSP).

2   A história do Icaic foi objeto de pesquisa de doutorado em História na USP de Mariana Martins Villaça. Ver: VILLAÇA (2006).

Outra instituição cultural de grande importância também foi criada em 1959, a Casa de las Américas, estruturada em 28 de abril de 1959, sendo destinada a promover as relações culturais com a América Latina. Sua direção ficou a cargo de Haydée Santamaría[3], que participara do assalto ao quartel Moncada, primeira ação do Movimento 26 de Julho, em 1953. Seus concursos literários vêm se realizando anualmente desde 1960, tornando-se uma referência não só para os escritores cubanos, mas ainda para os intelectuais latino-americanos. A Casa de las Américas também organizou uma editora com o mesmo nome para publicar as obras premiadas em seus concursos.

Essa instituição passou a editar a revista bimestral *Casa de las Américas*, com o primeiro número circulando em 6 de julho de 1960, dirigido por Antón Arrufat e Fausto Masó[4]. A partir do número 10, apenas Arrufat se manteve como chefe de redação. A revista tinha como objetivo estimular o intercâmbio com os escritores hispano-americanos. Segundo estudo de Hans-Otto Dill (1992, p. 106), o periódico divulgou as conquistas da Revolução no campo cultural, assumindo um pluralismo estético, cultural e teórico, que conformou o perfil da publicação em seus primeiros anos. As novas tendências filosóficas, estéticas, linguísticas e literárias da Europa e dos Estados Unidos, assim como a "nova esquerda antidogmática" que caracterizou o pensamento de 1968, tiveram um amplo espaço nos primórdios da revista.

A partir do número 30, em 1965, a revista *Casa de las Américas* passou a ser dirigida por Roberto Fernández Retamar, tendo objetivos explícitos de publicar artigos referentes às lutas das esquerdas na América Latina. Os editoriais tornaram-se mais constantes, o que reforçou o compromisso do periódico com a Revolução, segundo a versão oficial de Luisa Campuzano

---

3   Haydée Santamaría suicidou-se em 26 de julho de 1980, data emblemática na história de Cuba, porque todo ano o governo comemora nesse dia o assalto ao quartel Moncada, acontecimento considerado como marco inicial da Revolução, que acabou por nomear o próprio Movimento 26 de Julho. Ato pessoal e político, seu suicídio provavelmente demonstrava sua profunda crise com os rumos da Revolução. Desde então, a Casa de las Américas é dirigida por Roberto Fernández Retamar.

4   Para uma análise da revista *Casa de las Américas* no período entre 1960 a 1971, ver: MOREJÓN ARNAIZ (2004).

(1992, p. 56). O destaque dado às "lutas de libertação nacional" do Terceiro Mundo, à teoria da revolução, ao marxismo e ao compromisso dos intelectuais marcou a mudança do projeto editorial da publicação. A revista formou em 1965 um comitê de colaboração com escritores cubanos e estrangeiros, que durou até 1971[5].

A imprensa também passou por grandes transformações. Muitos jornais que não concordavam com os rumos que a Revolução estava tomando foram fechados, como, por exemplo, *El Diario de la Marina*. Entretanto, diversos novos jornais e revistas foram organizados ou simplesmente puderam sair da clandestinidade. O *Revolución*, órgão do Movimento 26 de Julho[6], saiu da clandestinidade e foi publicado abertamente desde 1º de janeiro de 1959. Sob a direção de Carlos Franqui, noticiou as principais transformações que ocorreram em Cuba nos primeiros anos da Revolução. O periódico criou alguns suplementos semanais, com destaque para o suplemento cultural *Lunes de Revolución*, que circulou semanalmente às segundas-feiras, de 23 de março de 1959 a 6 de novembro de 1961. Guillermo Cabrera Infante e Pablo Armando Fernández foram respectivamente diretor e subdiretor de *Lunes*, que editou textos culturais e políticos, obras ficcionais e ensaios, relacionando a cultura cubana com a cultura universal (MISKULIN, 2003).

O jornal *Noticias de Hoy* era o porta-voz do Partido Socialista Popular, denominação do Partido Comunista Cubano. Após o golpe militar de

---

5 Após 1971, com as mudanças da política cultural, o comitê de colaboração da revista *Casa de las Américas* foi dissolvido. Na visão de Hans-Otto Dill, sua linha editorial passou a ser mais fechada após a prisão e confissão do escritor Heberto Padilla, que ficou conhecido como "caso Padilla" e será abordado no quarto capítulo. Muitos intelectuais latino-americanos ou europeus viram-se impedidos de publicar na revista, ou acabaram rompendo os laços de colaboração em virtude da mudança na política cultural. Nesse contexto, os textos políticos e marxistas tornam-se mais relevantes nas páginas da revista. Ver: DILL (1992).

6 O Movimento 26 de Julho organizou a guerrilha na Sierra Maestra, além de possuir também um setor urbano, que fazia ações nas cidades. Outro grupo responsável pela guerrilha nas cidades foi o Diretório Estudantil Revolucionário, que atuou com o Movimento 26 de Julho. A aliança desses setores na luta contra a ditadura garantiu o triunfo da Revolução em janeiro de 1959. Ver: FLORESTAN (1979); BANDEIRA (1998).

Fulgêncio Batista, em 1952, a publicação foi fechada e o partido editou clandestinamente *Carta semanal*. Com o triunfo da Revolução o jornal voltou a circular, mas não tinha tanto prestígio como o *Revolución*, provavelmente porque os comunistas não haviam participado ativamente dos combates na guerrilha contra a ditadura. Também apresentava um suplemento semanal de cultura, *Hoy Domingo*, dirigido por Fayad Jamis. Importante dirigente do PSP, Carlos Rafael Rodríguez dirigia o jornal e deixou o cargo para assumir a presidência do Instituto Nacional de Reforma Agrária (INRA), em maio de 1961. Para substituí-lo, Blas Roca foi nomeado diretor do *Hoy*, posição que ocupou até o fechamento do jornal, em 4 de outubro de 1965[7].

No campo editorial também ocorreram muitas transformações em Cuba e o incentivo às publicações teve um aumento significativo. A editora estatal Imprenta Nacional foi criada em 1960 e ficou sob a direção de Alejo Carpentier. Seu objetivo era publicar obras de escritores e teóricos cubanos e estrangeiros, criando edições populares que fossem acessíveis à população. O primeiro livro publicado foi *Don Quijote de la Mancha*, de Cervantes. Ainda em 1960, a Imprenta Nacional publicou *Week-end en Guatemala*, de Miguel Angel Asturias; *Robson Crusoé*, de Daniel Defoe; *Bertillón 166*, de José Soler Puig; *Canción de Gesta*, de Pablo Neruda, e alguns mais.

Outras editoras estatais foram organizadas, como a da Direção de Cultura do Ministério de Educação, do Ministério das Forças Armadas, da Biblioteca Nacional José Martí, do Teatro Nacional, da Confederación de Trabajadores de Cuba (CTC), do Capitólio Nacional, da Universidad Central de las Villas e da Universidad de Oriente. A quantidade de editoras em funcionamento já no ano de 1960 mostrava um grande esforço editorial

---

7 Em outubro de 1965, o jornal *Revolución* e o jornal *Hoy* deixaram de circular. Neste momento, criou-se o jornal *Granma*, publicação do Partido Comunista de Cuba (PCC). O surgimento do PCC foi fruto da fusão de três organizações (Movimento 26 de Julho, Diretório Estudantil Revolucionário e PSP), que se uniram primeiramente nas ORI (Organizaciones Revolucionarias Integradas), da qual surgiu o PURS (Partido Unificado de la Revolución Socialista), que por fim deu origem ao PCC, fundado em 3 de janeiro de 1965. O diário *Juventud Rebelde*, órgão de imprensa da juventude do Partido Comunista Cubano, a União de Jovens Comunistas (UJC) também foi lançado em 1965. A UJC havia sido criada em 1962 e resultava da união dos setores juvenis das três forças (M-26 de Julho, DER e PSP).

sendo posto em prática, pretendendo aumentar não só o número de livros publicados, mas até a qualidade literária dos mesmos.

Ligada ao jornal *Revolución*, a Ediciones R foi criada em maio de 1960 e dirigida primeiramente por Guillermo Cabrera Infante. Virgilio Piñera coordenou a editora entre 1961 e 1964. Ediciones R tinha a finalidade de publicar obras de novos autores cubanos e vinculava-se mais estreitamente ao grupo de escritores que colaborou em *Lunes de Revolución*[8]. Editou trabalhos de Humberto Arenal, Edmundo Desnoes, Juan Arcocha, Luis Aguero, Calvert Casey, Rolando Escardó, Pablo Armando Fernández, Roberto Fernández Retamar, Félix Pita Rodríguez, Manuel Díaz Martínez. Destaco os livros de Guillermo Cabrera Infante, *Así en la paz como en la guerra* (contos); de José Alvarez Baragaño, *Poesía, Revolución del ser*; de Virgilio Piñera, *Teatro completo*; de Lisandro Otero, *Cuba: Z.D.A.*; e de César Leante, *Con las milicias* (estes dois últimos eram reportagens). Editoras independentes também surgiram no início da Revolução, como as Ediciones El Puente, organizada por jovens escritores em 1961, como mostrarei mais à frente neste capítulo. Uma outra editora privada que se destacou foi La Tertulia, dirigida por Fayad Jamis, tendo publicado em 1960 o livro de Nicolás Guillén *¿Puedes?*.

Outro órgão organizado pelo governo após a Revolução - o Consejo Nacional de Cultura (CNC) – iniciou seus trabalhos em 4 de janeiro de 1961, com o intuito de dirigir e centralizar as atividades culturais em Cuba. Faziam parte da sua direção a militante comunista Edith García Buchaca e a professora de latim da Universidade de Havana, Vicentina Antuña, que respondiam diretamente ao ministro da Educação, Armando Hart.

A primeira resolução do governo sobre política cultural foi decidida durante as reuniões na Biblioteca Nacional José Martí, em 16, 23 e 30 de

---

8   Heberto Padilla fez um balanço em *Lunes* dos livros lançados pelas Ediciones R, em 1960: *Cuba, Zona de Desarrollo Agrario*, de Lisandro Otero, teve duas edições esgotadas, vendendo 14 mil exemplares; *Así en la Paz como en la Guerra*, de Guillermo Cabrera Infante, esgotou três edições; *Sartre visita Cuba* também teve uma vendagem excelente; o livro de José Alvarez Baragaño, *Poesía, Revolución del ser*, foi igualmente publicado nesse ano. Os livros eram entregues em toda ilha pelos distribuidores do jornal *Revolución*. Ver: PADILLA, Heberto. "Las Ediciones R". *Lunes de Revolución*, Havana, n. 90, 09/01/1961, p. 18.

junho de 1961, das quais participaram os principais dirigentes políticos: Fidel Castro e o presidente Osvaldo Dorticós, e destacados intelectuais como Armando Hart, Haydée Santamaría, Carlos Rafael Rodríguez, Edith García Buchaca, Vicentina Antuña, Alfredo Guevara, José Lezama Lima, Carlos Franqui, Guillermo Cabrera Infante, Virgilio Piñera, Pablo Armando Fernández, entre outros. Houve debates sobre a censura e apreensão do documentário *P.M.* pelo Icaic. A comissão revisora do Icaic, responsável pela autorização da exibição de filmes, havia vetado o curta-metragem *P.M.*, filmado por Sabá Cabrera Infante (irmão de Guillermo Cabrera Infante) e Orlando Jiménez-Leal, mostrando a noite de Havana e seus frequentadores na região do porto. Fora financiado por *Lunes*.

Durante as reuniões, escritores e intelectuais pronunciaram-se pela defesa do documentário *P.M.*, de *Lunes* e do jornal *Revolución*. Carlos Franqui, Lezama Lima, Pablo Armando Fernández, Virgilio Piñera, Roberto Fernández Retamar, Lisandro Otero e Haydée Santamaría expressaram-se contra qualquer tipo de censura e direcionamento na cultura, defendendo o caráter revolucionário do jornal e de seu suplemento. Contudo, a censura ao documentário foi ratificada e duras críticas foram tecidas a *Lunes de Revolución*.

No fechamento do encontro, Fidel Castro proferiu o discurso *Palavras aos intelectuais*, no qual estabeleceu os princípios básicos da política cultural da Revolução, ao definir os direitos e deveres do governo e dos intelectuais. Fidel fez um balanço dos encontros realizados na Biblioteca e citou grupos de escritores e artistas que não seriam "genuinamente revolucionários", ao referir-se aos intelectuais que expressavam temores em relação à garantia da liberdade de criação e expressão em Cuba: "Os revolucionários deveriam se preocupar, em primeiro lugar, com a garantia de que a Revolução continue vitoriosa" (CASTRO, 1961).

Fidel Castro declarou que todos estavam de acordo quanto aos aspectos da liberdade formal, mas que a liberdade de conteúdo era um ponto polêmico, já que alguns intelectuais defendiam uma liberdade absoluta de conteúdo e temiam proibições, regulamentos e limitações sobre esta questão:

> A Revolução tem que compreender essa realidade e, portanto, deve atuar de maneira que todo esse setor de artistas e de

intelectuais que não sejam genuinamente revolucionários, encontre dentro da Revolução um campo onde trabalhar e criar e que seu espírito criador, ainda quando não sejam escritores ou artistas revolucionários, tenham oportunidade e liberdade para expressar-se, dentro da Revolução. Isto significa que dentro da Revolução, tudo; contra a Revolução nada (CASTRO, 1961, p. 11).

A liberdade de expressão dos artistas e escritores cubanos passou a ser limitada pelos parâmetros indicados no discurso de Fidel Castro, que exigia um compromisso dos intelectuais e de suas produções culturais com a Revolução, mas não esclarecia de forma explícita o que significava exatamente estar "dentro da Revolução". Os intelectuais deveriam exibir seu compromisso com a Revolução, ao criarem suas obras a serviço do movimento revolucionário e aceitarem as diretrizes culturais formuladas pelo governo cubano.

O Primeiro Congresso Nacional de Escritores e Artistas realizou-se pouco tempo depois, de 18 a 22 de agosto de 1961. As resoluções do Congresso definiam como objetivo primordial para as atividades dos escritores e artistas que suas novas obras se voltassem para a "cultura nacional cubana"[9]. Os participantes do Congresso manifestaram publicamente sua concordância nestas resoluções com o discurso de Fidel Castro, *Palavras aos Intelectuais*, por entenderem que os conceitos formulados nesse discurso estabeleciam "o caminho para se alcançar a expressão adequada da nova realidade revolucionária de Cuba". A declaração final do Congresso, com data de 22 de agosto de 1961, entendia que os escritores e artistas na tarefa de defesa e desenvolvimento da Revolução Cubana deveriam estabelecer "contato direto com o povo cubano, vínculo que permitiria a formação revolucionária dos intelectuais, visando à plena interpretação da realidade na obra de arte"[10].

O Primeiro Congresso Nacional de Escritores e Artistas de Cuba, em sua declaração final, decidiu priorizar a "elaboração de uma nova

---

9 "Rescate de la tradición nacional. Resolución del Primer Congreso Nacional de Escritores y Artistas de Cuba". *Lunes de Revolución*, Havana, n. 120, 28/8/1961, p. 32.

10 "Declaración final del Primer Congreso Nacional de Escritores y Artistas de Cuba". *Lunes de Revolución*, Havana, n. 120, 28/8/1961, p. 32-33.

criação cultural vinculada aos elementos da nacionalidade cubana e às preocupações do povo de Cuba"[11]. Fidel Castro anunciou, no fechamento do Congresso, o surgimento do Partido Unificado de la Revolución Socialista (PURS), resultado das fusões políticas que começaram com a criação das Organizaciones Revolucionarias Integradas (ORI)[12].

A criação da Unión de Escritores y Artistas de Cuba (Uneac) foi uma das importantes deliberações do Primeiro Congresso Nacional de Escritores e Artistas. O poeta Nicolás Guillén foi designado presidente da Uneac nesse Congresso, cargo que ocupou até sua morte em 1989. Os objetivos da Uneac eram os de coordenar as atividades de criação dos intelectuais e de artistas, por meio de duas novas publicações: *La Gaceta de Cuba* (quinzenal) e a revista *Unión* (bimestral)[13], que passaram a circular a partir de 1962. Ao decidir pelo surgimento dessas novas publicações, o Congresso também deliberou sobre o fechamento de *Lunes de Revolución*, uma vez que as revistas da Uneac deveriam congregar todos os intelectuais[14]. O suplemento *Hoy Domingo* também deixou de circular em 1961 e seu diretor, Fayad Jamís, tornou-se chefe de redação da revista *Unión*, dirigida por Roberto Fernández Retamar.

A Uneac deveria estimular o vínculo das obras literárias e artísticas com as tarefas da Revolução Socialista Cubana, por meio do estudo da tradição cultural e das características da nacionalidade cubana, desenvolvendo relações culturais com os intelectuais da América Latina e dos países socialistas. Para apoiar a produção da literatura cubana, a Uneac organizou concursos anuais de literatura, que se iniciaram em

---

11 Idem, ibidem.

12 CASTRO, Fidel. "Palabras de Fidel Castro". *Lunes de Revolución*, Havana, n. 120, 28/8/1961, p. 38-9.

13 Para uma análise das revistas *La Gaceta de Cuba* e *Unión*, entre 1966 e 1971, ver: CORNILLIE (1998-1999).

14 Conforme Pablo Armando Fernández, o fechamento de *Lunes* foi estabelecido no Congresso, mas a data da última edição, 6 de novembro de 1961, foi decidida pelos editores do suplemento: "Houve um acordo no Primeiro Congresso de Escritores e Artistas de Cuba de que a Uneac, como instituição, encarregaria-se de ter uma revista e uma gazeta. Argumentou-se que isto minimizaria a escassez de papel que então se vivia e que essa revista reuniria em suas páginas a todos os criadores membros da Uneac". Ver: FERNÁNDEZ apud LUIS (1982, p. 57).

1965. A criação da Uneac seguia os moldes das Associações de Escritores e Artistas que existiam na União Soviética.

O fechamento de *Lunes de Revolución* ocorreu pouco depois, em novembro de 1961, e explicitou os conflitos entre o grupo que editava o suplemento e o governo. *Lunes* era um suplemento aberto, cosmopolita, que publicava as vanguardas e os *beatniks* e incentivava a experimentação literária. O suplemento editava artigos políticos e defendia as conquistas da Revolução; não publicava apenas textos de marxistas-leninistas, mas de distintas concepções ideológicas de esquerda. O perfil eclético e polêmico da publicação, tanto em termos estéticos como em termos políticos, não se enquadrava nos parâmetros da política cultural estabelecida em 1961, e o governo tomou a decisão de fechar *Lunes de Revolución* alegando falta de papel.

O fechamento de *Lunes de Revolución* e a proibição de exibição do documentário *P.M.* foram uns dos primeiros atos de censura do governo cubano; apesar da grande efervescência e da pluralidade das manifestações culturais que marcaram o campo intelectual cubano nos anos sessenta, notava-se que a liberdade de expressão e de criação já começava a ser tolhida pelos funcionários do governo. Porém, muitos outros grupos de intelectuais disputariam espaço e entrariam em choque com as diretrizes oficiais ao longo dessa década, como veremos a seguir.

A EDITORA *EL PUENTE* E A NOVA GERAÇÃO DE ESCRITORES

A editora El Puente surgiu por iniciativa do escritor José Mario Rodríguez em 1961, ao buscar um espaço independente para a publicação de trabalhos de jovens escritores. Sua idéia era dar oportunidade às primeiras edições de iniciantes nas letras, na sua maioria jovens autores até então inéditos. A editora destacou-se por ser polêmica, dando voz às minorias e rompendo com certos preconceitos. Muitos escritores haviam nascido nos anos quarenta, inúmeros eram negros, mulheres, homossexuais ou de posição social humilde, o que demonstrava o caráter aberto de El Puente.

Durante seu período de atividade, que se estendeu até 1965, a editora publicou 37 obras literárias, sendo 23 livros de poesia, oito de contos e seis de teatro[15]. Foi co-dirigida pela escritora Ana María Simo no período de 1961 a 1964. As tiragens variavam de 500 a mil exemplares e foram financiadas com os salários, prêmios ou economias dos editores ou pelos autores. Os editores eram responsáveis pelas gestões para conseguir papel e pela distribuição dos livros[16]. El Puente funcionava independentemente das editoras estatais que já operavam no início dos anos sessenta, controladas por funcionários do governo cubano.

Segundo depoimento de José Mario muitas décadas depois, ele foi convidado por Nora Badías (que trabalhava no Consejo Nacional de Cultura) a participar do Seminário de Dramaturgia do Teatro Nacional e foi contratado como funcionário do CNC, para escrever peças de teatro infantis. O financiamento da editora era bancado por meio desse trabalho:

> Todas as minhas obras de teatro para crianças tratavam de temas relacionados com a revolução e os desajustes sociais; ainda que o façam mediante símbolos ou alegorias que resultavam atrativas para as crianças. (...) Muitas destas minhas obras, como *El rey desnudo*, tiveram um enorme êxito. Eu comecei a receber dinheiro por elas e dai comecei a tirar certas quantias para pagar os livros que eram publicados em El Puente. Vários autores, como Santiaguito Ruiz,

---

15 José Mario elaborou uma listagem dos livros publicados em El Puente, em artigo na revista *Hispano-Cubana*. Ver: MARIO (2000, p. 98-99).

16 Na versão relatada por Ana María Simo, os livros foram financiados apenas pelos editores: "Em todos estes anos, a editora [El Puente] custeou a publicação dos livros. Nenhum autor trouxe um centavo. A distribuição era realizada por nós mesmos, a pé, por toda a cidade. Os livros eram feitos contra vento e maré em uma imprensa velha, calorosa e em más condições, enfrentando as exigências de dinheiro de seus donos e em perpétua batalha para conseguir papel e materiais". Ver: SIMO, Ana María. "Encuesta generacional (II). Respuesta a Jesús Díaz". *La Gaceta de Cuba*, Havana, n. 51, junho/julho de 1966, p. 4. Segundo depoimento de Lilliam Moro, Ana María trabalhava na agência Prensa Latina e financiava com seu salário as publicações de El Puente. Ver: MORO, Lilliam. Entrevista. Entrevistadora Sílvia Cezar Miskulin. Madri, 7 de maio de 2004.

não tinham dinheiro para custear a publicação de seus livros, e eu pude lhes ajudar. Os livros de El Puente eram pagos com dinheiro dos autores ou com meu dinheiro; nunca o governo nos deu um centavo. Era um projeto totalmente independente (MARIO apud GARCÍA RAMOS, 2002, p. 6).

Nesse Seminário de Dramaturgia, José Mario conheceu muitos dos que fariam parte de El Puente, como Gerardo Fulleda León, Héctor Santiago Ruiz e Eugenio Hernandez. Já Ana María Simo, José Mario a conheceu na Biblioteca Nacional José Martí, onde passaram a se reunir diariamente para discutir literatura. Essas reuniões atraíram muitos jovens escritores negros (Nancy Morejón, Ana Justina Cabrera, Gerardo Fulleda León, Eugenio Hernández, Georgina Herrera[17], Rogelio Martínez Furé, Pedro Pérez Sarduy, Manuel Granados) já que nos bairros atrás da Biblioteca Nacional concentravam-se setores sociais com poucos recursos econômicos, muitos negros e inúmeros cortiços (MARIO apud GARCÍA RAMOS, 2002, p. 7).

A iniciativa de fundar a editora foi de José Mario, que juntamente com René Ariza criou o nome da editora como forma de marcar seu caráter aberto. A ponte era um local por onde passava muita gente e dava a idéia de algo em movimento, segundo declarou muitos anos depois José Mario (MARIO apud GARCÍA RAMOS, 2002). A editora buscou abrir espaço para novos e distintos trabalhos que se diferenciavam estética e politicamente, já que não se exigia um compromisso explícito das obras literárias com a Revolução e permitia-se uma flexibilidade dos textos publicados, inclusive do ponto de vista estético[18].

---

17 Em entrevista, Georgina Herrera relatou que trabalhava como doméstica, quando seu amigo Gerardo Fulleda León a apresentou a José Mario e surgiu a oportunidade de publicar seu primeiro livro de poesia nas edições El Puente. Ver: HERRERA, Georgina. *Entrevista*. Entrevistadora Sílvia Cezar Miskulin. Havana, 26 de abril de 2002.

18 Dentro da diversidade política e estética de El Puente, algumas obras faziam menção a Revolução, como por exemplo, o livro *Poemas en Santiago*, de Joaquín G. Santana, editado em 1962, que mencionava o Movimento 26 de Julho, a violência, as lutas em Santiago e fazia referências a Fidel Castro. Já *Hiroshima*, de Santiago Ruiz, de 1961, tratava de um tema candente na época, a bomba atômica, por meio de poesias. Muitas

Antes de criar El Puente, José Mario conseguiu publicar, em 1960, o livro de poesias *El grito*, além do poemário de Isel Rivero, *La marcha de los hurones*, ambos na Imprenta Confederación de Trabajadores de Cuba Revolucionaria (CTC-R). *El grito* foi considerado a primeira manifestação do grupo de jovens poetas que posteriormente se reuniu em El Puente[19]. Na orelha de seu livro *Clamor agudo*, já editado em El Puente em 1961, José Mario (1961) reconheceu que *El grito* "é um livro incômodo para muita gente, menos para mim", o que revelava o caráter polêmico que desde o princípio tiveram as suas publicações[20].

Já Isel Rivero reconheceu que seu livro, *La marcha de los hurones*, foi escrito enquanto trabalhava no Instituto Nacional de la Reforma Agraria[21],

---

peças infantis de José Mario abordaram temas sociais, como a descriminação racial. Ver: SANTANA (1962); RUIZ (1961); MARIO (1962).

19 Em artigo na revista *Hispano-Cubana*, José Mario citou a crítica do poeta cubano-chileno Alberto Baeza Flores, em 1980, a seu livro *El grito*: "para os que não quiseram ver atitudes libertárias iniciais, já se dizia 'Parece apoderar-se/ dos grupos/ o terror/ à dissidência', em clara alusão a uniformidade que se tentava impor à sociedade cubana, deixando já estabelecido desde nossos inícios, a inconformidade que marcaria nossa trajetória e proclamaria o direito a dissentir". Ver: BAEZA FLORES apud MARIO (2000, p. 89). Já *La marcha de los hurones* foi também avaliado como uma clara reação contra as formas que adquiriam as transformações revolucionárias e antecipou de maneira supreendente o êxodo de cubanos que se sucederia. Ver: BAEZA FLORES *apud* MARIO (2000, p. 89).

20 Para Pío Serrano, *El grito* de José Mario era um livro que expressava a angústia vital de um adolescente ardente, como Rimbaud: "O desespero existencial do autor foi cruelmente confundido pelos comissários com o desespero e a inadequação política. Seus versos, diríamos hoje, eram 'politicamente incorretos'. (...) Mas se equivocaram, o leram mal...". Ver: SERRANO (2003, p. 103).

21 RIVERO, Isel (2002, p. 17-18). Na entrevista que realizei com Isel Rivero, ela declarou que em 1959, com a criação do INRA, foi trabalhar nessa instituição e viu muitas decisões que ela considerou absurdas: mataram as vacas leiteiras e os touros para alimentar o povo (o que gerou uma grave crise de leite até hoje em Cuba), além de destruírem a indústria suína. Sua função era administrativa: ela traduzia e tomava notas de reuniões. Entretanto, como ela observava esses episódios e começou a questionar, percebeu que não caíam bem suas críticas e resolveu mudar de trabalho. Fermín Borges trabalhava no Teatro Nacional e fazia um trabalho de teatro nos sindicatos e conseguiu que Isel fosse

em 1959, quando teve oportunidade de conhecer os dirigentes da Revolução, inclusive Fidel Castro, já chamado de "Máximo Líder" (ML). Seu poema era crítico ao governo, pois em *La marcha de los hurones* os furões cometiam um suicídio coletivo:

> Eu tinha terminado *La marcha de los hurones* e tinha 19 anos. O poema era crítico com o que o governo propunha e havia sido escrito no centro mesmo do poder, no Instituto Nacional da Reforma Agraria (INRA). O M. L. tinha suas oficinas no último andar daquele edifício. Ali, nos elevadores, no sobe e desce dos mesmos e nas infinitas reuniões de estratégia não econômica, eu havia conhecido o poeta Rolando Escardó, o geógrafo Antonio Núñez Jiménez, o Che Guevara, a Natalia ("Nati") Revuelta Clews, uma amiga do M. L., e aos séquitos de guarda-costas, todos do Movimento 26 de Julho, pois nesse momento já o M. L. havia condenado à história o Diretorio Revolucionário. Apreciava-se o idioma inglês que eu conhecia bastante bem. (RIVERO, 2002, p. 17-18).

El Puente publicou trabalho dos escritores cubanos Jesús Abascal, Ada Abdo, Antonio Álvarez, Miguel Barnet, Silvia Barros, José Ramon Brene, Dulcila Canizares, Mercedes Cortázar, Guillermo Cuevas Carrión, Belkis Cuza Malé, Nicolás Dorr, Reinaldo Garcia Ramos, Angel Luis Fernández Guerra, Gerardo Fulleda León, Manuel Granados, Georgina Herrera, Ana Justina Cabrera, Rogelio Martínez Furé, José Milian, Nancy Morejón, Mariano Rodríguez Herrera, Isel Rivero, Hector Santiago Ruiz, Joaquín G. Santana, Évora Tamayo, além das obras de José Mario e Ana María Simo. Ana Garbinski, nascida no México, mas radicada na ilha, e o escritor peruano Rodolfo Hinostroza também tiveram uma obra publicada pela editora, já que viveram em Cuba no início dos anos sessenta. No total, 29 jovens publicaram por meio das Ediciones El Puente.

Alguns escritores como Manuel Ballagas, Francisco Díaz Triana, Eugenio Hernández Espinosa, Lilliam Moro, Lina de Feria, Guillermo

---

transferida para lá. Mirta Aguirre era diretora do Teatro Nacional, muito aberta e não dogmática, e a acolheu bem. Ver: RIVERO, Isel. *Entrevista não gravada (a pedido da entrevistada)*. Entrevistadora Sílvia Cezar Miskulin. Madri, 26 de abril de 2004.

Rodríguez Rivera, Pedro Pérez Sarduy, Pío E. Serrano e Sigifredo Álvarez Conesa tinham obras ou participavam de antologias no prelo pelas edições El Puente, quando foram suspensas em razão do fechamento da editora[22].

A necessidade de se criar uma editora para novos escritores era vital porque as instituições culturais não estavam abrindo tanto espaço aos mais jovens como os editores de El Puente gostariam. Muitos autores assinaram sem os sobrenomes nos livros de El Puente, como um signo de rebeldia e uma maneira de mostrar que eram "filhos de ninguém". Este foi o caso de José Mario Rodríguez, que publicou sete livros em El Puente assinados apenas como José Mario e seguiu assim ao longo de sua vida. Aconteceu também com a poetisa Isel Rivero, que assinava somente Isel, com Hector Santiago, que assinou como Santiago Ruiz, e com Reinaldo García Ramos, que apareceu como Reinaldo Felipe.

O selo da editora foi desenhado inicialmente por José Manuel Villa, a partir da imagem de uma roda contida em um quadrado que, cortado na metade, formava a imagem de uma ponte. Posteriormente, o logotipo da editora foi recriado por Gilberto Seguí, o qual desenhou os últimos livros publicados por El Puente.

Ana María Simo registrou, em artigo de 1966, que foi co-responsável pela editora, de 1961 a 26 de setembro de 1964, quando se afastou de sua direção[23]. Ao analisar a trajetória da editora, Simo ressaltou as mudanças que ocorreram

---

22 Alguns livros da editora El Puente que estavam no prelo em 1965, quando houve o seu fechamento: *Con temor* de Manuel Ballagas; *Primeira novísima de teatro*, organizada por Eugenio Hernández Espinosa; *Segunda novísima de poesía*, antologia com a participação de Lilliam Moro, Lina de Feria, Guillermo Rodríguez Rivera, Pedro Pérez Sarduy, Pío E. Serrano, Gerardo Fulleda León, Sigifredo Álvarez Conesa, entre outros. Muitos desses escritores acabaram posteriormente colaborando em *El Caimán Barbudo*.

23 Segundo relato de Ana María Simo alguns anos depois, sua saída da direção da editora El Puente estava ligada a divergências entre ela e José Mario. Ana María Simo defendia que as obras deveriam ter qualidade literária para serem editadas e propunha a realização de oficinas literárias aos autores que começavam a escrever e ainda não tinham qualidade para publicar. José Mario, por outro lado, considerava a publicação em El Puente como um meio de estimular a divulgação do maior número possível de jovens escritores, sem ser rigoroso com a qualidade dos trabalhos, e sua posição acabou prevalecendo na editora. Ver: SIMO, Ana María. "Encuesta generacional (II). Respuesta a Jesús Díaz". *La Gaceta de Cuba*, Havana, n. 51, junho/julho de 1966, p. 4-5.

ao longo de quatro anos: quando surgiu em 1961, a editora tinha um caráter bastante aberto, mas a qualidade literária dos primeiros livros publicados era discutível. Segundo Ana María Simo, os escritores eram muito jovens, a maioria tinha 18 ou 19 anos e "acreditava exageradamente no poder da literatura para fazer revoluções". A partir de 1962, os escritores foram ganhando "consciência literária" em sua visão, suas obras deixaram de se relacionar explicitamente com os temas da Revolução e os escritores passaram a evitar o texto panfletário[24].

A publicação da antologia *Novísima poesía cubana* em 1962, organizada por Ana María Simo e Reinaldo Felipe (Reinaldo García Ramos), foi um marco na conformação do grupo, pois não só reuniu todos os poetas que já editavam em El Puente, mas também seu prólogo pode ser tomado como uma verdadeira carta de intenções dos poetas. Ao se intitularem "novíssimos", os organizadores da antologia definiam o grupo como um movimento renovador da literatura cubana. Neste prólogo, reconheciam a importância da revista *Orígenes*, publicada de 1944 a 1956, por José Lezama Lima, como parte da importante tradição poética cubana, mas buscavam distanciar-se de seu tipo de poesia, que acreditavam ser muito hermética. Também criticavam a poesia propagandística, considerada muito afastada do que seria uma obra de arte. A poesia dos "novíssimos" rechaçava essas duas vertentes da poesia cubana, já que as consideravam distantes dos problemas fundamentais do ser humano: "De todo o que antecede devem ter consciência os jovens poetas, se aspiram a uma poesia que reflete o homem no que tem de comum com os outros homens, e em suas contradições; o homem que existe, imagina e raciocina" (FELIPE, SIMO, 1962, p. 13)[25].

---

24 SIMO, Ana María. "Encuesta generacional (II). Respuesta a Jesús Díaz". *La Gaceta de Cuba*, Havana, n. 51, junho/julho de 1966, p. 4.

25 FELIPE, SIMO (1962, p. 13). Muito tempo depois, essa poesia foi denominada por Jorge Luis Arcos, em sua antologia sobre a poesia cubana contemporânea, como "a veia existencialista do efêmero grupo El Puente". Ver: ARCOS (1999, p. XXV). Já Guillermo Rodríguez Rivera, crítico literário e escritor da primeira época de *El Caimán Barbudo*, classificou a poesia do grupo El Puente como intimista e hermética, uma vez que ignorava a existência do momento revolucionário. Ver: RODRÍGUEZ RIVERA (1984, p. 105). Alguns poemas publicados em El Puente relacionavam-se a temas da intimidade, mas havia obras que faziam referências explícitas à Revolução, como o livro *La conquista*, de José Mario. Ver: MARIO (1961).

Novísima poesía cubana foi um marco do grupo no meio cultural cubano. A publicação de poemas de Isel Rivero e Mercedes Cortázar, escritoras que haviam acabado de exilar-se nos Estados Unidos[26], recebeu duras críticas, como reconheceu alguns anos depois o próprio José Mario na revista *Mundo Nuevo*[27]. O fato de editar trabalhos de poetisas exiladas revelou em que medida El Puente buscou lutar pela liberdade de publicação, demonstrando a ousadia da editora. Geralmente, os escritores que se exilavam nos anos sessenta não tiveram mais espaço para publicar na ilha, começando uma cisão na literatura cubana, produzida dentro e fora de Cuba[28]. Essa ruptura geográfica e política permaneceu até os anos noventa, quando certos intelectuais do exílio, sobretudo acadêmicos, tiveram suas obras publicadas na ilha.

No prólogo da *Novísima poesía cubana*, Ana María Simo e Reinaldo García Ramos deixaram bem clara sua avaliação da importância de *La marcha de los hurones*, de Isel Rivero, como primeira manifestação poética de uma geração e como expressão de um sentimento coletivo de impotência:

---

26 Isel Rivero exilou-se em dezembro de 1960 nos Estados Unidos e Mercedes Cortázar acompanhou-a pouco tempo depois. Segundo seu depoimento muitos anos depois, Isel justificou seu exílio por discordar das mudanças que ocorriam em Cuba: o Diretório Revolucionário foi a organização que teve maior número de presos e torturados durante a ditadura de Batista, e seus membros não estavam no poder e sim os membros do PSP. Além disso, Isel também discordava das execuções e dos paredões nos estádios de esportes e da extrema centralização política em torno de Fidel Castro. A seu ver, a Revolução em Cuba começava a ter muitas similitudes com o stalinismo e muito cedo começou a haver censura, pois não se aceitava nenhuma crítica escrita à Revolução. Todos estes elementos contribuíram para sua decisão de sair de Cuba: a morte do poeta Rolando Escardó em acidente de carro que não teria sido muito esclarecido, o discurso anti-homossexual no Primeiro Encontro Nacional de Poetas em Camaguey (que abordarei no próximo capítulo), as milícias, a censura e as aulas de doutrinamento. Ver: RIVERO, Isel. *Entrevista não gravada (a pedido da entrevistada)*. Entrevistadora Sílvia Cezar Miskulin. Madri, 26 de abril de 2004.

27 MARIO, José. "Novísima Poesía Cubana". *Mundo Nuevo*, Paris, n. 38, agosto 1969, p. 63.

28 Para uma análise da literatura cubana no exílio após a Revolução Cubana, ver: ESPINOSA DOMÍNGUEZ (2001).

La Marcha [de los hurones] expõe vivências e posturas que pertencem a uma época passada já no momento em que se escreve; enquanto a realidade objetiva muda em virtude da Revolução e vão ficando superados os conflitos e as contradições que as motivaram. O poema é produto de uma necessidade imperiosa de expressão. É uma obra autêntica: responde a uma sensibilidade generalizada entre uma ampla maioria dos jovens intelectuais (...) Para a autora, o homem está condenado inevitablemente à impotência, esteja ou não consciente disto. O poema expressa que esta condenação deve ser aceita com dignidade. (...) O caráter definitivo da Revolução, oposto a essa atitude, leva esta poeta a sentir-se ainda mais impotente. É asim que suas experiências se voltam de repente contra todas as manifestações da transformação revolucionária (FELIPE, SIMO, 1962, p. 10)[29].

A partir da repercussão alcançada com a antologia *Novísima poesía cubana*, a editora recebeu o apoio da Uneac, que passou a distribuir seus livros. José Mario relatou como foi convidado por Nicolás Guillén para fazer parte da Uneac e da cooperação de Guillén para que El Puente continuasse com suas publicações sem interferências nas seleções dos títulos (MARIO, 2002, p. 6). Em 1964, com a nacionalização da Imprenta Arquimbau, onde eram impressos os livros de El Puente, seus editores tiveram que recorrer a Uneac e a Editorial Nacional de Cuba para seguir com o trabalho editorial. José Mario também narrou suas dificuldades junto a Alejo Carpentier, que dirigia a Editorial Nacional, para conseguir papel, e frisou que conseguiu publicar devido às pressões de Nicolás Guillén e Mirta Aguirre (MARIO, 2002, p.6).

Esses fatos marcaram uma nova fase do trabalho editorial, que deixou de ser artesanal e espontâneo. De uma editora independente com total autonomia para decidir quais títulos publicar, El Puente transformou-se numa editora semi-estatal, apesar de sempre lutar para manter sua atitude crítica e livre, segundo declarou seu editor (MARIO, 2000). Os

---

29 José Mario questionou essa avaliação dos organizadores da antologia, pois para ele o sentimento de impotência relatado por Isel Rivero está presente em uma parte, mas não em todo o grupo de El Puente. Ver: MARIO, José. "Novísima Poesía Cubana". *Mundo Nuevo*, Paris, n. 38, agosto 1969, p. 64.

editores de El Puente tiveram de aceitar essas transformações como a única forma de continuar publicando os livros. Na visão de José Mario, naquele momento, acirraram-se as tensões com setores mais dogmáticos no meio cultural:

> Foi então que começou nossa autêntica luta pela sobrevivência, porque ainda que Guillén mostrava-se sempre, ao menos diante de mim, tolerante e compreensivo com a idéia de que mantivéssemos uma atitude crítica e independente, por outro lado crescia a hostilidade de setores mais dogmáticos e intransigentes da seção de Literatura da Uneac, que aproveitavam a mínima ocasião para fazer correr sobre nós as histórias mais negativas. Durante todo o ano de 1964 transcorreu nossa integração na Uneac. Um dos livros saídos desta cooperação, *Poesía yorubá* de Rogelio Martínez Furé, esgotou-se no segundo dia nas livrarias (MARIO, 2000, p. 91-92).

O grupo de El Puente promoveu também outras atividades, como recitais de poesia com compositores e intérpretes de música *feeling*[30], entre eles Marta Valdés, César Portillo de la Luz, José Antonio Méndez e Ela O'Farril, no Clube Teatro El Gato Tuerto. Os recitais fizeram muito sucesso e abriram oportunidades para os poetas declamarem suas obras e terem contato direto com o público. Entretanto, rapidamente esses encontros foram estigmatizados e seus frequentadores chamados de *"enfermitos"*, conforme rememorou José Mario nos anos setenta:

---

30 A música *feeling* foi um gênero musical que surgiu em Cuba nos anos quarenta e cinquenta, para transformar a maneira de interpretar canções cubanas. Como seu próprio nome indica, referia-se aos sentimentos, à emoção e foi bastante influenciada pela música estadunidense, sobretudo pelas improvisações de *jazz*. O compositor César Portillo de la Luz, o compositor Ñico Rojas, e o compositor e cantor José Antonio Méndez foram alguns dos iniciadores do *feeling*. Marta Valdés e Olga Guillot também foram intérpretes importantes desse gênero musical. No início dos anos sessenta, o *feeling* ganhou reconhecimento geral e José Antonio Méndez, mais conhecido como *king*, passou a tocar regularmente no clube teatro El Gato Tuerto e no bar do Hotel St. John's. Ver: OROVIO (1992); ACOSTA (1993).

Enfermedad denominou-se a primera manifestação de ordem popular que se produziu - como original válvula de escape coletiva - na Cuba revolucionária. Junto a *enfermedad* surgiram os *enfermitos* e junto dos *enfermitos* propaga-se no movimento musical, origem do fenômeno, o *feeling*.... (...) Detrás do fracasso do amor (tema da maioria das canções) ficavam implícitos os germens da opressão repressiva. O aparato social exemplificava nos seus *enfermos* que algo não andava bem em sua engrenagem. Uma revolução autêntica supõe, além da liberação das forças econômicas que oprimem o indivíduo, a eclosão de suas forças instintivas. Os *enfermitos* encenavam a liberação dessas forças no seu desembaraço sexual, sua atitude ante a cultura – queira-se ou não –, assim como em suas maneiras extravagantes de vestir: herdeiros inconscientes dos existencialistas e dos *beatniks*, antecessores dos *hippies* (MARIO, 1972, p. 20).

O clube Teatro El Gato Tuerto era um bar frequentado por homossexuais e estudantes desde o período anterior à Revolução (ARGUELLES; RICH, 1990, p. 444). Além do ambiente *underground* do local dos recitais, as atitudes de rebeldia juvenil diante das imposições moralizantes, que suporiam posições "mais *snob* e menos legítimas popularmente", tornaram *el feeling* e os *enfermitos* em alvos do governo cubano, como veremos no segundo capítulo, sendo varridos da vida noturna de Havana, de acordo com o testemunho de José Mario (1980, p. 5).

El Puente planejava editar uma revista intitulada *Resumen Literario El Puente*, para a qual haviam traduzido o poema *Uivo*, de Allen Ginsberg[31], e um texto inédito de Henry Miller, além da publicação de material crítico, teórico e de auto-reflexão. O primeiro número encontrava-se na gráfica, mas a revista não foi publicada, porque a editora foi fechada em 1965 e o grupo foi obrigado a se dispersar, como mostrarei no próximo capítulo.

---

31   A tradução desse poema de Ginsberg, feita provavelmente por Manuel Ballagas, circulou clandestinamente no meio cultural de Havana nos anos sessenta e setenta, conforme relatou-me Jesús Barquet em reunião que tivemos em 2005.

As edições El Puente
e a repercussão na imprensa

Os jovens de El Puente tinham em comum o desejo de criar um espaço de publicação independente em relação aos grupos literários das gerações anteriores[32]. Tentavam trilhar um caminho diferente daqueles dos escritores de *Orígenes* ou da geração dos anos cinquenta, (agrupados principalmente na revista *Ciclón* antes da Revolução e no início dos sessenta no suplemento *Lunes de Revolución* ou outras publicações importantes, como *Casa de las Américas*). O escritor Pío Serrano, que aderiu a El Puente por intermédio de sua prima Josefina Suárez (amiga de José Mario), esclareceu recentemente que sua adesão ao grupo passava pela busca comum de um novo espaço:

> O grupo era exatamente isso, um punhado de jovens interessados na literatura que buscava seu próprio lugar, e que se encontrava estrangulado entre os *origenistas*, então em aparente retirada, e os escritores da geração anterior a nossa, quase todos provenientes da revista *Ciclón*, agrupados agora no suplemento literário [*Lunes de Revolución*] e que não deixavam espaço às novas promoções. Dentro de *El Puente* havia revolucionários - Isel Rivero, Ana María Simo, Belkis Cuzá Malé, Josefina Suárez, Gerardo Fulleda León, Nancy Morejón, eu mesmo - e tíbios espectadores do que sucedia - José Mario, Reinaldo García Ramos, Miguel Barnet. Constituíamos a primeira promoção dos jóvens autores da Revolução. (...) Na realidade os participantes de El Puente não estávamos vinculados por uma poética comum nem por uma homogênea disposição política. (...) O que sim nos unia era uma vontade de independência, de autonomia... (SERRANO,1999a, p. 103).

---

32 Uma análise rigorosa do grupo de *Orígenes* foi elaborada por Jesús Barquet. Sobre a revista *Orígenes* há também os estudos de Adriana Kanzepolsky e Duanel Díaz Infante. A revista *Ciclón* foi abordada no trabalho de Roberto Pérez León. O livro de Teresa Barreto traz a trajetória de Virgilio Piñera nessas revistas. Ver: BARQUET (1990); KANZEPOLSKY (2004); DÍAZ INFANTE (2004); PÉREZ LEÓN (1995); BARRETO (1996).

Em entrevista no ano de 2002, José Mario e Isel Rivero reafirmaram sua visão de que Lunes de Revolución era um grupo fechado e não dava oportunidade a iniciantes. Do ponto de vista de José Mario, *Lunes* apenas divulgava os escritores que pertenciam ao círculo de Guillermo Cabrera Infante, seu diretor (MARIO apud GARCÍA RAMOS, 2002, p. 4). Na opinião de Isel Rivero:

> Eu tinha escrito duas cartas a Lunes, criticando-lhes essa atitude e desaprovando que eram fechados aos jovens. Se a revolução era tão aberta como se dizia, um fenômeno que se supunha que abria portas e criava novas possibilidades, como essa gente havia se auto-outorgado a prerrogativa de ser os únicos que publicavam? José Mario e eu nos entendemos perfeitamente ao conhecermos, porque ambos estávamos furiosos pelo que se estava passando (RIVERO apud GARCÍA RAMOS, 2002, p. 4).

Isel Rivero escreveu duas cartas para *Lunes de Revolución*, que foram publicadas na seção *Cartas de Lunes*, nas quais atacava duramente a direção do suplemento por ser um grupo fechado, que não estava aberto aos novos escritores. A primeira carta de Isel foi publicada um número depois da carta organizada por Odilio González[33], que contava com muitas assinaturas e reivindicava mais espaço em *Lunes* para a publicação dos jovens, no lugar da edição de tantas traduções. Entretanto, apesar da carta de Isel apoiar a de Odilio González, tinha um enfoque bastante agressivo em relação ao diretor de *Lunes*: "... nosso amigo Odilio González ainda acredita que com cartas abertas dirigidas a um emissário do demônio, como você é, ao primeiro criminoso, pode esperar-se uma solução ao gasto e constante problema '*piñatico*'"[34].

A resposta dos editores de *Lunes* foi publicada em seguida. Nela se defendiam, afirmando que Isel estava sendo injusta, pois eles publicavam em *Lunes* tudo aquilo que tivesse qualidade para sair no suplemento, um direito que

---

33 GONZÁLEZ, Odilio. "Todo al revés. Carta abierta a Guillermo Cabrera Infante". *Lunes de Revolución*, Havana, n. 31, 19/10/1959, p. 5.

34 RIVERO, Isel. "Carta". *Lunes de Revolución*, Havana, n. 32, 26/10/1959, p. 15.

existia em todas as publicações do mundo. Esta carta de Isel acirrou ainda mais a polêmica sobre os critérios de publicação em *Lunes*, que teve repercussão em muitos números, com diversas cartas comentando tanto as propostas de Odilio González, como as de Isel[35]. Os editores de *Lunes* se preocuparam em dar espaço aos jovens e eles destinaram uma seção do suplemento exclusivamente para a publicação de escritores inéditos, como mostrarei adiante.

Os escritores editados em El Puente não faziam parte do grupo de *Lunes*, mas tiveram oportunidades de publicar em *Lunes* peças de teatro, contos e poemas, como veremos a seguir. Entretanto, as edições El Puente nunca foram mencionadas em *Lunes* durante o ano de 1961, quando conviveram as duas publicações. Apenas uma única menção foi feita às primeiras duas obras editadas por José Mario e Isel Rivero, anteriores a existência de El Puente: o primeiro livro de José Mario e o segundo de Isel Rivero foram resenhados por Virgilio Piñera. Nesta resenha, Piñera elogiou *La marcha de los hurones*, de Isel Rivero, como uma obra que o surpreendeu pela boa qualidade e que se inseria na corrente poética dos anos quarenta a sessenta. Entretanto, para Piñera, Isel deveria dar um salto em sua obra e reconhecer os sinais dos novos tempos, tornando sua poesia mais comunicativa e acessível a todos, sem deixar de lado o bom gosto[36]. Já a obra *El grito*, de José Mario, foi criticada por Virgilio Piñera, que discordou da primeira página do livro, em que José Mario afirmava: "Negação dos poetas desumanizados. Palavras atadas com cola. Métodos: mesmas armas. Edito: a corda, a corda" (MARIO, 1960). Na opinião de Piñera, essas palavras iniciais deixavam a sensação de ter de alcançar o "velocino de ouro" na poesia e *El grito* não atingia tal qualidade literária[37].

Muitos escritores que publicariam em El Puente foram editados em *Lunes* na seção *A partir de cero*, dirigida por Virgilio Piñera com a intenção de publicar jovens inéditos. Essa seção era uma resposta aos apelos e cartas

---

35 Abordei no primeiro capítulo de minha pesquisa sobre *Lunes* a polêmica sobre os critérios de publicação no suplemento. Ver: MISKULIN (2003). Sobre a segunda carta de Isel Rivero ver: RIVERO, Isel. "Carta". *Lunes de Revolución*, Havana, n. 35, 16/11/1959, p. 16.

36 PIÑERA, Virgilio. "1960 reseña de la poesía". *Lunes de Revolución*, Havana, n. 90, 09/01/1961, p. 20.

37 PIÑERA, Virgilio. "1960 reseña de la poesía". *Lunes de Revolución*, Havana, n. 90, 09/01/1961, p. 20.

de jovens escritores para terem maior espaço no suplemento cultural. Ana María Simo publicou duas obras[38] na seção *A partir de cero*, em *Lunes*: a peça *El Ladrillo* e o conto *Igual es igual a muerte*. Piñera também reconheceu o talento da jovem escritora: "Ana María Simo já publicou em *Lunes*. Em *A partir de cero*, precisamente. Ela é uma jovem aluna de jornalismo e mostra um talento precoce e seguro"[39].

Duas obras de teatro de Nicolás Dorr[40], participante de El Puente, também foram publicadas em *Lunes*: *Las pericas* e *El palacio de los cartones*. Nicolás Dorr foi ainda entrevistado por Matías Montes Huidobro[41], quando revelou que o autor tinha apenas 14 anos, escrevia poesia desde os sete anos e que estava muito contente com a montagem de *Las pericas* pelo seu irmão Nelson e por Rubén Vigón.

Outro escritor de El Puente, Mariano Rodríguez Herrera, também publicou duas colaborações em *Lunes*[42]: o conto *La mutación* e *La noche tiene un nuevo color*. O número 77, quando saiu sua primeira publicação em *Lunes*, foi uma edição exclusivamente dedicada aos jovens escritores de Camaguey, organizada por Virgilio Piñera, por meio da seção *A Partir*

---

38 SIMO, Ana María. "Igual es igual a muerte". *Lunes de Revolución*, Havana, n. 73, 22/08/1960, p. 25; SIMO, Ana María. "El Ladrillo". *Lunes de Revolución*, Havana, n. 65, 27/06/1960, p. 17-18.

39 PIÑERA, Virgilio. *A Partir de Cero*. Comentário *Lunes de Revolución*, Havana, n. 73, 22/08/1960, p. 24.

40 DORR, Nicolas. "El palacio de los cartones". *Lunes de Revolución*, Havana, n. 128, 23/10/1961, p. 22-25; DORR, Nicolas. "Las pericas". *Lunes de Revolución*, Havana, n. 110, 19/06/1961, p. 19-24.

41 MONTES HUIDOBRO, Matias. "El autor de Las Pericas cuenta su historia". *Lunes de Revolución*, Havana, n. 110, 19/6/1961, p.18. Para Matías Montes Huidobro (1984, p.23), a publicação de Nicolás Dorr em *Lunes* relacionava-se mais com a qualidade de suas obras, sua rebeldia, espontaneidade, imaginação, humor, loucura e elementos do teatro do absurdo, do que com sua posição política. Entretanto, reconhece que suas peças criticavam direta ou indiretamente o período pré-revolucionário cubano. Ver: MONTES HUIDOBRO (1984, p. 23).

42 RODRÍGUEZ HERRERA, Mariano. "La mutación". *Lunes de Revolución*, Havana, n. 77, 19/9/1960, p. 23-24; RODRÍGUEZ HERRERA, Mariano. "La noche tiene um nuevo color". *Lunes de Revolución*, Havana, n. 99, 13/3/1961, p. 29-30.

de cero. Já a sua segunda colaboração no suplemento inaugurou uma nova seção, *Tinta Fresca*, criada em 13 de março de 1961, destinada aos escritores que já haviam publicado alguma obra e, portanto, haviam "deixado para trás o quilômetro zero da literatura". Em outro número de *Lunes* dedicado inteiramente a editar *A partir de cero*, Gerardo Fulleda León publicou a poesia *Regreso: Mi calle*[43]. Fulleda León, que também editou em El Puente, publicou ainda uma peça de teatro em *Lunes: La muerte diaria*[44].

Outros escritores do grupo de El Puente publicaram apenas uma colaboração em Lunes: René Ariza publicou seu conto *El biombo*[45]; Jesús Abascal López o conto *El paseo*[46]; Ada Abdo o conto *La isla*[47]; Mercedes Cortázar o poema *Viaje a Camaguey*[48]; e Évora Tamayo, *Un cuento de navidad*[49]. Todos publicaram na seção *A Partir de cero*. Já Rogelio Martínez Furé foi entrevistado por *Lunes* e participou de uma sondagem para eleger quais os dez livros mais importantes que ele salvaria no caso hipotético de uma catástofre mundial, como, por exemplo, uma explosão de bomba atômica. Na época, Martínez Furé era estudante de direito e foi entrevistado junto com dezenas de outros estudantes, trabalhadores e escritores consagrados[50].

Apesar de *Lunes* abrir esse espaço aos jovens inéditos, a seção *A Partir de cero* não conseguiu responder às ambições de publicação de todos os novos escritores iniciantes na vida literária logo após o triunfo da Revolução. Por

---

43 FULLEDA LEÓN, Gerardo. "Regreso: Mi calle". *Lunes de Revolución*, Havana, n. 85, 5/121960, p. 16.

44 FULLEDA LEÓN, Gerardo. "La muerte diaria". *Lunes de Revolución*, Havana, n. 95, 13/2/1961, p. 9-11.

45 ARIZA, René. "El biombo". *Lunes de Revolución*, Havana, n. 44, 25/01/1960, p. 11.

46 ABASCAL LÓPEZ, Jesús. "El paseo". *Lunes de Revolución*, Havana, n. 62, 06/06/1960, p. 4-6.

47 ABDO, Ada. "La isla". *Lunes de Revolución*, Havana, n. 73, 22/08/1960, p. 23.

48 CORTÁZAR, Mercedes. "Viaje a Camaguey". *Lunes de Revolución*, Havana, n.85, 5/121960, p. 7.

49 TAMAYO, Évora. "Un cuento de navidad". *Lunes de Revolución*, Havana, n. 128, 23/10/1961, p. 26-28.

50 MARTÍNEZ FURÉ, Rogelio. "¿Que se lee en La Habana?". *Lunes de Revolución*, Havana, n. 65, 27/6/1960, p. 2-7.

outro lado, dez escritores de El Puente, entre tantos outros jovens, tiveram seus textos editados em *Lunes*, o que ia de encontro às críticas ferozes de Isel Rivero de que o suplemento não abria espaço aos novatos. A polêmica entre os dois grupos, *Lunes de Revolución* e El Puente, refletia muito mais as disputas por espaços no meio cultural que foram recorrentes nos anos sessenta em Cuba. Outra escritora que principiou sua obra publicando em El Puente, e que recebeu o Prêmio Nacional de Literatura Cubana em 2001, foi Nancy Morejón, que lembrou como a editora se contrapunha ao prestígio de *Lunes de Revolución*:

> El Puente resultou vital para nós, para mim, no plano pessoal. Um belo dia chegou José Mario Rodríguez, seu diretor, e me pediu uns poemas... Foi a primeira editorial desinteressada, que quis publicar poemas meus, sem segundas nem terceiras intenções. Tratava de ser um espaço frente a todo o poder de distribuição e de onipresença que tinha *Lunes de Revolución*. Isso é o que sei, o que se tem dito, o que todos reconhecem hoje. Não se trata de julgar *Lunes*...; minha intenção não é esta, mas fomos como uma espécie de alternativa (MOREJÓN apud GRANT, 2002, p. 19).

Essa polêmica entre membros da editora El Puente e de *Lunes de Revolución* fazia parte não só da disputa entre escritores de distintas gerações, mas também da busca por ocupar os novos espaços culturais e instituicionais surgidos após a Revolução. Do mesmo modo que os membros de *Lunes* atacavam os escritores da geração que o precediam (da revista *Orígenes*), os jovens de El Puente faziam em relação aos participantes de *Lunes*. Entretanto, não se podia negar o esforço dos editores de *Lunes* em abrir suas páginas para os jovens escritores. As disputas no meio cultural não parariam por aí. Com o surgimento do suplemento cultural *El Caimán Barbudo*, os enfrentamentos entre os *caimaneros* e os escritores de El Puente foram bastante acirrados, sendo que *El Caimán Barbudo* consagrou-se como órgão oficial, enquanto que El Puente foi fechada, como veremos adiante.

O SUPLEMENTO CULTURAL
El Caimán Barbudo

O novo suplemento literário *El Caimán Barbudo* surgiu em abril de 1966, como encarte mensal do jornal *Juventud Rebelde*[51]. Dirigido pelo escritor e professor de filosofia e letras, Jesús Díaz, *El Caimán Barbudo* tinha em seu primeiro número os seguintes membros do primeiro conselho de redação: Juan Ayús (responsável pelo desenho gráfico), José Luis Posada (ilustrações), Guillermo Rodríguez Rivera, Elsa Claro e Mariano Rodríguez Herrera. Colaboravam no suplemento os escritores Luis Rogelio Nogueras, Raúl Rivero, Vítor Casaus, Félix Contreras, Orlando Alomá, Helio Orovio, Pío Serrano, além dos professores de filosofia Ricardo Jorge Machado, Fernando Martínez Heredia, Aurelio Alonso, Ricardo Jorge Machado e Hugo Azcuy, entre outros. A publicação tinha o objetivo de tornar conhecidos os novos escritores, atingir o público jovem e tentar preencher o vazio representado pelo fechamento de *Lunes de Revolución* e de El Puente[52].

A direção de Jesús Díaz em *El Caimán Barbudo* compreendeu o período de abril de 1966 a novembro de 1967. Nessa fase, o suplemento tinha aproximadamente 24 páginas e era publicado em papel-jornal. Sob a direção de Díaz, juntamente com sua equipe de colaboradores, a publicação foi editada até o número 17, mas como os números 3 e 11 tiveram duas edições cada, uma regular e outra extra[53], somaram-se ao todo 19 edições

---

51 O diário *Juventud Rebelde*, órgão de imprensa da União de Jovens Comunistas (UJC), juventude do Partido Comunista Cubano, surgiu em outubro de 1965, como único jornal vespertino em Cuba e era dirigido por Miguel Rodríguez Varela, amigo de Jesús Díaz.

52 Para Pío Serrano, a criação de *El Caimán Barbudo* para ocupar o lugar de El Puente entre os jovens foi uma operação desenhada pelo Ministro da Educação, José Llanusa, que segundo sua avaliação é "uma das figuras mais nefastas da política cultural do regime". Ver: SERRANO (1999, p. 45). No segundo capítulo, explicarei as razões para o fechamento de El Puente pelo governo.

53 A edição extra do número três justificou-se pelo estado de alerta decretado pelo governo, após o assassinato em 21 de maio, na Base Naval de Guantánamo, de Luis Ramírez

do suplemento. Ao longo da direção de Díaz, algumas mudanças foram realizadas na redação do suplemento. No número cinco, Guillermo Rodríguez Rivera passou a ser chefe de redação, Elsa Claro e Mariano Rodríguez Herrera continuaram como redatores e Silvia Freyre foi incorporada como secretária da redação. Com a saída de Elsa Claro, a partir do número 8, de novembro de 1966, Luis Rogelio Nogueras, Orlando Alomá e Ricardo Jorge Machado entraram na redação do suplemento. No número 10, em janeiro de 1967, Victor Casaus passou a fazer parte da redação, e Luis Rogelio Nogueras assumiu a chefia da redação juntamente com Guillermo Rodríguez Rivera. Por último, a partir do número 15, em junho de 1967, Luis Rogelio Nogueras tornou-se o único chefe de redação.

O desligamento de Jesús Díaz e de sua equipe de colaboradores de *El Caimán Barbudo* pela direção da União de Jovens Comunistas, no final de 1967, marcou uma nova fase da publicação. A partir do número 18, em janeiro de 1968, o suplemento foi denominado pelos novos editores de *Segunda Época* de *El Caimán Barbudo*. A publicação de artigos polêmicos no jornal, sobretudo do escritor Heberto Padilla, foi decisiva para o afastamento de Jesús Díaz e demais escritores da direção de *El Caimán Barbudo*, conforme explicarei no capítulo três. Na segunda fase, aumentou o controle da direção da UJC sobre o jornal, como mostrarei mais adiante. Vários diretores passaram pelo comando da publicação: Felix Sautié, Alberto Arufe, Armando Quesada, Roberto Díaz e Francisco Noa. Desde o número 41, em outubro de 1970, *El Caimán Barbudo* deixou de ser suplemento do jornal *Juventud Rebelde*, tornando-se uma publicação mensal independente que circula ainda hoje em Cuba.

Mais de trinta anos depois da criação de *El Caimán Barbudo*, Jesús Díaz avaliou, de seu exílio na Espanha, as circunstâncias que possibilitaram o surgimento dessa publicação em Cuba: a emergência de uma geração

---

López, membro da Brigada de Fronteira, por militares estadunidenses. O número 3 extra foi excepcionalmente elaborado em regime de urgência e editado em 48 horas, como revelou o editorial. Ver: "Editorial: Del Caimán." *El Caimán Barbudo*, Havana, n. 3, extra, junho de 1966, p. 2. Já a edição extra de número 11, de 20 de janeiro de 1967, foi especialmente elaborada para o *Encuentro Rubén Darío*, que reuniu escritores de muitos países, juntamente com escritores cubanos, de 16 a 22 de janeiro de 1967, na praia de Varadero.

literária (da qual faziam parte Luis Rogelio Nogueras, Guillermo Rodríguez Rivera, Raúl Rivero, além do próprio Díaz); a existência de uma pequena margem de manobra diante do controle da imprensa por parte das novas instituições políticas (como o PCC e a UJC); o fato de o diretor do jornal *Juventud Rebelde*, Miguel Rodríguez Varela, ser amigo de Díaz; de Jesús Díaz ter acabado de ganhar o Prêmio Casa de las Américas com o livro *Los años duros*; e a "ilusão de que uma vanguarda política era conciliável com uma vanguarda artística experimental e até herética" (DÍAZ, 2000, p.107).

O nome *El Caimán Barbudo*, segundo explicação de Jesús Díaz poderia ser traduzido como "Cuba revolucionária":

> Os nomes, já se sabe, nunca são inocentes, e nós, e eu pessoalmente, apoiávamos a revolução cubana, por ingênua, ilusória, estúpida ou culpada que possa se considerar essa atitude, que era também, por outra parte, esmagadoramente majoritária entre os intelectuais da época em Cuba e fora dela. Parece-me útil recordar que estávamos em plena guerra de agressão estadunidense ao Vietnã; na cúspide da luta dos negros pelos direitos civis nos Estados Unidos; no período de desagregação dos impérios coloniais na África; no momento de maior distância entre Cuba e a União Soviética; no cúmulo das emoções que provocavam as figuras de Martin Luther King e sobretudo do Che Guevara; e nas vésperas de 68 em Paris, México e Praga.(...) Além de seu significado implícito, o nome de nossa publicação era uma metáfora, não uma obviedade realista, porque estávamos decididos sobretudo a fazer literatura (DÍAZ, 2000, p. 107).

O nome do suplemento foi uma sugestão do ilustrador José Luis Posada, que também elaborou o logotipo da publicação (MARTÍNEZ PÉREZ, 2001, p. 146). *El Caimán Barbudo* era uma referência à própria ilha de Cuba, cuja forma assemelhava-se a de um *caimán* (uma espécie de jacaré), adjetivada da qualidade de barbudo, uma alusão explícita aos guerrilheiros e revolucionários cubanos. Desta maneira, o nome da publicação já definia o lugar de onde seus editores buscavam participar da Revolução: por meio de um suplemento cultural que participaria ativamente na construção da nova sociedade cubana.

El Caimán Barbudo tinha algumas seções fixas na sua primeira fase. Presente desde o primeiro número, a seção *Imagen de...* situava-se sempre na última página e tratava de uma entrevista com um artista, cujos desenhos ou ilustrações compunham geralmente a capa ou a contracapa do suplemento. No número 3, publicou-se pela primeira vez a seção *Como va el mundo Sr.? Da vueltas señor*, que geralmente era constituída de pequenas notas sobre eventos e notícias culturais internacionais do momento. A seção *Para creer leer* também surgiu nesse número e tornou-se um espaço para resenhar os lançamentos de livros em Cuba.

Já a guerra do Vietnã converteu-se numa preocupação constante dos editores, e no número 14, de maio de 1967, surgiu uma nova seção intitulada *V de Vietnam*, destinada a registrar os inúmeros protestos que ocorriam ao redor do mundo, contrários à guerra e à agressão ao povo vietnamita. Composta de várias notas, a seção mostrava desde manifestações até *shows* e peças teatrais na Europa e nos Estados Unidos que denunciavam os horrores da guerra. Já a seção *La carabina de Ambrosio* apareceu apenas uma única vez, no número 15, e era composta de várias notas críticas a diversos escritores cubanos[54].

Em seu primeiro número, os editores apresentaram quais seriam as diretrizes da publicação e explicitaram suas intenções de elaborar uma publicação cultural ampla, abertamente comprometida com a Revolução:

> *El Caimán Barbudo* faz-se presente. Obra dos jovens revolucionários, estará como eles comprometida só com a Revolução, com seu Partido, que é igual a estar comprometida com a verdade e com a arte. A arte verdadeira não foi nem poderá ser jamais contra-revolucionária. (...) Cremos com

---

54 Segundo depoimento de Jesús Díaz já no exílio, a seção *La carabina de Ambrosio* cujo subtítulo era *Un tarrayazo no le viene mal a nadie* era uma seção de humor, mas foi um dos motivos de tensão com a direção da UJC, pois lhes parecia irrespeitosa e herética, desde o título até o seu conteúdo. Nessa seção escritores e artistas de gerações anteriores como Virgilio Piñera, Pablo Armando Fernández, Antón Arrufat, Manuel Díaz Martínez, Nicolás Guillén, Loló de la Torriente foram alvos de críticas, além dos ataques dirigidos a escritores de sua própria geração que haviam sido de El Puente, como Miguel Barnet, Nancy Morejón e Lina de Feria. Ver: DÍAZ (2000, p. 110).

Fidel, que deve ser preocupação fundamental da Revolução o desenvolvimento espiritual do homem novo. Órgão dos jovens, seja este um chamado à colaboração e à crítica. Sabemos que a arte não está divorciada da vida; nossa publicação tratará de literatura e política; de artes plásticas e de filosofía[55].

Desde seu início, os editores de *El Caimán Barbudo* assumiram uma postura engajada, comprometida com a Revolução, e defenderam uma concepção de arte revolucionária marxista. Seguiram a concepção de Lenin que defendia a construção da cultura revolucionária baseada na tradição cultural universal. A citação de Fidel Castro, de José Martí e da preocupação com o "homem novo", que havia sido expressada por Che Guevara, atualizava a definição de cultura revolucionária na tradição revolucionária cubana, da qual José Martí era considerado uns dos pais fundadores.

El Caimán Barbudo publicou também, no primeiro número, o manifesto *Nos pronunciamos*, no qual escritores defendiam a poesia criativa, livre, de versos irregulares, por eles denominada "nova poesia cubana" e, ao mesmo tempo, manifestavam seu apoio à Revolução. O manifesto foi assinado por Orlando Alomá, Sigifredo Alvarez Conesa, Iván Gerardo Campanioni, Víctor Casaus, Félix Contreras, Froilán Escobar, Félix Guerra, Rolén Hernández, Luis Rogelio Nogueras, Helio Orovio, Guillermo Rodríguez Rivera e José Yanes. Pelo fato de escrever apenas contos e romances, Jesús Díaz não assinou o manifesto, exclusivo dos poetas. Este grupo de jovens poetas definiu claramente sua concepção de literatura revolucionária:

> Não pretendemos fazer poesia para a Revolução. Queremos fazer poesia de, desde, pela Revolução. Uma literatura revolucionária não pode ser apologética. Existem, existirão sempre, conflitos sociais: uma literatura revolucionária tem que enfrentar esses conflitos. Não renunciamos aos chamados temas não sociais. O amor, o conflito do homem com a morte, são circunstâncias que afetam a todos, como é íntimo, pessoal, o autêntico fervor revolucionário. (...) Nos pronunciamos pela integração da fala cubana à poesia. (...) Rechaçamos a má poesia, que trata de justificar-se com

---

[55] "Apresentação (sem título)". *El Caimán Barbudo*, Havana, n. 1, abril de 1966, p. 1-2.

denotações revolucionárias, repetidora de fórmulas pobres e gastas: o poeta é um criador ou não é nada. Rechaçamos a má poesia que trata de amparar-se nas palavras 'poéticas', que se impregna de uma metafísica de segunda mão para situar o homem fora de suas circunstâncias: a poesia é um testemunho terrível e alegre e triste e esperançado de nossa permanência no mundo, com os homens, entre os homens, pelos homens, ou não é nada[56].

O manifesto repercutiu entre a intelectualidade, pois criticava tanto a concepção de poesia pura, como a de poesia panfletária[57]. A revista *Alma Mater*, da Federação de Estudantes Universitários da Universidade de Havana, ao criticar o manifesto *Nos Pronunciamos*, teve seu número retirado de circulação[58].

Muitos anos depois, Rodríguez Rivera (2000) declarou que ele escreveu esse manifesto, a pedido de Jesús Díaz, e depois buscou as adesões e assinaturas dos demais poetas. *Nos Pronunciamos* contribuiu muito para o predomínio da tendência poética *conversacional* na literatura cubana após a Revolução e definiu o movimento literário de sua geração[59]. Segundo sua versão, os escritores de El Puente, Miguel Barnet e Nancy Morejón, foram convidados, mas se recusaram a assinar o manifesto, e declararam que era ingenuidade fazer pautas literárias de uma estética que acabara de iniciar. A proposta de *El Caimán Barbudo* era profissionalizar a atividade dos escritores,

---

56 "Nos pronunciamos". *El Caimán Barbudo*, Havana, n. 1, abril de 1966, p. 11.

57 Guillermo Rodríguez Rivera analisou como crítico literário, em 1984, o manifesto *Nos Pronunciamos*. Tratou-se de uma polêmica "generacional", um enfrentamento à tendência representada pelas edições El Puente, que pretendia ser dominante entre os novos poetas: "O própio da poesia que difundia *El Puente* era o auge de um trasnoitado hermetismo; de um intimismo que parecia ignorar em absoluto a existência de uma autêntica revolução socialista em Cuba". Ver: RODRÍGUEZ RIVERA (1984, p. 105).

58 RODRÍGUEZ RIVERA, Guillermo. *Entrevista*. Entrevistadora Sílvia Cezar Miskulin. Havana, 30 de abril de 2002.

59 Guillermo Rodríguez Rivera denominou essa poesia de *poesía conversacional* ou *prosaísta*, já que buscava uma relação direta, uma comunicação com o público leitor e estava preocupada em relacionar-se com os problemas de sua época. Ver: RODRÍGUEZ RIVERA (2000).

pagando as colaborações, em torno de vinte pesos a cada poesia publicada (RODRÍGUEZ RIVERA, 2002).

No número 3 de *El Caimán Barbudo*, publicou-se declaração dos editores sobre a intenção de divulgar escritores de todas as linhas, e não apenas os doze poetas do manifesto *Nos pronunciamos*. O texto tinha um tom de esclarecimento e parecia ser uma resposta às críticas, feitas ao manifesto por outros intelectuais, de que o suplemento era composto por um grupo fechado de colaboradores. O artigo esclarecia que o manifesto não representava um critério editorial e que a publicação publicaria a literatura jovem cubana[60].

Os doze poetas que assinaram o manifesto *Nos pronunciamos* publicaram poemas nesse número, acompanhados de um texto de Victor Casaus chamado significativamente de *Presentar credenciales:*

> Achar entre este grupo de poetas jovens pontos comuns é tarefa extraordinariamente fácil: idades, idéias sobre a poesia como arma e como amor, utilização de formas populares, rechaço aos mecanismos gastos para chegar ao povo, visão desde a revolução, na qual estamos, a que nos fez e nos seguirá fazendo, compromisso com ela (quer dizer, com nós mesmos)[61].

Os escritores do grupo afirmavam sua identidade ao fazer poesia com linguagem popular e compromisso revolucionário. Esse tipo de poesia, ao qual já me referi, foi denominado poesia *conversacional*[62], e tornou-se uma

---

60 "Doce". *El Caimán Barbudo*, Havana, n. 3, junho de 1966, p. 18.

61 CASAUS, Victor. "Presentar credenciales". *El Caimán Barbudo*, Havana, n. 3, junho de 1966, p. 18.

62 A poesia *conversacional* tornou-se predominante na poesia cubana, a partir do triunfo da Revolução, conforme analisou Jorge Luis Arcos, que interpretou de maneira crítica este tipo de poesia: "A poesia se converte, de certo modo, em serva da história, no seu testemunho, na sua ilustração, compartindo inclusive, suas utopias sociais. Chegou o momento em que também se converteu em representação de determinado discurso político. Mas a poesia mitifica sempre, pelo que não foi raro que se eriga em voz de mitos políticos e que terminara afirmando não já o ser da historia senão seu dever" Ver:

vertente bastante expressiva da poesia cubana nos anos sessenta. Os poetas foram apresentados nesse número: Orlando Alomá, Sigifredo Alvarez, Iván Gerardo Campanioni, Victor Casaus, Felix Contreras, Froilán Escobar, Felix Guerra, Rolén Hernández, Luis Rogelio Nogueras, Helio Orovio, Guillermo Rodríguez Rivera e José Yanes[63]. Em relação às doze poesias editadas, notei particularmente que algumas fazem referências explícitas a temas relacionados com a Revolução, como as de Guillermo Rodríguez Rivera, de Froilán Escobar, de Félix Guerra e de Helio Orovio[64].

Ao entrevistar o escritor Roque Dalton, os editores conseguiram registrar certas repercussões do manifesto *Nos Pronunciamos* nas próprias páginas de *El Caimán Barbudo*. O escritor salvadorenho viveu durante dois anos em Havana e sua estadia coincidiu justamente com a primeira época de *El Caimán Barbudo*. Roque Dalton tornou-se uma referência importante para os *caimaneros*, como pude comprovar no livro de Jesús Díaz, *Las palabras perdidas*, que recria por meio da ficção a história do suplemento e narra as divertidas tertúlias literárias do grupo na casa do escritor[65].

Sua importância para os jovens escritores ainda ficou evidente na entrevista que Victor Casaus fez com Roque Dalton, em que o salvadorenho

---

ARCOS (1999, p. xxxv). Arcos também questionou o fato de a poesia *conversacional* ter sido excludente tanto em relação a manifestações poéticas das gerações anteriores (como a ruptura com a visão esteticista e purista de *Orígenes*), como também não tolerou a diversidade de outras formações estilísticas (como por exemplo El Puente) e de manifestações críticas. Para Arcos, a força da poesia *conversacional* nos anos sessenta relacionava-se com a projeção ideológica de seus poetas naquele momento.

63   Ver as notas biobibliográficas dos escritores no anexo deste livro.

64   RODRÍGUEZ RIVERA, Guillermo. "Respuestas y preguntas". *El Caimán Barbudo*, Havana, n. 3, junho de 1966, p. 18; ESCOBAR, Froilán. "Cualquiera sabe más de 20 cosas". *El Caimán Barbudo*, Havana, n. 3, junho de 1966, p. 19; GUERRA, Félix. "Mc y Carmen". *El Caimán Barbudo*, Havana, n. 3, junho de 1966, p. 19; OROVIO, Helio. "Confesión". *El Caimán Barbudo*, Havana, n. 3, junho de 1966, p. 20.

65   No romance *Las palabras perdidas*, Jesus Díaz relatou o surgimento da publicação, que assumiu, no livro, o nome de *El Guije Ilustrado* e discutiu a participação dos principais colaboradores, por intermédio dos personagens Flaco (Jesús Díaz), Gordo (Guillermo Rodríguez Rivera), Rojo (Luis Rogelio Nogueras), Rubito (Raúl Rivero) e Una (personagem que seria uma fusão de várias mulheres). Ver: DÍAZ (1992).

destacou a participação dos jovens poetas na Revolução, aglutinados ao redor de *El Caimán Barbudo*. Ainda que Dalton elogiasse as iniciativas do grupo, criticou também alguns exageros cometidos pelo *conversacionalismo*:

> Efetivamente, eu creio que como solução da poesia, de propor a poesia no seio de uma revolução popular como esta, o tom coloquial foi uma solução muito eficaz, mas chegou-se a cometer uma série de excessos enquanto não se tem dotado o coloquial de um conteúdo mais rico. Então se oscilou entre o coloquial como achado, e o perigo do banal, o perigo de não dizer nada, de dizer coisas que por muito simples que sejam são também muito obvias e que praticamente não seria necessário dizê-las[66].

Ademais, Roque Dalton declarou acreditar que a poesia coloquial poderia alcançar um conteúdo muito interessante e enriquecedor, ao entrar em contato com a experiência da realidade cubana, e se tornar um instrumento para a tomada de consciência revolucionária do povo. Advertiu os intelectuais para nunca perderem a capacidade crítica, a sinceridade e a ânsia juvenil de luta a fim de construírem um mundo novo.

Retomou-se o manifesto *Nos pronunciamos* no número especial de *El Caimán Barbudo*, organizado por Víctor Casaus e Luis Rogelio Nogueras, para o *Encuentro con Rubén Darío* realizado em Varadero, de 16 a 22 de janeiro de 1967. O encontro reuniu escritores de várias partes do mundo e celebrou os cem anos do nascimento do poeta nicaraguense Rubén Darío. No artigo *Acto de presencia*, Víctor Casaus e Luis Rogelio Nogueras atualizaram o manifesto como um programa de trabalho do primeiro grupo de jovens poetas surgidos após o triunfo da Revolução[67]. Neste ponto, desconsideravam a existência das Ediciones El Puente como primeiro grupo que reuniu jovens escritores. *Acto de presencia* reafirmava as idéias do manifesto como uma tomada de posição: por um lado, contra o escapismo

---

66   DALTON, Roque apud CASAUS, Victor. "Creo que hay cosas que yo debo contar". *El Caimán Barbudo*, Havana, n. 8, 1966, p. 13.

67   CASAUS, Victor.; NOGUERAS, Luis Rogelio. "Acto de Presencia". *El Caimán Barbudo*, Havana, n. 11 especial, 20 de janeiro de 1967, p. 3.

metafísico e, por outro, contra a poesia pretensamente revolucionária, mas mera repetição de fórmulas pobres e gastas. Anunciaram em *Acto de presencia* a adesão de novos jovens poetas, narradores, dramaturgos, críticos, estudiosos de filosofia e de política que também coincidiam com os pronunciamentos mais gerais do manifesto.

A utilização de uma linguagem coloquial e de letras de músicas populares cubanas na poesia foram novamente reivindicadas por Víctor Casaus e Luis Rogelio Nogueras. Do ponto de vista formal, Casaus e Nogueras aproximaram a nova poesia dos *caimaneros* da realizada pelos pós-modernistas cubanos Rubén Martínez Villena e José Z. Tallet[68]. Os pós-modernistas cubanos buscaram nas primeiras décadas do século XX superar o exotismo, a ostentação verbal e a grandiloquência modernista mediante uma poesia simples, com economia de meios, ironia e humor, muito próximo daquilo que os doze signatários do manifesto vinham fazendo[69]. Entretanto, para Casaus e Nogueras, a grande diferença estava no contexto social da Revolução e dos anos sessenta, que propiciava uma nova temática e uma outra visão de mundo: as mobilizações militares ante as ameaças do imperialismo, a busca de uma nova moral, o entusiasmo revolucionário, o Vietnã.

Acto de presencia explicitou qual seria o papel dos jovens escritores e de suas obras no processo revolucionário e reafirmou as diretrizes do *Manifesto Nos Pronunciamos*:

---

68 O escritor José Z. Tallet (1893-1989) pertenceu ao grupo minorista e foi um dos diretores da *Revista de Avance*. Publicou *La semilla estéril* em 1951, e sua poesia foi considerada precursora da poesia *conversacional*. O poeta Rubén Martínez Villena (1899-1934) abandonou a criação literária para participar de movimentos sociais e foi militante do Partido Comunista de Cuba. Organizou a greve operária de 1933, que levou à derrubada do ditador Gerardo Machado. Sua obra *La pupila insomne* foi publicada postumamente, em 1936. Sua trajetória será abordada no próximo capítulo.

69 O pós-modernismo é conhecido na literatura cubana como um momento da produção literária logo posterior à geração de Rubén Darío, o precursor do modernismo na Hispano-América. Não se trata do conceito de pós-modernismo formulado recentemente, para explicar a emergência no mundo cultural da televisão em cores e da influência da mídia, a partir dos anos setenta do século XX. Ver: ANDERSON (1999).

Situada dentro de seu contexto social-histórico (a Revolução Cubana triunfante; a luta armada na Ásia, África e América Latina; as contradições dentro do campo socialista) esta nova promoção de poetas está ante a disjuntiva de utilizar a poesia como uma arma, ou traí-la. Dentro da ironia, o humor antes anotado, os jovens poetas abordam criticamente erros e malentendidos, aberrações ideológicas ou desvios tão repudiáveis como, por exemplo, o oportunismo[70].

O mais representativo da nova "promoção" de poetas jovens foi publicado neste número, segundo Víctor Casaus e Luis Rogelio Nogueras. Incluíu-se não apenas os que seguiam as linhas do manifesto, mas também alguns poetas que faziam outro tipo de poesia. Além dos doze que assinaram o manifesto *Nos Pronunciamos*[71], foram publicados poemas de Raúl Rivero, Eduardo E. López Morales, Antonio Conte, Belkis Cuzá Malé, Nancy Morejón e Pedro Pérez Sarduy, sendo que estes três últimos escritores haviam pertencido ao grupo de El Puente. Esta ampliação do grupo em relação aos doze iniciais significou uma abertura e uma incorporação seletiva de alguns membros de El Puente.

Além da participação de escritores, *El Caimán Barbudo* editou também artigos e ensaios sobre filosofia, política, marxismo e história. Com isto, não se limitou à esfera meramente cultural, e tornou-se um suplemento que abrangia uma grande variedade de temas, com a contribuição de muitos professores de filosofia, que trabalhavam junto com Jesús Díaz na Universidade de Havana. *El Caimán Barbudo* assumiu não só a defesa da Revolução, mas defendeu também a luta guerrilheira como forma de libertação da dominação colonial e imperialista para os países do Terceiro Mundo. No capítulo três abordarei os temas mais políticos que marcaram a publicação nessa primeira fase, tanto em relação aos acontecimentos da Revolução Cubana, como também às principais lutas na América Latina, além da guerra no Vietnã.

---

70 CASAUS, Victor.; NOGUERAS, Luis Rogelio. "Acto de Presencia". *El Caimán Barbudo*, Havana, n. 11 especial, 20 de janeiro de 1967, p. 3.

71 Como acabei de mostrar, o manifesto foi assinado exclusivamente por homens brancos, o que revela uma diferença de *El Caimán Barbudo* com a composição do grupo que publicou em El Puente.

AS PRODUÇÕES CULTURAIS REVOLUCIONÁRIAS NA PUBLICAÇÃO

Após o triunfo da Revolução, um intenso debate ocorreu em Cuba ao se buscar definir como seriam as obras revolucionárias e qual o engajamento do intelectual nesse processo. Discutia-se no meio intelectual não só a escolha dos temas – se deveriam ser explicitamente com referências ao processo revolucionário –, mas também qual a nova forma ou linguagem da obra de arte revolucionária.

No número 7 do suplemento, uma resenha de Salvador Arias sobre o livro de Jesús Díaz, *Los años duros*, abordou a questão da produção cultural revolucionária. O livro de contos foi premiado no concurso Casa de las Américas, em 1966. Jesús Díaz recebeu o prêmio por unanimidade do júri, composto por Pedro Lastra Salazar (Chile), Emmanuel Carballo (México), Jesús López Pacheco (Espanha) e Onelio Jorge Cardoso (Cuba). A fundamentação do júri, publicamente divulgada, já apontava para a relevância e o pioneirismo da obra: "Se reconhece nesta coleção de contos o exemplar tratamento literário de temas da Revolução, que abre novas perspectivas à jovem narrativa cubana" (CASAÑAS; FORNET, 1999, p. 53). Nas palavras da resenha de Arias, a obra representava literariamente o mundo social cubano após a Revolução:

> *Los años duros* são estes, os que estamos vivendo, e o livro vai desde a luta insurrecional até coisas tão atuais como o corte de cana, e o Serviço Militar Obrigatório, passando pela limpeza de contra-revolucionários no Escambray. O seguimento cronológico do processo revolucionário dá unidade ao tomo, ainda que seus dez contos apresentem diversas modalidaddes estruturais e estilísticas[72].

A resenha elogiava os contos de Jesús Díaz, já que mostravam as contradições e complexidades dos homens que construíam o socialismo, ao destacar seus esforços individuais e coletivos. Mas, Arias ponderou que a utilização na linguagem da fala popular e da gíria estudantil era um

---

72 ARIAS, Salvador. "Duros, pero inmensamente alentadores". *El Caimán Barbudo*, Havana, n. 7, outubro de 1966, p. 15.

problema. Ao eleger "Diosito" como o melhor conto do livro, Salvador Arias também o destacou como a expressão literária cubana mais completa sobre a construção do "homem novo" e do socialismo. O conto narrava a problemática de um jovem religioso convocado ao Serviço Militar Obrigatório, muito criticado por seus instrutores pelo seu comportamento religioso. Apesar dos conflitos do personagem principal, no final deste conto, Díaz mostrava, nas palavras de Arias, uma crença muito grande na "condição humana", "no socialismo" e na "Revolução"[73].

Los años duros constitui-se em marco na narrativa cubana[74], e mesmo ao tratar de temáticas revolucionárias o livro foi polêmico, em virtude das inovações de linguagens e do uso de termos populares, algo semelhante com o que vinha acontecendo na poesia, já mostrado anteriormente no manifesto *Nos pronunciamos*.

Outros comentários foram feitos em *El Caimán Barbudo* sobre *Los años duros*. Para Pío Serrano, o livro era um bom exemplo da nova literatura elaborada em Cuba e demonstrava a possibilidade de escrever sobre a Revolução, seu desenvolvimento dialético e contraditório, de uma forma otimista e bem redigida. Entretanto, neste mesmo artigo, Pío Serrano destacou certas dificuldades dos escritores em expressar a nova realidade: "Um dos problemas que enfrenta a literatura que tenta se aproximar do tema da Revolução é o de evitar os esquemas, os clichês e as reduções

---

73 Idem, ibidem.

74 Publicado quando o autor tinha apenas 24 anos, o primeiro livro de Jesús Díaz foi avaliado como marco paradigmático da literatura cubana em muitos artigos do dossiê publicado em sua homenagem, após a sua morte em 2002, na revista que o escritor dirigia em Madri, *Encuentro de la cultura cubana*. Para o crítico literário Gustavo Guerrero, *Los años duros* era um modelo coerente de literatura realista, e era na época uma novidade dentro da narrativa cubana. Guerrero destacou a reprodução da fala contemporânea havanera como forma de representação literária de um estilo oral familiar, além de apontar o fato de que cada conto recriava acontecimentos históricos do processo revolucionário. Ver: GUERRERO (2002, p. 11). Já Carlos Espinosa via como pioneiro esse livro, pois até aquele momento em Cuba as obras de ficção reportavam-se especialmente à denúncia do passado imediatamente anterior a Revolução. Espinosa destacou que seu mérito também estava no uso de palavras obscenas na literatura, o que foi objeto de duras polêmicas, já que se chocava com o moralismo de certos funcionários culturais, que apostavam na publicação de uma literatura edificante. Ver: ESPINOSA (2002, p. 34).

simplistas, pois com elas se limita a capacidade ativa, que esta literatura deve conter"[75]. A transformação dos três últimos contos do livro de Díaz na peça *Unos honbres y otros* também foi motivo de enorme êxito, já que recebeu menção especial no VI Festival de Teatro Latino-americano de Casa de las Américas, em 1966, conforme relatou Pío Serrano nesse mesmo artigo. A premiação desse festival e outros comentários dessa obra teatral de Jesús Díaz surgiram também em outros números do suplemento[76].

No VI Festival de Teatro Latino-americano de Casa de las Américas, *La noche de los asesinos*, de José Triana[77], obteve o Prêmio *Gallo de la Habana*, enquanto a peça de Jesús Díaz obteve apenas uma menção. Victor Casaus e Antonio Conte entrevistaram o ator uruguaio Juan Manuel Tenuta e o cineasta espanhol Antonio Eceiza, que participaram do festival. Ao ser entrevistado em *El Caimán Barbudo*, Juan Manuel Tenuta admitiu que a peça de Triana, do ponto de vista formal e temático, estava bem realizada e a direção de Vicente Revuelta era magnífica. Entretanto, ele não escondeu sua admiração pelo teatro de Díaz, como o caminho mais autêntico para o teatro cubano: "… porque o teatro de Jesús Díaz é o teatro que eu esperava e desejava ver em Cuba. Parece-me que a Revolução Cubana é tão rica em acontecimentos, em conflitos que o autor cubano deve se nutrir deles, ali estão seus melhores temas"[78]. Nessa avaliação, também coincidiu o

---

75 SERRANO, Pío E. "Novela Teatro Cuento Joven 1966". *El Caimán Barbudo*, Havana, n. 10, janeiro de 1967, p. 19.

76 Para Carlos Espinosa, a peça *Unos hombres y otros*, de Jesús Díaz, mostra o antagonismo entre duas ideologias, duas morais e duas atitudes perante a vida, durante a luta contra as bandas contra-revolucionárias na Sierra Escambray. Ver: ESPINOSA (1992, p. 41).

77 *La noche de los asesinos* narrou a história de três irmãos que brincavam de assassinato, e por meio do jogo reviviam suas frustrações e a violência praticada pelos seus pais, dando vazão a um ritual parricida. Na interpretação de Carlos Espinosa, a peça na verdade extrapolava o conflito familiar e transcendia esse limite: "Triana sugere que o ato de rebeldia dos três irmãos se dirige também à opressão mais vasta e secreta que os pais encarnam…" Depois da premiação em Havana em 1966, a obra fez um *tour* pela Europa, com grande sucesso internacional, tendo sido encenada em mais de 30 países. No Brasil, foi encenada em junho de 2005, no Teatro de Arena, sob a direção de Hugo Villavicenzio. Ver: ESPINOSA (1992, p. 38).

78 TENUTA, Juan Manuel apud CASAUS, Víctor; CONTE, Antonio. "VI Festival de

ponto de vista do outro entrevistado pelo suplemento, Juan Eceiza, que reconheceu a peça de Díaz como inconclusa e que sua adaptação foi feita muito rapidamente, mas afirmou que a obra era "filha da Revolução", pois tratava da realidade cubana e afirmou acreditar ser muito importante que se fizesse esse tipo de teatro na ilha[79].

Em outro número da publicação, Félix Contreras entrevistou Bernardo Cortés, diretor de teatro na Universidade de San Marcos, em Lima, que também participou como delegado do VI Festival de Teatro Latino-americano. Na sua entrevista, Cortés avaliou as duas obras que se destacaram no festival. Em sua opinião, *La noche de los asesinos* era uma peça que abordava o problema da classe média cubana, um problema que iria desaparecer conforme a Revolução Cubana se radicalizasse, enquanto que *Unos hombres y otros* retratava um dos aspectos da realidade do país, a luta armada. Bernardo Cortés reconheceu que era esse tipo de teatro que ele esperava encontrar quando viajou a Cuba. Sugeriu também que os novos dramaturgos abordassem também o futuro e a construção do "homem novo"[80]. Ficou evidente nessas entrevistas que houve uma polêmica a respeito da premiação no VI Festival de Teatro Latino-americano. Alguns delegados discordaram do resultado do júri, pois consideravam que a obra de Triana tratava de uma problemática universal, de conflitos entre pais e filhos, enquanto a obra de Díaz baseava-se em temas ligados mais diretamente à Revolução.

Diversas obras literárias premiadas em concursos também foram publicadas em *El Caimán Barbudo*, como forma de estimular a criação de produções culturais revolucionárias. No número 3 de *El Caimán Barbudo*, encontramos na seção *Para Creer Leer* uma resenha do livro *Cartas a Ana Frank*, de Belkis Cuzá Malé, elaborada por Pedro Pérez Sarduy. O livro de poemas, escrito em 1962, foi publicado pela Uneac após a escritora ganhar

---

Teatro Latino-americano, Casa de las Américas 1966". *El Caimán Barbudo*, Havana, n. 9, 1 de dezembro de 1966, p. 6.

79 ECEIZA, Juan apud CASAUS, Víctor; CONTE, Antonio. "VI Festival de Teatro Latino-americano, Casa de las Américas 1966". *El Caimán Barbudo*, Havana, n. 9, 1 de dezembro de 1966, p. 7.

80 CORTÉS, Bernardo apud CONTRERAS, Felix. "El otro cortés". *El Caimán Barbudo*, Havana, n.10, janeiro de 1967, p. 5.

menção no Concurso Casa de las Américas, em 1963. Peréz Sarduy (que também fez parte de El Puente, assim como Belkis Cuzá) mencionou os livros anteriores, *Tiempos de sol* e *Los alucinados*, mas omitiu que eles foram publicados pela editora El Puente. Elogiou o novo livro de Belkis como representante de uma poesia "militante" e "combativa", enquanto depreciou seu livro anterior *Los alucinados*[81]. Tratava-se de uma crítica ao livro publicado pela editora El Puente, que ele julgava não ter o mesmo grau de engajamento da última obra de Belkis, o que significava uma incorporação seletiva dos que tinham pertencido a El Puente.

O primeiro concurso literário da Uneac realizou-se em 1965, quando ainda não existia *El Caimán Barbudo*. Mas o segundo, em 1966, repercutiu nas páginas da publicação. Luis Rogelio Nogueras e Orlando Alomá entrevistaram três convidados espanhóis que participaram no júri: José Agustín Goytisolo, no júri de poesia; Luis Araña, no de teatro e Alfonso Grosso, no de contos. A entrevista do suplemento com o escritor espanhol José Goytisolo revelou os embates que havia em Cuba sobre o papel da obra de arte na Revolução:

> Vocês, com uma revolução em suas mãos, têm que tomar decisões concretas sobre o que há para fazer e então surgem dentro das mesmas, opiniões contrárias. Alguns dizem que a arte deve ser educativa (eu creio que a qualidade é educativa), que a arte deve estar a serviço da revolução... Creio que Cuba é muito afortunada, pois não existe aqui como em outras partes diretrizes férreas em relação a criação artística ou literária[82].

Essa resposta de José Goytisolo à pergunta de Luis Rogelio Nogueras sobre sua avaliação da poesia cubana revelou a disputa que havia em Cuba: de um lado, os defensores da arte prioritariamente educativa, na visão dos que eram mais dogmáticos e defendiam o realismo socialista; de outro lado, os que

---

81 PÉREZ SARDUY, Pedro. "El epistolario Belkis-Ana". *El Caimán Barbudo*, Havana, n. 3, junho de 1966, p. 22.

82 GOYTISOLO, José apud NOGUERAS, Luis Rogelio; ALOMÁ, Orlando. "Tres intelectuales españoles responden". *El Caimán Barbudo*, Havana, n. 7, 1966, p. 6.

propunham a arte engajada com a Revolução, mas aberta à criatividade do escritor e artista, sem parâmetros impositivos elaborados pelos representantes governamentais, como era defendida pelos membros do suplemento. Ao comentar o resultado do concurso Uneac em 1966, *El Caimán Barbudo* destacou que não houve premiados nas categorias conto, teatro e romance, um vazio que os editores do suplemento chamaram de *desierto*. O suplemento entrevistou cinco jovens escritores que receberam menções de honra nas categorias de poesia, romance e teatro: Nancy Morejón (*Richard trajo su flauta y otros argumentos*), José Yanes (*Permiso para hablar*) e Alberto Rocasolano (*Diestro em soledades y esperanzas*) em poesia; Reinaldo Arenas (*El mundo es alucinante*) em romance, e Nicolás Dorr (*La extraña visita de los Abelineses*) em teatro. As entrevistas foram realizadas por Félix Contreras e revelaram as concepções literárias dos escritores.

Na entrevista, Nancy Morejón recusou qualquer identificação com uma linha poética, por ser ainda muito jovem e acreditar que isso seria uma tarefa para os críticos. A autora, jovem negra, que já havia editado dois livros em El Puente (*Mutismos*; *Amor, ciudad atribuida*), teve seus livros citados em *El Caimán Barbudo*, mas não se fez referência a Ediciones El Puente. Contudo, a poetisa reconheceu que havia uma relação estilística e temática entre alguns poemas de *Amor, ciudad atribuida*, e no livro que ganhou menção, *Richard trajo su flauta y otros argumentos*[83]. O suplemento publicou na sequência da entrevista sua poesia "Moncada", parte do livro que recebeu a menção. O poema salientava sentimentos de tristeza, desamparo e solidão da autora, mas também mencionou a Revolução: "... a classe de literatura o guarda o relógio/ a conferência o cinema a safra/ a exposição as mãos de Fidel/ as gravuras o cantarolar pegajoso daquele que passa/ esta Revolução ansiosa..."[84].

Outro premiado com menção no concurso da Uneac, José Yanes, reafirmou na entrevista sua identificação com a poesia coloquial ou antipoesia, mas esclareceu que esta poesia poderia tanto ser útil como perigosa, pois poderia cair numa "espécie de facilismo"[85]. O poeta havia assinado o manifesto

---

83 MOREJÓN, Nancy. "Los desiertos y los premios. Hablan 5". *El Caimán Barbudo*, Havana, n. 8, novembro de 1966, p. 16.

84 MOREJÓN, Nancy. "Moncada" (poema). *El Caimán Barbudo*, Havana, n. 8, novembro de 1966, p. 19.

85 YANES, José. "Los desiertos y los premios. Hablan 5". *El Caimán Barbudo*, Havana, n. 8, novembro de 1966, p. 17.

no primeiro número do suplemento. Já Alberto Rocasolano referiu-se em sua entrevista ao manifesto *Nos pronunciamos*, declarando identificar-se com suas propostas de aproximação da poesia com a fala popular, como uma forma de aproximar-se do povo, mas alertava que os poetas não deveriam cair com isto em um "mecanismo de exaltação populista"[86]. Notava-se, dessa maneira, que no âmbito da poesia os jovens entrevistados e premiados com menção honrosa pela Uneac aproximaram-se da concepção literária expressa no primeiro número de *El Caimán Barbudo* e das diretrizes de *Nos pronunciamos*.

A menção honrosa na categoria de teatro foi para Nicolás Dorr, jovem dramaturgo que, como foi mostrado, teve trabalhos publicados em *Lunes de Revolución* e em *El Puente*, e agora era entrevistado por *El Caimán Barbudo*. Na apresentação de sua primeira obra, *Teatro*, não se faz referência às Edições El Puente. Dorr esclareceu que a peça que concorreu ao concurso da *Uneac* teve seu título alterado para *La clave de sol*; tratava-se de uma tentativa de destruição da moral burguesa, com duras críticas ao individualismo e à propriedade privada. Para Dorr, buscava-se construir uma outra moral em que o amor, a amizade, a justiça e a solidariedade deixariam de ser mercadorias e passariam a conformar uma moral comunista. Ao defender um novo conteúdo para as obras, Dorr propôs a necessidade de fazê-lo por meio de novas formas:

> Formalmente minha obra é um experimento. (...) Trato – e não duvido que seja pretensioso – de contrapor aos caducos Teatro do Absurdo e da Crueldade, um teatro da razão, que sim busca o porquê das condutas humanas e de determinadas circunstâncias, e que não apenas destrói o que é negativo e retrógado, mas que ao mesmo tempo, cheio de todo otismo revolucionário, constrói o novo. Um teatro que escolhe como firme método de conhecimento a teoria marxista[87].

---

86 ROCASOLANO, Alberto. "Los desiertos y los premios. Hablan 5". *El Caimán Barbudo*, Havana, n. 8, novembro de 1966, p. 17.

87 DORR, Nicolás."Los desiertos y los premios. Hablan 5". *El Caimán Barbudo*, Havana, n. 8, novembro de 1966, p. 18.

A concepção de teatro de Nicolás Dorr buscava contrapor-se ao teatro do absurdo, gênero desenvolvido em Cuba por Virgilio Piñera, dramaturgo que fez parte de *Lunes de Revolución* (MISKULIN, 2003). Suas críticas atingiam diretamente não só *Lunes*, que publicou inúmeras peças de Piñera, mas também significava um questionamento à geração literária que o antecedera. Como representante dos jovens dramaturgos, Dorr propunha a alternativa de criar obras otimistas e relacionadas à Revolução.

Outra obra que ganhou menção especial no concurso da Uneac foi o romance de Reinaldo Arenas, *El mundo es alucinante*. O escritor abordou um aspecto da história hispano-americana, ao narrar aventuras do frei mexicano Servando Teresa de Mier Noriega y Guerra - perseguido por suas idéias em plena época da Inquisição -, que organizou uma expedição da Europa para o México com o objetivo de libertá-lo do domínio espanhol. Nos dizeres de Arenas, o personagem tinha uma dimensão política enorme, com uma projeção americana, considerando-o precursor de Bolívar e de Martí nas lutas de independência das Américas. Na entrevista que concedeu ao suplemento, Arenas explicou como via sua obra:

> Mundo mais que alucinante para quem teve que se enfrentar, só com seus princípios de honestidade, aquela terrível combinação da Igreja e do Estado e a todos os diversos tipos de mesquinharias que sempre estão emparelhadas ao poder quando este também é mesquinho. (...) Através desta novela, quis expressar o homem americano, sempre em luta pela renovação de seu tempo, com todos seus traços quixotescos, expressionistas, trágicos picarescos e até absurdos[88].

Apesar de referir-se a um período histórico bem distanciado, sua obra tinha um conteúdo crítico bastante evidente em relação ao Estado, e nunca chegou a ser publicada em Cuba[89]. Talvez isto explique por que a obra ganhou apenas

---

88 ARENAS, Reinaldo. "Los desiertos y los premios. Hablan 5". *El Caimán Barbudo*, Havana, n. 8, novembro de 1966, p. 18.

89 Na edição brasileira de *O mundo alucinante*, de 1984, Bella Josef escreveu a orelha do livro, no qual destacou a postura crítica do texto: "Após a demonstração de que a justiça

menção especial no concurso. O júri estava composto por Virgilio Piñera, Alejo Carpentier, José Antonio Portuondo e Félix Pita Rodríguez. Na versão de Piñera, apesar de sua insistência, Alejo Carpentier e José Antonio Portuondo recusaram-se a conceder o prêmio à obra (PIÑERA apud ARENAS,1995, p. 104). Arenas conseguiu publicá-la em Paris pela Editions du Seuil, em 1968, mas como o fez sem autorização dos funcionários da Uneac, este episódio marcou o início de seus problemas com o governo cubano[90].

Ainda pensando no debate sobre a criação da obra literária revolucionária, que se estendeu por muitos números nas páginas de *El Caimán Barbudo*, um artigo de Félix Guerra avaliou dois novos livros de poemas editados por Guillermo Rodríguez Rivera e Víctor Casaus. O livro *Cambio de impresiones*, de Guilermo Rodríguez Rivera, foi alvo de certas críticas de Félix Guerra, pois trazia poucas "inquietudes" e "características" que ele esperava da "juventude formada no processo revolucionário"[91]. Na concepção de Guerra, o papel do jovem poeta, que iniciou sua criação depois do triunfo da Revolução, deveria ser o da elaboração crítica de seu mundo. Porém reconhece que, como primeiro livro, Guillermo Rodríguez Rivera conseguia, por meio de uma linguagem lírica eficiente, mostrar alguns profundos conflitos de sua época. Guillermo

> não existe onde o governo está nas mãos dos poderosos, constata, no final, que uma revolução não se faz em dez anos nem num século: é a soma de épocas e de homens e, acima de tudo, o que salva o ser humano é a liberdade de pensamento, supremo bem" Ver: JOSEF apud ARENAS (1984).

90 Arenas relatou muitos anos depois em sua autobiografia: "O livro fez um grande sucesso na França e obteve o prêmio de melhor novela estrangeira, junto com *Cem anos de solidão*, de García Márquez. Num outro país isso teria sido muito útil para mim, permitindo o desenvolvimento do meu trabalho e transformando-me numa espécie de escritor respeitável, ou algo parecido. Em Cuba, o impacto de *El mundo alucinante* em sua versão francesa foi para mim um golpe totalmente negativo do ponto de vista oficial. A Segurança do Estado ficou de olho em mim, não apenas por ser uma pessoa controvertida que escrevera obras como *El mundo alucinante* ou *Celestino antes del alba*, textos irreverentes que não faziam a apologia do regime, e sim, pelo contrário, criticavam-no abertamente, mas também por ter cometido a ousadia de contrabandear aquele manuscrito e publicá-lo sem a permissão de Nicolás Guillén, presidente da Uneac". Ver: ARENAS (1995, p. 149).

91 GUERRA, Félix. "Poesía Joven 1966". *El Caimán Barbudo*, Havana, n. 10, janeiro de 1967, p. 18.

Rodríguez Rivera era chefe do conselho de redação do suplemento, o que mostrava a abertura crítica na linha editorial de *El Caimán Barbudo*. Ao analisar a obra *Todos los días del mundo*, de Víctor Casaus (importante colaborador do suplemento), Félix Guerra elogiou sua busca por uma linguagem poética concisa. Casaus foi definido como o poeta que mais se aproximava da temática e linguagem política entre todos os jovens colaboradores de *El Caimán Barbudo*: "... ainda quando o termo aterrorize a mais de um. Ser um verdadeiro poeta político ou político poeta não é uma virtude que abunda hoje em dia, pese a que deveria suceder todo o contrário".[92]

Ao comparar os jovens poetas com os da geração literária anterior, Guerra viu uma vantagem para a nova geração, pois haviam "nascido com a Revolução" e encontravam-se em melhor situação para interpretá-la. Além disso, os jovens intelectuais não necessitavam dividir sua tarefa de criação literária com a gestão das instituições culturais criadas pela Revolução, que era o que ocorria com a geração mais velha de escritores, que estava vinculada com o "*bureau* de um aparato de direção da superestrutura". Neste ponto, seu artigo criticava o afã burocrático que já dominava certas esferas do meio cultural cubano[93]. Para concluir, Félix Guerra registrou pontos comuns nas obras dos dois poetas (Guillermo Rodríguez Rivera e Víctor Casaus), que deveriam ser uma base para novas produções culturais: o anedótico, a linguagem objetiva, a redução da retórica tradicional, a ruptura com o hermetismo e com a fuga da realidade, com o mau gosto e contra os "pseudopoemas revolucionários". Os jovens escritores deveriam aliar compromisso e crítica.

Os editores e colaboradores do suplemento defenderam em inúmeros artigos a participação e o compromisso dos intelectuais cubanos com a Revolução e buscaram estimular a criação de obras literárias revolucionárias,

---

92 GUERRA, Félix. "Poesía Joven 1966". *El Caimán Barbudo*, Havana, n. 10, janeiro de 1967, p. 18.

93 As principais instituições culturais criadas após a Revolução eram dirigidas por intelectuais de gerações que antecediam os jovens de *El Caimán Barbudo*, como, por exemplo, o Consejo Nacional de Cultura, dirigida por Edith Buchaca e Vicentina Antuña; a instituição Casa de las Américas, dirigida por Haydeé Santamaría; o Icaic, liderado por Alfredo Guevara e a Uneac, presidida por Nicolás Guillén. As tensões entre as distintas gerações de intelectuais serão abordadas no próximo capítulo.

que se relacionassem com o contexto. As temáticas que faziam referência ao momento revolucionário foram incentivadas, bem como a busca de novas linguagens que se aproximassem do cotidiano e do popular. O uso de linguagem coloquial próxima da maioria da população foi estimulado, não só na poesia, mas também na prosa e nas demais produções culturais, o que foi um incentivo para a experimentação estética. Isso mostrava que os editores de *El Caimán Barbudo* estavam em sintonia com as discussões dos anos sessenta sobre a importância e o papel do intelectual, o experimentalismo, a arte engajada, temas preciosos para a intelectualidade de esquerda internacional daquela época.

Engajamento e experimentalismo no suplemento

No campo cultural cubano, ao mesmo tempo em que se buscavam elaborar as novas produções culturais que respondessem ao momento revolucionário em Cuba, os escritores e artistas se posicionavam sobre as distintas propostas culturais existentes nos anos sessenta. A crítica ao realismo socialista, o debate sobre o engajamento e a abertura à experimentação foram alguns dos elementos que pontuaram as discussões intelectuais no período e que estiveram presentes nas páginas de *El Caimán Barbudo*.

Em editorial, Jesús Díaz defendeu a necessidade dos intelectuais se comprometerem com a Revolução e apontou dificuldades de se desenvolverem em Cuba obras de arte revolucionárias e populares. Intitulado *Nota sobre la vitalidad de la cultura*, o editorial comentava os textos publicados naquele número: de Peter Brook, *US/US*, artigo crítico a intelectuais que não se pronunciavam sobre a guerra do Vietnã[94]; a obra de teatro *V de Viet Nam*,

---

94 A obra de teatro *US* de Peter Brook, encenada em Londres em 1967, denunciava a política imperialista estadunidense.

de Armando Gatti[95]; a peça *Mc Bird*, de Bárbara Garson[96], e o ensaio de Peter Weiss, *10 notas de trabajo de un escritor en el mundo actual*. Todos os textos comentados eram de escritores estrangeiros, demonstrando para Jesús Díaz que em relação ao teatro universal existia uma vitalidade sem correspondência com o teatro contemporâneo elaborado na ilha, que estava com "anemia":

> A vitalidade de uma cultura – e mais especificamente de um teatro – está dada por sua capacidade para responder às necessidades de seu tempo, de seu público. Esta exigência de contemporaneidade, de compromisso; esta necessidade de dar resposta, de refletir, de aprofundar, de recriar os problemas concretos do povo, longe de limitar as possibilidades de trascendência de uma obra, as amplia[97].

Oito anos após o triunfo da Revolução, não havia em Cuba "um verdadeiro teatro popular" e "revolucionário", na opinião de Díaz, que apontou os responsáveis pela situação: os funcionários do Consejo Nacional de Cultura, além dos próprios dramaturgos, diretores e atores cubanos, que se contentavam com a superficialidade, o esnobismo do ambiente e o exclusivismo das pequenas salas do bairro de Havana, El Vedado. Jesús Díaz também criticou a produção cultural dos países socialistas:

> Porque em nenhum país socialista se produziram espetáculos de igual relevância sobre o Vietnã? Porque os países socialistas

---

95 Armand Gatti estreou sua peça *V de Viet Nam*, em abril de 1967, na França, dedicada a apoiar a luta dos vietnamitas e encomendada pelos organismos universitários franceses, entre eles a Unef, União de Estudantes Franceses, engajados na ação pela paz no Vietña.

96 A peça *Mac Bird*, de Bárbara Garson, baseada na obra *Mac Beth*, de Shakespeare, foi encenada em 1967 em Nova York, e mostrava o assassinato do presidente John Kennedy.

97 DÍAZ, Jesús. "Nota sobre la vitalidad de la cultura". *El Caimán Barbudo*, Havana, n. 15, junho de 1967, p. 2.

encontram-se detrás do Ocidente nas expressões culturais? (...) O que não se pode em nenhum caso concluir é a existência de uma contradição necessária entre revolução e cultura vital; a grande arte de Outubro – o cinema de Eisenstein, a poesia de Maiakowsky, a narrativa e o teatro de Babel – constituem ao mesmo tempo a prova e o desafio. (...) A Revolução Cubana continuou as melhores tradições revolucionárias do mundo e, a partir delas, tem inovado. A cultura na Revolução Cubana tem na Revolução mesma seu melhor exemplo[98].

Essa crítica evidenciava que tipo de arte o diretor de *El Caimán Barbudo* gostaria que se elaborasse em Cuba: obras que se relacionassem com o contexto de sua época (por exemplo, a guerra do Vietnã), mas que não perdessem sua vitalidade. Díaz não defendia a transformação da obra de arte em panfleto, mas a manutenção de sua perspectiva crítica e experimental, como os intelectuais das vanguardas que produziram no início da Revolução Russa, antes da instauração das normas do realismo socialista que tolheram as manifestações culturais[99]. Ou seja, tratava-se da defesa de uma obra de arte que fosse engajada, que se vinculasse ao processo revolucionário cubano, sem cair numa concepção panfletária e populista, ao buscar inovar no conteúdo, na forma, na linguagem, uma experimentação cultural na sua totalidade.

Provavelmente esse editorial deve ter desagradado aos setores mais dogmáticos do Partido Comunista Cubano e da União de Jovens Comunistas, que não viam com bons olhos críticas aos países socialistas, ainda que os questionamentos fossem restritos à política cultural. A proposta cultural de Jesús Díaz e de sua equipe vinculava-se ao processo revolucionário cubano, mas não era uma proposta comunista dogmática, e

---

98 Idem, ibidem.

99 Boris Schnaiderman mostrou as transformações por que passaram as produções culturais na União Soviética e como os experimentalismos da vanguarda artística russa foram aniquilados a partir dos anos trinta, com a adoção do realismo socialista como norma oficial da política cultural. As produções culturais deveriam ser "acessíveis ao povo" e tratar da realidade cotidiana da maioria da população, para atender as exigências das diretrizes do realismo socialista. Ver: SCHNAIDERMAN (1997).

sim aberta aos experimentalismos, o que talvez também tenha contribuído para o seu afastamento da direção de *El Caimán Barbudo*.

Neste mesmo número, o escritor alemão Peter Weiss foi apresentado como um dos representantes mais valiosos da literatura comprometida nos últimos anos. De família judia, refugiou-se em Estocolmo durante a Segunda Guerra Mundial. No princípio, a obra de Weiss foi considerada formalista, mas posteriormente elaborou uma encenação sobre o processo de Frankfurt, intitulada *La investigación* (1965), em que analisou a responsabilidade histórica dos crimes dos nazistas. As duas próximas obras de Peter Weiss tratariam da guerra do Vietnã e das ditaduras de Trujillo, Duvalier e Castelo Branco na América Latina. Em seu ensaio *10 notas de trabajo de un escritor en el mundo actual*, também elaborado em 1965, Weiss defendeu que toda palavra que escrevia ou publicava era uma palavra política, uma vez que buscava atingir com sua mensagem a maioria da população[100]. Peter Weiss diferenciou a função da obra de arte no mundo ocidental daquela pregada no campo socialista:

> Enquanto no bloco ocidental o trabalho artístico tem maior valor comercial quando transmite um gozo estético e espiritual ou uma impressão emocional, na parte contrária têm-se em conta a função prática da obra de arte. O experimento formal, o monólogo interior, a imagem poética, permanecem ineficazes quando não servem ao trabalho de reestruturação da sociedade. (...). Se reconhecemos sua finalidade, podemos lutar também pelo triunfo das formas mais atrevidas, pois sabemos uma coisa: a uma revolução da ordem social corresponde também uma arte revolucionária. É por isso uma contradição que em alguns países do socialismo se tenha submetido a arte, por causa de sua força intrínseca, e que se condene a ser incolor, e que nos países burgueses, por falta de compromisso, a arte se desenvolve até o anarquismo[101].

---

100 WEISS, Peter. "10 notas de trabajo de un escritor en el mundo actual". *El Caimán Barbudo*, Havana, n. 15, junho de 1967, p. 3.

101 Idem, ibidem.

Nesse texto, Peter Weiss mostrou como a liberdade de criação e experimentação estética, praticada abertamente no mundo capitalista, não tinha a mesma acolhida nos países do bloco socialista, que priorizavam a função prática e política da obra de arte. Ao mesmo tempo que Weiss reconhecia essa contradição, deixava claro suas críticas à imposição de normas rígidas às obras de artes, como foi o caso do realismo socialista. Além disso, Weiss declarou que na Alemanha Oriental ele era visto pelos dirigentes como um "escritor não comprometido" e "decadente". Entretanto, Peter Weiss explicitou que em suas obras ele fazia uma avaliação altamente negativa da civilização burguesa, denunciava a corrupção, a exploração e a contaminação ideológica realizada pelos monopólios capitalistas. Os princípios do socialismo foram defendidos explicitamente por Peter Weiss, para quem os erros e faltas cometidos em nome do socialismo deveriam ser submetidos a uma "autocrítica", que partisse da "dialética" e dos "fundamentos da concepção socialista", para possibiltar uma transformação e continuidade de "desenvolvimento do socialismo". Na finalização de seu artigo, Weiss fez uma defesa enfática da necessidade de "abertura do bloco oriental" para um socialismo "não dogmático", com liberdade e "intercâmbio de opiniões livres"[102].

O debate sobre a obra de arte revolucionária ia se configurando nas páginas de *El Caimán Barbudo* com uma grande preocupação de responder ao novo contexto revolucionário, sem cair nas imposições do realismo socialista e de uma arte explicitamente panfletária e "populista". Em um momento marcado por grande efervescência cultural, o cruzamento entre o mundo cultural e o político era constante, o que levava à politização da obra de arte[103]. Neste sentido, a figura de Brecht surgiu em diversos artigos sobre teatro, como uma importante referência de intelectual engajado, mas crítico ao realismo, enquanto nos artigos sobre cinema destacou-se a presença de Bergman e Buñuel, o que mostrava uma abertura do suplemento a importantes criadores experimentalistas da cultura européia.

---

102 Idem, ibidem.

103 Walter Benjamin mostrou como o comunismo buscou a "politização da arte", em oposição à proposta fascista de "estetização da política". Ver: BENJAMIN (1986, p. 195-196).

A montagem da peça *El alma buena de Se-Chuan* em Havana, pelo Teatro Estudio, dirigido por Vicente Revuelta, foi bastante elogiada no suplemento por Magaly Muguercia como a melhor obra já representada de Brecht na ilha. Destacou-se na apresentação a clareza de objetivos, o profissionalismo e na opinião de Muguercia, rompia-se o tabu, ao provar com sucesso a possibilidade de representar as obras de Brecht em Cuba[104].

A importância das idéias de Brecht foi confirmada na homenagem que os editores de *El Caimán Barbudo* fizeram no suplemento, ao completar dez anos de sua morte. Brecht realizou uma transformação total no teatro, que estava em consonância com as transformações que ocorriam na época. Dentro desse contexto, Brecht criou um novo estilo, o teatro épico, e o definiu desta forma:

> A caracteristica essencial do teatro épico é talvez dirigir-se menos à efetividade do espectador que a sua razão. O espectador não deve comungar com os personagens, identificar-se com eles, senão discuti-los. Seria não obstante um erro negar o valor efetivo do teatro épico[105].

Os editores do suplemento mostraram nesse número em sua homenagem que o teatro de Brecht colocava-se claramente numa postura engajada, ao se relacionar com seu público de uma maneira diferenciada, levando-o a uma reflexão no teatro, que tirava o espectador do aborrecimento. *El Caimán Barbudo* publicou em outra edição uma análise do teatro burguês, feita por Jean-Paul Sartre, que criticou o controle que há mais de 150 anos a burguesia fazia do teatro. Nesse artigo, Sartre destacou a importância de Brecht, como criador do teatro épico, fundamentado na participação, que era uma contraposição ao teatro burguês[106].

---

104 MUGUERCIA, Magaly. "El buen Brecht". *El Caimán Barbudo*, Havana, n. 3, 1966, p. 8.

105 BRECHT, Bertold. "¿Puede ser dado el mundo de hoy por el teatro?". *El Caimán Barbudo*, Havana, n. 6, 1966, p. 10.

106 SARTRE, Jean-Paul. "Un análisis del teatro burgués". Tradução de J. C. Scarpati. *El Caimán Barbudo*, Havana, n. 2, 1966, p. 5.

Para os diretores da publicação, a obra dramática de Brecht era uma referência para se pensar o teatro como transformação. Brecht era o defensor da experimentação artística, da busca de novos meios de expressão, do antidogmatismo, mas em suas peças a politização da arte estava presente, sem cair na obra panfletária ou no realismo socialista.

Outro exemplo de incentivo ao experimentalismo no suplemento foi o artigo de Ramón Solá, publicado quando esteve em cartaz em Cuba o filme *Morangos silvestres*. Além de analisar a produção cinematográfica de Bergman, Solá ponderou também sobre a preocupação do cineasta em refletir em seus filmes "os problemas existenciais do homem". O artigo defendeu a obra artística de Bergman, diante das acusações que lhe eram feitas de "indiferença política", "ecletismo estilístico" e "formalista". Entretanto, Solá reconheceu que havia "certa fraqueza ideológica" na obra de Bergman, por não se voltar aos conflitos sociais de sua época, como a luta de libertação dos povos colonizados e semicolonizados, mas que isso não invalidava o grande talento do cineasta sueco[107].

Além de Bergman, outro importante cineasta nos anos sessenta lembrado nas páginas de *El Caimán Barbudo* foi Luis Buñuel. Nicolas Cossio analisou a trajetória do cineasta espanhol, desde sua estadia na Residencia de los Estudiantes em Madri nos anos vinte, onde conviveu com García Lorca, Salvador Dali, Ortega y Gaset, até a realização de sua obra cinematográfica na França, Espanha e México. Cossio destacou que o "mito" em torno de Buñuel relacionava-se com sua estética surrealista, que marcou seus filmes *Un perro andaluz* (1928) e *La edad de oro* (1930), realizados com a colaboração de Salvador Dali[108].

Uma das premissas para se compreender a obra de Buñuel, segundo Nicolas Cossio, estaria em considerar sua tendência surrealista, presença chave em todos os seus filmes, fundamental para entender muitas situações de sua obra cinematográfica. No artigo, uma citação do próprio Buñuel esclarecia que sua participação em alguns atos escandalosos junto com o grupo surrealista tinha a finalidade de provocar e sacudir as "mentes

---

107 SOLÁ HERNÁNDEZ, Ramón. "Bergman, todo el tiempo". *El Caimán Barbudo*, Havana, n. 3, 1966, p. 17.

108 COSSIO, Nicolas. "Buñuel: analisis de un mito". *El Caimán Barbudo*, Havana, n. 13, abril de 1967, p. 20.

conformadas com o estado das coisas". A irreliogiosidade, rebeldia, inconformismo e apoio a um princípio liberador constituiam-se também em relevantes questões da cinematografia de Buñuel. Esses elementos anti-religiosos, sobretudo de seu filme *Veridiana* provocaram a censura da Espanha franquista, onde as obras de Buñuel e qualquer menção na imprensa a ela passaram a ser motivo de proibição, escândalo e tabu[109]. As presenças de Bergman e de Buñuel nas páginas de *El Caimán Barbudo* indicavam claramente uma abertura dos editores para inovações e experimentações em todas as manifestações artísticas.

Outra menção importante ao surrealismo apareceu no ensaio de René Depreste, intitulado "André Breton y la emancipación de la poesía". Ao apresentar o artigo, os editores do suplemento destacaram que o fundador do movimento surrealista, falecido naquele ano de 1966 em Paris, era uma das figuras mais polêmicas e interessantes da literatura do século XX. Ao relatar a visita de André Breton, em 1945, ao Haiti, René Depreste comentou o grande impacto de sua visita na juventude, sobretudo da conferência que fez em Port-au-Prince. Durante a conferência de Breton, floresceu o espírito de rebelião, próprio da experiência surrealista, com um clima subversivo e de escândalo que contagiou a juventude haitiana que o assistia, conforme relatou René Depreste. Alguns dias depois, o jornal *La rouche*, do qual Depreste participava, publicou um número especial em homenagem a Breton e ao surrealismo. Além disso, nesse número, muitos textos condenavam o colonialismo e celebravam a insurreição como uma manifestação válida de luta do povo. A edição foi proibida pelo governo, e o diretor e chefe de redação foram presos. Como reposta, os estudantes iniciaram uma greve na Universidade, em janeiro de 1946, que rapidamente se espalhou por todo o país, com inúmeras manifestações nas ruas e enfrentamentos com a polícia e o exército, sobretudo após o assassinato de um jovem. O movimento culminou com a queda da ditadura de Elie Lescot, mas o aparato militar não foi desmantelado, já que na opinião de Depreste não havia uma "vanguarda organizada" que arrastasse o povo haitiano à Revolução[110].

---

109 Idem, ibidem.

110 DEPRESTE, René. "André Breton y la emancipación de la poesía". Tradução de Luis Rogelio Nogueras. *El Caimán Barbudo*, Havana, n. 8, 1966, p.11.

Esses impasses e contradições também estavam presentes no movimento surrelista, na visão de Depreste. Breton havia tentado conciliar a proposta de Marx de "transformar o mundo", e a de Rimbaud de "mudar a vida". Entretanto, René Depreste destacou as limitações do surrealismo em sua ambição de "mudar a vida", já que, a seu ver, era impossível essa mudança sem a prévia revolução que transformaria a sociedade. Na visão de Depreste, Breton não soube localizar o ponto supremo dos "problemas éticos e estéticos" no caminho da revolução[111]. Essa interpretação de René Depreste sobre a trajetória de Breton não considerava nem sua adesão nem sua ruptura com o Partido Comunista Francês. Depreste também não reconhecia o empenho de Breton pela liberdade artística e pela revolução, como foi a sua participação no *Manifesto por uma arte livre e independente*, elaborado em 1938, juntamente com Leon Trotski e Diego Rivera no México[112].

O ensaio de Depreste reconheceu a importância do movimento surrealista, que deixou uma marca profunda na sensibilidade moderna. Enfatizou a relevância do movimento em reconhecer o valor do sonho noturno, a participação do automatismo no processo de criação dos escritores e artistas, o papel do humor na vida e na obra de arte, a tentativa

---

111 DEPRESTE, René. "André Breton y la emancipación de la poesía". Tradução de Luis Rogelio Nogueras. *El Caimán Barbudo*, Havana, n. 8, 1966, p.11.

112 O *Primeiro manifesto surrealista* foi publicado em 1924 e propunha novas aberturas para a expressão artística, em que o papel do sonho, da obra de Freud e uma nova consciência seriam fundamentais para a transformação da vida. O inspirador do dadaísmo Tristan Tzara também aderiu ao movimento surrealista. Em 1927, alguns membros do grupo mais ativos politicamente como André Breton, Paul Éluard, Louis Aragon e Benjamin Péret filiaram-se ao Partido Comunista Francês. Já o *Segundo manifesto surrealista*, de 1930, significou uma adesão do surrealismo ao materialismo histórico dialético e explicitou posições políticas, além de expressar simpatias por Trostki, que nesse momento já fora expulso do PCURSS em 1927. Entretanto, em 1933, Breton e Éluard romperam com o PCF. Breton afastou-se do realismo socialista e do stalinismo, sobretudo após sua participação no Congresso de Escritores em defesa da cultura, organizado em Paris, em 1935, e aproximou-se cada vez mais das concepções de Trotski e da Oposição de Esquerda. Ver: BRETON (1969); LÖWY (2002). A viagem de Breton ao México permitiu a elaboração em conjunto com Trotski e Diego Rivera do *Manifesto por uma arte revolucionária independente*, que defendia total liberdade para a arte e criticava a repressão do facismo e do stalinismo. Ver: BRETON; TROTSKI (1985).

de secularizar o comportamento dos homens e combater os mitos. Em sua opinião, o surrealismo fez um esforço para elaborar uma estética aberta ao panorama do mundo contemporâneo e um dos grandes méritos históricos do movimento era sua abertura a novos e vastos domínios da realidade e da imaginação. René Depreste enfatizou que a emancipação dos homens deveria acompanhar a "emancipação da beleza, da verdade, da liberdade e das outras fontes vivas da poesia":

> A revolução socialista, tendo em conta a relativa autonomia da arte, como tem sido em Cuba, oferece as condições favoráveis a uma síntese acertada da liberação social e da emancipação das faculdades poéticas do cosmo interior do homem. (...) A revolução cultural têm necessidade de descobrir os mais valiosos métodos do surrealismo para destruir até o final os tabus, os mitos e todas as contrariedades absurdas e doentias que o capitalismo deixou e que se manifestam no espírito mesmo do povo, como o mau gosto, a ausência de humor e imaginação e todas aquelas coisas que se levantam sobre a miséria espiritual do homem[113].

Na finalização de seu artigo, René Depreste defendeu abertamente a importância de Breton no empenho de emancipar a poesia moderna e fez um chamado aos herdeiros do surrealismo para não esquecerem que a revolução socialista era o "ponto supremo", em que a poesia moderna poderia se encontrar com a emancipação dos homens.

A publicação de idéias do surrealismo nas páginas de *El Caimán Barbudo* reforçou o espaço para os defensores do experimentalismo (como foram os surrealistas) no meio cultural cubano. Ao reafirmar seu compromisso com a Revolução, os editores de *El Caimán Barbudo* valorizaram as inovações e experimentações não só na literatura, como foi o caso de Breton e dos surrealistas, mas também no teatro, por meio da publicação da obra de Brecht, além de críticas cinematográficas de filmes de Bergman e Buñuel. Dessa maneira, os editores do suplemento posicionaram-se em editorial a

---

113 DEPRESTE, René. "André Breton y la emancipación de la poesía". Tradução de Luis Rogelio Nogueras. *El Caimán Barbudo*, Havana, n. 8, 1966, p. 11.

favor do engajamento, mas criticaram os princípios do realismo socialista e as obras "panfletárias e populistas". O suplemento cultural incentivou novas criações dos jovens intelectuais e artistas, que fossem inovadoras, correspondessem ao momento histórico da Revolução, mas não caíssem nas receitas do realismo socialista, em que a qualidade das obras era muito questionável.

El Caimán Barbudo definia uma proposta político-cultural, ao explicitar a necessidade de engajamento e compromisso dos intelectuais com a Revolução. Ao mesmo tempo, seus editores deixaram explícito seu repúdio ao realismo socialista e o incentivo às experimentações artísticas, seja na linguagem, na forma e nas inovações que propunham nas obras de arte produzidas após o triunfo da Revolução e publicadas no suplemento. A grande diferença em relação aos editores de El Puente encontrava-se no fato de que estes não manifestaram clara e unanimemente sua adesão ao engajamento e à perspectiva revolucionária. A flexibilidade da editora permitiu a publicação tanto de escritores e obras comprometidas, como também deu espaço para edição de livros que não refletiam a realidade revolucionária. Nesse contexto de extrema politização e mobilização que predominou nos anos sessenta em Cuba, acabou por prevalecer que os jovens revolucionários eram aqueles que colaboraram em *El Caimán Barbudo*, como veremos no próximo capítulo. Por outro lado, os escritores de El Puente foram acusados de produzir uma literatura individualista e existencialista, que não se coadunaria com as exigências estabelecidas pela política cultural oficial cubana.

2
Intelectuais, políticas oficiais e Revolução

O FECHAMENTO DA EDITORA E A REPRESSÃO AOS INTELECTUAIS DE EL PUENTE

O fechamento de El Puente ocorreu em 1965. Nicolás Guillén, presidente da Uneac, comunicou a José Mario que a instituição não se responsabilizava mais pela editora e que por isso os livros não poderiam mais ser publicados. Pouco tempo antes, Fidel Castro havia feito críticas a El Puente por ocasião de um encontro com estudantes e professores de filosofia na Universidade de Havana, entre eles, Jesús Díaz[1]. Algumas obras, que se encontravam no prelo quando houve o fechamento da editora, não foram publicadas, como o livro *Con temor*, de Manuel Ballagas ou o primeiro número da revista *Resumen literario El Puente*. O mesmo ocorreu com a antologia *Segunda novísima de poesía*, organizada por José Mario, e com a antologia *Primera novísima de teatro*, coordenada por Eugenio Hernández, que com o fim da editora não foram impressas.

Muitos fatores contribuíram para o encerramento da editora El Puente pelo governo cubano. A institucionalização da Revolução Cubana ganhava cada vez mais força e o ano de 1965 foi um marco, com a fusão de todas as organizações partidárias e o surgimento do Partido Comunista Cubano. Do ponto de vista cultural, a centralização das instituições aumentava cada vez mais, tornando-se muito difícil a existência de editoras independentes do aparelho estatal e que não estivessem enquadradas nos critérios da política cultural oficial.

Como El Puente tinha autonomia para publicar seus livros, as obras literárias nem sempre se relacionavam com temas ligados à Revolução Cubana. Algumas obras fizeram referências explícitas a temas da realidade cubana, mas outras apenas expressavam as angústias, desafios e outros sentimentos existenciais dos jovens escritores, sem nenhuma relação direta com o contexto da época. Do ponto de vista literário, as obras publicadas em

---

1 Fidel Castro participou da decisão de fechar a editora, segundo análise da pesquisadora francesa Liliane Hasson, ao declarar em reunião com os estudantes de filosofia: "El Puente quem acabou fui eu", e ao criticar abertamente o livro de contos de Manuel Ballagas *Con temor*, que se encontrava no prelo. Ver: HASSON (1992, p. 71).

El Puente não tinham uma homogeneidade[2] e um compromisso explícito com a Revolução, o que se chocava com os ditames da política cultural estabelecidos na ilha.

Muitas críticas à editora El Puente circulavam no meio cultural naquele momento. Muitos anos depois, José Mario relatou como a editora foi acusada de incentivar o poder negro (o *Black Power* cubano), porque havia muitos negros no grupo, o que era uma novidade no panorama literário cubano (MARIO, 2000, p. 93-94)[3]. Seus colaboradores também foram criticados por suas orientações sexuais[4]. Os escritores Fayad Jamis, do PCC, e Onelio Jorge Cardoso acusaram o livro *Con temor*, de Manuel Ballagas, de temática escabrosa e de corrupção de jovens, uma vez que trabalhava com os problemas sexuais de um adolescente, conforme relembrou José Mario (2000, p. 94) já no exílio.

Os jovens escritores de El Puente tinham um perfil bastante incômodo para os funcionários culturais do governo. O grupo concentrava muitos negros, jovens de extração popular, e principalmente homossexuais, o que se chocava com a política cultural oficial que incentivava a participação dos intelectuais na construção do "homem novo"[5]. Em 1965, iniciava-

---

2   Ao elaborar sua definição de poesia, publicada em 1988 no *Diccionario Biográfico de poetas cubanos en el exilio*, José Mario deixa claro sua posição: "A poesia é, para mim, um estado de espírito, uma consciência de nossa natureza interior... A poesia é o cordão umbilical que nos mantêm – dependentes e próprios – unidos às essências e contradições vitais, tanto do mundo imediato como aquele que é apenas pauta do mistério de existir. (...) Poesia é a experiência da máxima liberdade do indivíduo. Talvez seja por isso que seja lida com tantos receios por todo poder totalitario". Ver: MARIO (1988, p. 6).

3   Os escritores negros que participaram de El Puente foram Nancy Morejón, Georgina Herrera, Rogelio Martínez Furé, Gerardo Fulleda León, Pedro Pérez Sarduy, Manuel Granados, Ana Justina Cabrera, Manuel Ballagas e Eugenio Hernández. Alguns destes intelectuais organizaram um "manifesto negro", que foi duramente reprimido em 1968, como mostrarei no capítulo quatro. Ver: MOORE (1998).

4   A homossexualidade de muitos escritores de El Puente, como de José Mario, Ana María Simo, Isel Rivero, Lilliam Moro, Mercedes Cortázar, Nancy Morejón, Manuel Ballagas, Reinaldo García Ramos, Miguel Barnet, entre outros, também se tornou um incômodo para muitos membros do governo.

5   Che Guevara publicou em 1965 o artigo "El socialismo y el hombre en Cuba", em que definiu como prioridade o surgimento do "homem novo" na ilha, que seria fundamental

se também uma forte repressão do governo aos homossexuais, tornando incompatível o prosseguimento de uma editora dirigida por um escritor homossexual. A repressão aos homossexuais após a Revolução Cubana configurou-se com visibilidade desde o início dos anos sessenta. Durante o Primeiro Encontro Nacional de Poetas em Camaguey, no verão de 1960, o general Alberto Bayo, que representava Fidel Castro no Encontro, fez no discurso de abertura um ataque contundente aos homossexuais, acusando-os de "pervertidos", "corruptores da Revolução" e sem lugar em Cuba[6]. Seu discurso foi rebatido no Encontro pelo poeta Nicolás Guillén e pela escultora Loló de Soldevilla, que defenderam os homossexuais, ao citar os exemplos de Federico García Lorca, Leonardo da Vinci e Rafael. Apesar da polêmica, o

---

para a construção do socialismo. Che Guevara defendeu a necessidade de se mobilizar o povo, fazer sacrifícios e trabalhos voluntários, para se alcançar a sociedade socialista. A direção desse processo ficaria a cargo da vanguarda, reunida em torno do PCC. Ver: GUEVARA (1991). No texto, Che Guevara em nenhum momento criticou a homossexualidade, mas o símbolo da virilidade masculina perpassava implicitamente os dicursos oficiais e estava exemplificado no modelo militarista do guerrilheiro e combatente, associado a idéia do homem heterossexual. Hobsbawm analisou como as revoluções marxistas desenvolveram tendências puritanas e abafaram as liberdades pessoais. Entretanto, Hobsbawm não mencionou que o puritanismo e sacrifício eram impostos pela direção dos movimentos revolucionários e não inerente aos processos revolucionários. Ver: HOBSBAWM (2003, p. 218-219).

6   Segundo Isel Rivero, o Primeiro Encontro Nacional de Poetas em Camaguey foi organizado por Rolando Escardó que faleceu duas semanas antes do evento, em um acidente de carro que nunca foi profundamente investigado. Fidel Castro não compareceu ao Encontro e enviou como representante o general Bayo, um republicano espanhol que havia treinado Fidel Castro e os outros guerrilheiros no México, antes de embarcarem no *Granma*. Isel estava presente no Encontro e o discurso homofóbico de Bayo foi um dos fatores que a levou ao exílio. Para Rivero, havia começado em Cuba uma depuração cultural e política. Ver: RIVERO, Isel. *Entrevista não gravada (a pedido da entrevistada)*. Entrevistadora Sílvia Cezar Miskulin. Madri, 26 de abril de 2004. Alguns estudantes foram perseguidos devido a sua homossexualidade. Este foi o caso, por exemplo, de Lilliam Moro, expulsa três meses antes de concluir seu curso de magistério no Instituto Pedagógico Makarenko, porque foi acusada de ser lésbica. Ver: MORO, Lilliam. *Entrevista*. Entrevistadora Sílvia Cezar Miskulin. Madri, 7 de maio de 2004.

discurso de Bayo gerou um clima de perseguição, pois surgiram cartazes nos alojamentos que visavam expulsar os homossexuais participantes do evento. No ano seguinte, a operação montada pela polícia no centro de Havana, em 1º de outubro de 1961, para prender prostitutas e prováveis homossexuais, numa noite que ficou conhecida como *La noche de las tres P* (prostitutas, pederastas e proxenetas), foi uma das primeiras medidas praticadas pelo Ministério do Interior contra os homossexuais[7].

Entretanto, rapidamente a repressão intensificou-se e foi dirigida pela polícia e pelos agentes da *Seguridad del Estado*, do Ministério do Interior. Alguns escritores que participaram de El Puente foram presos, incluídos nessa política de repressão aos homossexuais. José Mario relatou como ele e Manuel Ballagas foram detidos durante a estadia de Allen Ginsberg na ilha, mas soltos graças à sua intervenção junto à Casa de las Américas e Uneac[8]. Ginsberg esteve em Cuba em 1965, como membro do júri de poesia do concurso Casa de las Américas. Foi deportado para Praga por ter feito "declarações escandalosas" ao manifestar seu desejo por Che Guevara, propagar boatos de que Raúl Castro era homossexual e questionar a proibição ao consumo de maconha (GINSBERG, 1980). A visita de Ginsberg a Cuba e seu encontro com os jovens de El Puente foi o pretexto final, um dos elementos que detonaram o fechamento da editora (MARIO, 2000, p. 93).

Em entrevista posterior ao episódio, Ginsberg relatou sua expulsão e a perseguição aos escritores de El Puente, que passaram a ser impedidos de publicar seus trabalhos por serem homossexuais:

> A polícia detinha na rua as pessoas de cabelo comprido e descia o pau nelas como "degeneradas" e "existencialistas". Um bando de garotos de um clube de poesia que eu conhecia muito bem,

---

7   Virgilio Piñera foi preso no dia seguinte a essa *redada*, quando saía de sua casa, na praia de Guanabo, afastada de Havana, encarcerado no presídio de El Príncipe e obrigado a vestir um uniforme com o P de pederasta. Acusado de crimes políticos e morais, foi solto graças à intervenção de alguns intelectuais, como Carlos Franqui e Edith García Buchaca. Ver: BARRETO (1996, p. 150); ESPINOSA DOMÍNGUEZ (2003, p. 178-179).

8   MARIO, José. "Allen Ginsberg en La Habana". *Mundo Nuevo*, Paris, n. 34, abril de 1969, p. 48-54.

El Puente, estava na mira da polícia por causa disso; não podiam publicar nada e eram chamados de bichas. Uma noite, todo o grupo de escritores do Encuentro Inter-Americano, patrocinado pela Casa de las Américas, foi ao teatro assistir a um concerto de música *feeling*. Lá todo um numeroso grupo de jovens poetas foi confraternizar conosco. Pois a polícia os deteve, à saída. Disseram-lhes que não se metessem com estrangeiros. Ora, alguns dos meninos eram tradutores dos meus versos. Havia então essa burocracia policial em Cuba, pesadíssima, e caía em cima da cultura, mas em termos de barbas, de tendências sexo-revolucionárias, de sociabilidade, de homossexualidade. Em outras palavras, não havia nenhuma revolução cultural autêntica (GINSBERG, 1980, p. 100).

O governo pretendeu controlar a orientação sexual pública dos cubanos, principalmente dos homossexuais. A política de perseguição homofóbica efetivou-se com buscas e internamentos de homossexuais (reais ou presumidos) nas Unidades Militares de Ayuda a la Producción (UMAPs), em Camaguey, que funcionavam como campos de trabalho forçado para os "desviados" ideológicos ou sexuais. Nas UMAPs também eram presos dissidentes, *hippies*, jovens que queriam sair do país, religiosos (seminaristas católicos, ministros protestantes e praticantes das religiões afro-cubanas, como os *santeros*), estudantes "depurados" das universidades, camponeses jovens que se recusavam a integrar-se às cooperativas e proprietários de pequenos negócios urbanos.

Não foi possível precisar exatamente o período de duração das UMAPs, já que não se dispõe de dados oficiais, mas apenas relatos dos que foram presos. Entretanto, sabe-se que se destinaram às UMAPs os jovens "anti-sociais", com antecedentes penais, homossexuais ou religiosos, que não podiam cumprir o Serviço Militar Obrigatório, que foi instituído em 1963. Os setores juvenis rejeitados para o Serviço Militar foram enviados aos centros na província de Camaguey, pois o governo não queria dar treinamento militar aos jovens considerados "desafetos ideológicos" (MASEDA, 2001, p. 224)[9]. Entretanto, este marco inicial das UMAPs

---

9   Ernesto Cardenal visitou Cuba como membro do júri do concurso Casa de las Améri-

foi questionado em outros trabalhos, que afirmaram que seu surgimento ocorreu apenas em 1965, e que as mesmas foram desativadas em 1967 ou 1968 (BEJEL, 2001, p. 101; QUIROGA, 2000; p. 125).

José Mario denunciou alguns anos depois como foi perseguido e preso frequentemente logo após o fechamento de El Puente, em 1965. O escritor foi preso 17 vezes no total, tendo passado nove meses nas Unidades Militares de Ayuda a la Producción[10]. Depois de sair da UMAP, José Mario foi viver em Havana, na casa de seus pais, quando novamente foi preso na prisão La Cabaña:

> Tiraram-me de minha casa, recém-amanhecido, à ponta de pistola, conduziram-me a uma delegacia de polícia onde me esperava uma ordem de ingresso em La Cabaña. Minha mãe, ante a idéia de que me fizessem desaparecer fisicamente - seria extenuante expor aqui todo o que sucedeu essa manhã -, acudiu à casa de Roberto Fernández Retamar, e sua esposa fechava-lhe praticamente a porta na cara; ante a insistência de minha mãe acudiu o professor Roberto Fernández Retamar, quem lhe comunicou que não podia fazer nada através da Unión de Escritores, pois se tratava de um problema policial cuja origem se desconhecia (atitude que contrastou com o proceder dos poetas Nicolás Guillén e Lezama Lima, que imediatamente mostraram todo tipo de preocupação ante o problema). Permaneci incomunicável várias semanas em condições animais. Mas não houve gestão alguma (excetuando minha mãe). O medo já produzia seus efeitos em Cuba (MARIO, 1980, p. 4).

---

cas, no final de 1970 e início de 1971. Ao escrever seu relato de viagem, deu voz a uma série de denúncias feitas por jovens escritores, que lhe relataram a repressão em relação aos homossexuais, religiosos ou comportamentos considerados nocivos, como homens com cabelo comprido ou trajando-se como *hippies*. Em relação às UMAPS, Cardenal estimou que cerca de 35 mil jovens foram internados, sendo que 2 mil eram católicos. Ver: CARDENAL (1977).

10 MARIO, José. "Allen Ginsberg en La Habana". *Mundo Nuevo*, Paris, n. 34, abril de 1969, p. 48-54.

Quando foi solto de La Cabaña, cansado de tantas perseguições e prisões, José Mario exilou-se em 1968 na Espanha e passou a viver em Madri, cidade onde se radicou e onde faleceu em 2002. Já no exílio, José Mario passou a publicar no fim dos anos sessenta, na revista *Mundo Nuevo*, de Paris, e na revista *Exílio*, em Nova York, textos em que denunciava a sua prisão e a existência das UMAPs. Estes depoimentos fariam parte de um romance autobiográfico que se intitularia *La contrapartida*, que nunca chegou a ser finalizado pelo escritor. No relato *El stadium*, José Mario narrou de maneira ficcional como foi sua prisão em um estádio de esportes, juntamente com milhares de jovens, antes de serem levados em viagem ininterrupta de mais de 12 horas, em condições desumanas, para as UMAPs em Camaguey[11].

Ao rememorar o dia de sua chegada no campo de trabalho forçado, denominado Unidad Militar 2279 Granja Cuba Socialista, em Camaguey, José Mario relatou que lhe chamou a atenção, logo na entrada, uma faixa pintada de vermelho: "*El trabajo os hará hombres*", Lenin[12]. Além de descrever as péssimas condições do local, José Mario reproduziu o discurso de recepção feito pelo tenente do campo, que os acusou de serem os "mais negativos da sociedade", já que muitos haviam sido denunciados pelos Comités de Defensa de la Revolución (CDR)[13]. Por isso deveriam ser moldados e reabilitados para se adequarem aos princípios da Revolução. De acordo com a versão de José Mario, o tenente teria declarado:

> Este é um plano de Raúl, Fidel Castro e Amejeiras, para que não fiquem dúvidas, um plano que tem sido realizado com muitos êxitos em outros países socialistas irmãos com o fim de impulsionar a produção. Nós só recebemos ordens, no exército

11 MARIO, José. "El Stadium". *Mundo Nuevo*, Paris, n. 36, junho 1969, p. 46-52.

12 MARIO, José. "2279: ¿definitivamente?". *Exilio, Revista de Humanidades*, Nova York, ano 3, n. 1, primavera de 1969, p. 35.

13 Os Comités de Defensa de la Revolución foram criados nacionalmente, em todos os quarteirões das cidades, em setembro de 1960. Uma família resposável pelo CDR tinha a função de vigiar ações de sabotagem, descobrir contra-revolucionários e auxiliar em objetivos governamentais como a alfabetização. Sua atuação foi estendida ao exercer controle dos jovens que não trabalhavam, ou eram homossexuais, ou agiam de maneira considerada contra-revolucionária, delatando-os ao governo.

> recebe-se ordens superiores e cumprem-se sem contestar, assim sucederá com vocês e verão como suas vidas, com esta nova disciplina, irão mudar. (...) O único que lhes ensinará isto será o trabalho. (...) Desde que puseram um pé nesta porta para dentro se abriu para vocês uma nova vida. A vida do homem novo e o socialismo ao qual vocês eram renitentes[14].

No final dos anos 70, José Mario dirigiu em Madri a revista *Resumen literario El Puente*, que chegou a ter 50 números e que ganhou o mesmo nome da revista que deveria ter sido editada em Cuba se a editora não tivesse sido fechada. Nesta publicação, José Mario denunciou em diversos artigos a perseguição aos homossexuais em Cuba e publicou outros fragmentos de seu romance *La contrapartida*, em que narrava sua dura experiência nas UMAPs. A estrutura de organização dos campos de trabalho obrigatório era militar, com divisões em pelotões, companhias, batalhões e agrupamentos militares regionais, que ditavam as ordens de produção de trabalho e de comportamento nos campos (MARIO,1979, p. 4). As metas deveriam ser cumpridas pelos jovens internos e eram muito frequentes os castigos e as intimidações feitas pelos oficiais. José Mario explicou de uma maneira bem longa e detalhada como observou a divisão que foi feita em diversos campos:

> Os campos eram de diversas categorias e posssuíam suas características especiais de experimentação: Campos para homossexuais, convictos ou não (incluindo pessoas débeis ou afeminadas, seja por uma questão educativa ou de natureza, ainda que jamais tivessem tido contato com outro homem), testemunhas de Jeová, penitenciários das mais diversas condições (delitos não aclarados, falta de provas, acusações duvidosas, denuncias infundadas), pessoas pelas quais não havia motivos legais para submetê-las a um tribunal, os chamados "renitentes ao sistema" (possíveis contrários ativos); campos com mais privilégios ou menos (com luz elétrica ou sem ela, próximo

---

14 MARIO, José. "2279: ¿definitivamente?". *Exilio, Revista de Humanidades*, Nova York, ano 3, n. 1, primavera de 1969, p. 35.

ou longe de estradas e cidades), campos mistos compostos por *santeros* ou de outras seitas religiosas de origem africana (*abakúas, ñañigos,* etc) ou protestantes, estudantes depurados da universidade ou outros centros de estudos, ou "apolíticos", algum sacerdote católico, militantes das juventudes católicas ou jovens de distinguidas atitudes religiosas, delinquentes, andarilhos, os homossexuais "ocultos", etcétera (MARIO, 1979, p. 4-5).

O longo depoimento de José Mario, transcrito acima, baseava-se não somente na sua experiência, mas também nos muitos relatos que ouvira durante sua prisão nas UMAPs[15]. Ele destacou que o mais importante em todos os campos era alcançar as metas de produção, as ordens a todos os jovens eram no sentido de aumentar o rendimento de cada pessoa, que teriam uma "oportunidade de reabilitação por meio da emulação de suas capacidades de trabalho" (MARIO, 1979, p. 5).

Como parte de seu trabalho editorial no exílio, José Mario recriou as edições El Puente em Madri. Por ela, saiu seu livro *No hablemos de la desesperación*, entre tantos outros publicados pela editora fora de Cuba. Na nota para a segunda edição do livro, José Mario explicou que aqueles poemas haviam sido escritos em Cuba, entre os anos de 1965 a 1967, em um período que deveria ser considerado como "página negra" na história de Cuba, devido à existência das UMAPs. José Mario denunciou as UMAPs em 1983 como "campos de concentração", demonstração da intolerância e da barbárie, cujos modelos mais longínquos estavam nas guerras de independência de Cuba, quando o general Valeriano Weyler, a serviço da Espanha, criou as zonas de internamento para controlar insurgentes contra o domínio espanhol; ou ainda no período da escravidão, em que os escravos em trânsito eram presos nos "barracões". Entretanto, José Mario afirmou

---

15 Segundo José Mario, os primeiros campos de trabalho, anteriores às UMAPs, foram criados no princípio da Revolução: "os chamados Cayos (onde se internaram os primeiros andarilhos, maricas, etc, perseguidos pelo castrismo), Guanahacavives e as chamadas semeaduras de eucaliptos". Ver: MARIO (1980, p. 3). Para Carlos Franqui, nos campos de "castigos coletivos" ou de trabalho forçado criados na península de Guanahacavives, em 1960, foram enviados funcionários, administradores ou dirigentes que cometiam faltas ou erros. Ver: FRANQUI (1988, p. 387).

nesse livro que os modelos mais próximos para as UMAPs estariam nos campos de Hitler e Stalin:

> Nos anos em que nasceu "*No hablemos de la desesperación*" produziu-se em Cuba um dos mais desprezíveis e tenebrosos experimentos conhecidos e cometidos por e para os homens: a criação de campos de concentração. Encobertos na iha sob a denominação de UMAPs (Unidades Militares de Ayuda a la Producción) e, tinham como objetivo a utilização de mão-de-obra barata, praticamente no regime semi-escravista, e a experimentação com seus integrantes. Os componentes dos mesmos provinham de todas as classes sociais e profissionais, e se acedia à condição de "concentrado" mediante o recrutamento direto - como medida de represália ante supostas atitudes políticas contrárias ao sistema de falta de liberdades que se impunha em Cuba - pelos membros dos aparatos da Seguridad del Estado, nas cárceres, na rua, hospitais, delegacias de polícia, estabelecimentos públicos, universidades, etc., ou valendo-se na maioria dos casos através das chamadas do Serviço Militar Obrigatório (MARIO, 1983, p. 5).

Ainda que a definição das UMAPs como campo de concentração seja extremamente polêmica, não se pode negar o seu caráter de campo de trabalho obrigatório[16]. Tornou-se explícito um viés claramente

---

16 Segundo pesquisa de Anne Applebaum, o termo "campo de concentração" referia-se a "campos constituídos para encarcerar pessoas não pelo que elas fizeram, mas pelo que elas eram. Diferentemente dos campos de concentração de criminosos condenados e dos campos de prisioneiros de guerra, os de concentração foram criados para um tipo específico de prisioneiro civil não-criminoso, membro de um grupo 'inimigo' ou, pelo menos, de uma categoria de pessoa que, pela raça ou suposta tendência política, era considerada perigosa ou estranha à sociedade". Pela sua definição, os primeiros "campos de concentração modernos" foram estabelecidos durante as guerras de independência, em Cuba, em 1895, pelos espanhóis. Para abafar insurreições locais, o poder imperial espanhol retirou os camponeses cubanos de suas terras e os "reconcentrou" em campos, o que evitaria o apoio com alimentos e abrigo aos insurgentes. Ver: APPLEBAUM (2004, p. 33).

repressivo e autoritário do governo cubano, que visava não só criar uma disciplina e reeducação por meio do trabalho agrícola forçado, mas também influenciar no comportamento individual dos jovens, ao coibir a liberdade sexual e religiosa.

No documentário *Conducta impropia*, dirigido em 1984 por Néstor Almendros e Orlando Jiménez Leal, José Mario (apud ALMENDROS; JIMÉNEZ-LEAL, 1984, p. 37) relatou a sua terrível experiência de confinamento em campos de trabalho forçado na agricultura nas UMAPs. Ainda nesse documentário, José Mario revelou como os seus artigos publicados no exílio foram desacreditados, em razão de muitos intelectuais fora de Cuba não reconhecerem a existência das UMAPs e desconfiarem de seu testemunho (MARIO apud ALMENDROS; JIMÉNEZ-LEAL, 1984, p. 142).

Além de José Mario, o cantor e compositor Pablo Milanés também foi preso nas UMAPs, provavelmente em junho de 1966, com o objetivo de "modificar sua conduta sexual considerada imprópria" (VILLAÇA, 2004, p. 96). O escritor Calvert Casey, colaborador de Lunes de Revolución e homossexual, também foi internado nas UMAPs (SERRANO, 1999b, p. 45). Segundo depoimento de José Mario, certos intelectuais sabiam das prisões arbitrárias, torturas e violações de direitos humanos de intelectuais que eram levados às UMAPs e uma comissão foi formada na Uneac para investigar esses casos (MARIO, 1980, p. 4)[17]. Esta comissão foi formada por Raquel Revuelta, Mirian Acevedo, Heberto Padilla, entre outros (MARIO, 1980, p. 4). Raquel Revuelta realizou um protesto enérgico na Uneac contra a prisão de artistas nas UMAPs que pertenciam ao Teatro Estudio, grupo que dirigia com seu irmão Vicente Revuelta, e inclusive contratou advogados para tentar tirá-los dos campos (BEJEL, 2001, p. 101).

---

17   Allen Young visitou Cuba duas vezes, a primeira em 1969, e em 1971, como jornalista do Serviço de Notícias para a Liberação. Young pertencia aos grupos da nova esquerda nos Estados Unidos, defensores da Revolução Cubana. Sobre os campos das UMAPs, Young afirmou que houve protestos na Uneac e que o tema da perseguição aos homossexuais foi discutido: "Um homem que era membro da Uneac me disse que em uma das reuniões admitiu sua homossexualidade e pediu a seus companheiros escritores e artistas que se pronunciassem contra a perseguição aos *gays*. Ainda que não foi preso, deve ter corrido algum tipo de risco nesse sentido". Ver: YOUNG (1984, p. 41).

As pressões internacionais de intelectuais como Jean-Paul Sartre, Gian Giacomo Feltrineli e Graham Greene foram significativas e colaboraram para que o governo decidisse fechar os campos, por volta de 1968. Esses protestos já haviam começado desde 1965, quando vinte e cinco membros da New York Mattachine Society se manifestaram na ONU contra o governo cubano, por enviar homossexuais a campos de trabalho forçado (YOUNG, 1984, p. 42).

Além de José Mario, outros escritores de El Puente foram vítimas da política homofóbica do governo cubano. Ana María Simo foi presa e internada quatro meses em hospital psiquiátrico e, posteriormente, exilou-se na França, em dezembro de 1967. Em seu depoimento no já citado documentário *Conducta impropia*, Simo narrou como os agentes da Seguridad del Estado, do Ministério do Interior, a prenderam e depois a internaram em hospital psiquiátrico, sem nunca terem sido revelados oficialmente os motivos de sua detenção. Porém, durante os interrogatórios feitos ao longo de uma semana por Miguel Fernández, diretor das prisões e penitenciárias de Havana, ele deixou claro que não lhe agradava que Ana María Simo tivesse amigos escritores homossexuais e se reunisse "com pessoas que segundo ele, eram individualistas, degeneradas, que não tinham um espírito proletário, etc., que eram anti-sociais" (SIMO apud ALMENDROS; JIMÉNEZ-LEAL, 1984, p. 99). A escritora também revelou que na época era da União de Jovens Comunistas e que nenhum escritor ou amigo seu foi avisado de seu internamento; apenas seus pais, já que ela era menor de 18 anos.

A escritora Silvia Barros, participante de El Puente, também sofreu a mesma punição que Ana María Simo. Pouco depois do fechamento da editora, foi presa pela Seguridad del Estado e internada em hospital psiquiátrico, onde foi submetida a tratamento com eletrochoque. A família de Silvia Barros não a ajudou e Isel Rivero acabou arrecadando fundos para pagar sua passagem para os Estados Unidos, onde Silvia Barros exilou-se em 1966[18].

A política cultural sofreu um endurecimento nos anos setenta, acompanhado de medidas mais repressivas em relação aos intelectuais

---

18 Ver: RIVERO, Isel. *Entrevista não gravada (a pedido da entrevistada)*. Entrevistadora Sílvia Cezar Miskulin. Madri, 26 de abril de 2004.

homossexuais, como as resoluções do Primeiro Congresso de Educação e Cultura, de 1971, que abordarei no último capítulo. Nos anos setenta, outros escritores do grupo de El Puente – René Ariza e Manuel Ballagas – também foram condenados a muitos anos de prisão por "*diversionismo ideológico*". René Ariza foi condenado em 1971 a oito anos de prisão e seus manuscritos foram destruídos pela Seguridad del Estado. Manuel Ballagas foi preso quatro anos por escrever artigos e literatura que criticavam "as medidas, métodos, leis e líderes da Revolução Cubana e por enviar informação de caráter social ao poeta ianqui Ginsberg" (YOUNG, 1984, p. 45). Seu apartamento também foi revistado e seus textos apreendidos. Manuel Ballagas exilou-se em 1980, na embaixada do Peru em Havana, em episódio que antecedeu o êxodo de Mariel. René Ariza, Reinaldo García Ramos, Reinaldo Arenas, Jesús Barquet foram alguns dos escritores que se exilaram nos Estados Unidos por Mariel (BARQUET, 1998). O porto de Mariel foi o ponto de partida do exílio de muitos intelectuais e homossexuais no ano de 1980, e constitui-se em um marco na história cubana.[19] Nessa ocasião, dez mil pessoas se refugiaram na embaixada do Peru, pedindo asilo político e cento e vinte mil pessoas deixaram Cuba por Mariel, emigrando para os Estados Unidos, chegando a Key West entre abril e setembro daquele ano.

A política de dispersão do governo cubano com o grupo de escritores de El Puente, ao reprimir violentamente seus principais organizadores mostrou, já nos anos sessenta, que a política cultural não toleraria grupos autônomos e independentes dos órgãos oficiais. Neste caso, a censura e o cerceamento da liberdade de expressão e criação foram reforçados pelas medidas de controle sexual, obrigando não só ao fechamento da editora, mas também visando à mudança de orientação sexual de seus editores, por meio da coerção física e das prisões nas UMAPs e em hospitais psiquiátricos.

A repressão aos homossexuais tornou-se uma prática oficial do governo cubano e atingiu não só o grupo de El Puente, mas também outros setores da sociedade e cultura cubana. Pío Serrano analisou o fechamento da editora e relacionou-o com a política homofóbica do governo cubano:

---

19 A autobiografia de Reinaldo Arenas é um importante registro das perseguições sofridas por um intelectual homossexual, que saiu de Cuba com o êxodo de Mariel. Ver: ARENAS (1995). Ver também o filme *Antes do anoitecer*, de Julian Schnabel, produzido nos Estados Unidos, em 2000, sobre a vida de Arenas.

A experiência da dissolução de El Puente e a criação da UMAP deram origem a duas décadas de satanização das condutas sexuais não ortodoxas. Desde a mais alta hierarquia da Revolução qualquer desvio de conduta sexual era considerado como uma ofensa política e social além das instâncias privadas. Os dirigentes do país, procedente de uma burguesia *criolla* branca e machista, identificava os atributos do regime com os de sua própia legenda épica: riscos físicos, aventura armada, desalinho, improviso, desatenção da cortesia e da urbanidade, considerados todos eles como traços de uma virilidade irreverente e revolucionária. Estes prejuízos geraram o silenciamento e a marginalização de centenas de artistas e escritores que permaneceram no país, e lançaram ao exílio outro numeroso grupo (SERRANO, 1999a, p. 104).

A discriminação que já existia contra os homossexuais antes da Revolução transformou-se numa política homofóbica do governo que buscava denunciar os homossexuais como contra-revolucionários, seja por meio de prisões, censuras e perseguições, em locais de estudo ou trabalho. Diversos fatores contribuíram para a institucionalização dessa política em Cuba, que buscava coibir a homossexualidade: além da moral religiosa ocidental e dos componentes de puritanismo e machismo que já existiam na sociedade e cultura cubana anterior à Revolução, agregaram-se as teorias stalinistas elaboradas na União Soviética, que viam nos homossexuais "a decadência da sociedade burguesa"[20].

Somado a esses elementos, a política de construção do "homem novo" tinha como modelo de revolucionário ideal para a nova sociedade cubana

---

20 Stalin decretou uma lei em 1934 que previa até oito anos de prisão aos homossexuais, considerados "um perigo para o aparato moral da sociedade". A homossexualidade passou a ser considerada "crime social", "degeneração", e a imprensa soviética fez uma campanha contra os homossexuais como sinal da burguesia fascista. Além dessa medida, a abolição do aborto em 1936, a exaltação da heterossexualidade e da família foram os ideais propagados como modelo na União Soviética. O preconceito anti-homossexual não se restringiu aos soviéticos e atingiu também o movimento comunista internacional. Ver: YOUNG (1984, p. 29-33).

socialista, o homem heterossexual, guerrilheiro, e o homossexual parecia ser uma afronta a esse perfil. O fervor revolucionário da época misturava-se com uma série de discursos e práticas de higiene social, que rejeitavam e condenavam a homossexualidade como "prática imoral e corrupta", que tornavam os homens "fracos", "passíveis de serem corrompidos pelo inimigo". Havia ainda discursos com afirmações de que os homossexuais "corrompiam a sociedade" e impediam a formação do "homem novo" e, por fim, que os homossexuais eram "resultado de distorções do capitalismo", problema social que deveria ser "erradicado no socialismo" (BEJEL, 2001, p. 101-102). Estes discursos, verbais e na maioria das vezes não registrados oficialmente, acentuaram a cultura homofóbica em Cuba, e foram institucionalizados pelo governo nos anos setenta, ao rejeitar e excluir os homossexuais das universidades, das forças armadas, do Partido Comunista Cubano, de cargos do governo, dos trabalhos artísticos e educacionais de jovens e crianças, por meio de leis e normas como as do Congresso de Educação e Cultura, em 1971, como mostrarei no último capítulo.

EMBATES ENTRE EL PUENTE E *EL CAIMÁN BARBUDO*

Os escritores de *El Puente* e os de *El Caimán Barbudo* travaram polêmicas acaloradas e lutaram por espaço no meio cultural. Essas disputas foram explicitadas nas páginas da revista *La Gaceta de Cuba*, da Uneac, em 1966, ao entrevistar alguns escritores cubanos sobre as gerações intelectuais, se o confronto entre gerações teria sentido após o triunfo da Revolução e como definir a geração na qual o entrevistado pertencia.

Convidado a responder a esse questionário, o diretor de *El Caimán Barbudo*, Jesús Díaz, deixou claro o enfrentamento entre os dois grupos, ao referir-se a sua própria geração:

> Sua primeira manifestação de grupo foi a editorial El Puente, criada pela fração mais dissoluta e negativa da geração

atuante. Foi um fenômeno errôneo política e esteticamente. Há que repetir este último, no geral eram más artistas. Agora se perfila outro grupo no qual pode-se distinguir as seguintes características: manifesta-se desde dentro da Revolução; não é dogmático; assume a tarefa artística como um trabalho, com as técnicas mais avançadas; não pratica a política de "elogios mútuos"; preocupa-se, déficit evidente nas gerações anteriores, com o trabalho teórico[21].

Entre o grupo de El Puente e o de *El Caimán Barbudo*, para ele, havia uma diferença de qualidade. O último estava constituído por escritores comprometidos com a Revolução, mas não dogmáticos. Havia ainda uma cobrança de Jesús Diaz que parecia dirigida a El Puente, de uma "incapacidade crítica" não só ideológica, mas também estética[22]. A editora *El Puente* foi acusada de ter uma "atitude liberalóide", ou seja, mais preocupada com a liberdade individual do que com as necessidades do coletivo. O escritor Jesús Díaz foi o único, dentre os onze escritores participantes da enquete feita por *La Gaceta de Cuba*, que atacou de maneira direta o grupo de escritores das edições de El Puente.

La Gaceta de Cuba deu direito de resposta a Ana María Simo, que defendeu a editora El Puente dos ataques feitos por Jesús Díaz. Para Ana María, El Puente surgiu para dar oportunidades de publicação a jovens escritores:

> As edições El Puente foram, efetivamente, a primeira manifestação literária de nossa geração. Que Jesús Díaz tenha tido que reconhecê-lo assim, é uma prova de peso de nosso trabalho editorial durante quatro anos. No entanto, de nenhuma maneira foram a primeira manifestação "de grupo". Nem estética nem ideologicamente as edições formaram um grupo literário definido e homogêneo. Entre 1962 e 1964 ocorreu no interior

---

21 DÍAZ, Jesús. "Encuesta generacional". *La Gaceta de Cuba*, Havana, n. 50, abril/maio de 1966, p. 9.

22 Idem, ibidem.

das edições uma batalha para conseguir essa homogeneidade, esse caráter específico de grupo. (...) Uma análise realista da situação então nos convenceu de que todo intento de coesão intelectual só servia para dispersar-nos. Historicamente, nossa tarefa era a de manter aberta uma oportunidade de expressão para os jovens escritores, sem descriminações de escola literária[23].

Não obstante a escritora negar o caráter de grupo em relação aos escritores de El Puente, em minha opinião, a editora conformou um grupo literário, ainda que não homogêneo do ponto de vista estético ou político. A própria Ana María Simo se contradiz mais à frente, ao afirmar que El Puente compunha um grupo de escritores. Simo atacou duramente Jesús Díaz, em especial seu uso do termo dissoluto, pois se tratava de um qualificativo de "ordem moral" e de "moral sexual", o que configurava, em sua opinião, um "ato de delação intelectual"[24].

De acordo com Ana María Simo, Jesús Díaz confundia a atitude privada do diretor José Mario com a postura dos demais colaboradores, e inclusive com a importância histórica que adquiriu a editora na literatura cubana. A escritora acusou Díaz de fazer em seu texto uma imagem estereotipada de El Puente e de defender um *slogan* moralizante, que era exterior ao âmbito literário e artístico. Ao rebater as acusações de que a editora era um fenômeno equivocado politica e esteticamente, Simo explicitou que a Uneac se interessou pela editora desde o final de 1962, o que era uma prova de que não havia conflito ideológico com El Puente. Os escritores cubanos ignoraram e silenciaram sobre El Puente, já que o momento era de um confronto intenso entre distintos grupos de intelectuais. Na visão de Simo, a geração dos anos cinquenta, que ocupava as posições chaves na organização cultural, não toleraria compartilhar com os mais jovens[25].

Ao aproveitar para fazer críticas ao artigo de Jesús Díaz, Ana María Simo deixou transparecer sua opinião de que a definição ideológica de *El Caimán Barbudo* não garantia necessariamente ao grupo que sua estética

---

23 SIMO, Ana María. "Encuesta generacional (II). Respuesta a Jesús Díaz". *La Gaceta de Cuba*, Havana, n. 51, junho/julho de 1966, p. 4.

24 Idem, ibidem.

25 Idem, ibidem.

ou escola literária fossem as únicas válidas e revolucionárias. Criticou também a afirmação de Díaz de que as gerações anteriores não haviam se preocupado com o trabalho teórico e expôs que, do seu ponto de vista, a *Revista de avance* [26], o grupo de *Orígenes* e outros tantos fizeram crítica e tiveram preocupações teóricas. Simo acusou Jesús Díaz de soberba e de fazer dogmatismo literário:

> Não é necessário fazer tábua rasa com os que nos antecederam para acentuar o caráter messiânico de nossa geração ou, no caso de Jesús Díaz, da fração que ele parece representar e até dele mesmo, pessoalmente. Ao fazer isto, Jesús Díaz demonstra não ter a mais vaga idéia do que é a continuidade cultural. Se ele tivesse, entenderia também que de não haver-se produzido uma série de fenômenos, entre eles Ediciones El Puente, seria inexplicável a existência de *El Caimán Barbudo* [27].

Ao fazer um balanço de sua participação na direção da editora, Ana María Simo explicitou sua relação afetiva com o núcleo diretor de El Puente, mas deixou claro que havia divergências estéticas e ideológicas entre eles. Essas diferenças, em sua opinião, levaram à sua renúncia, em setembro de 1964, da direção da editora: "A crise foi inevitável e se concentrou em um ponto: deviam as edições funcionar com uma direção coletiva ou seguiriam sendo dirigidas até esse momento, por uma só pessoa com inteira liberdade

---

26 A *Revista de avance*, criada em 15 de março de 1927, editou cinquenta números até 15 de setembro de 1930, quando foi obrigada a fechar por problemas com a ditadura de Gerardo Machado. Alejo Carpentier, Juan Marinello, Jorge Mañach, Francisco Ichaso, Manuel Navarro Luna e Martín Casanovas foram os editores da revista, que foi fortemente marcada pelas vanguardas artísticas européias. A revista abriu espaço para a poesia negra, para a poesia pura ou "experimental" de Manuel Navarro Luna e Mariano Brull e para a poesia proletária e socialista de Regino Pedroso. Ver: SCHAWARTZ (1995, p. 285-287); VERANI (1990).

27 SIMO, Ana María. "Encuesta generacional (II). Respuesta a Jesús Díaz". *La Gaceta de Cuba*, Havana, n. 51, junho/julho de 1966, p. 5.

de movimentos?"[28]. Após a ruptura, a direção da editora permaneceu nas mãos de José Mario, apesar de ter sido nomeado um novo conselho diretor, que segundo Simo era meramente simbólico.

As críticas de Ana María Simo também surgiram quanto ao critério de seleção dos livros a serem publicados por El Puente. Ela defendia que a obra deveria ter uma qualidade literária e propunha a realização de oficinas literárias e o incentivo pessoal aos autores que começavam a escrever e ainda não tinham qualidade para publicar. A outra posição defendida na editora era a tese da agitação geracional, que considerava a publicação como um meio de estimular a criação do maior número de jovens escritores, sem ser rigoroso com a qualidade dos trabalhos. Ana María Simo deixou implícito que esta última era a posição de José Mario, a que havia prevalecido, e por isso as obras publicadas em El Puente tinham grande discrepância de qualidade[29].

O artigo de Ana María Simo foi novamente debatido em um outro texto de Jesús Díaz, editado no número consecutivo de *La Gaceta de Cuba*, em que o escritor reafirmou sua idéia de que El Puente era um "grupo ideológico", com posições políticas, estéticas e éticas "bastante questionáveis". Díaz achava lamentável que a amizade tenha pesado mais que a definição ideológica e revolucionária do grupo e criticou as contradições que existiam no interior de El Puente, admitidas pela própria Simo. Afirmou que Ana María Simo tinha sido omissa com relação à debilidade ideológica de El Puente:

> Ultimamente, na vida das edições é Ginsberg, é a relação dissoluta, negativa, liberalóide; é o que Ana María chama em um alarde de candidez? "Confuso matiz ideológico". Na realidade não era um matiz, senão uma definição; não confusa, senão óbvia, clara, terminantemente anti-revolucionária[30].

---

28 SIMO, Ana María. "Encuesta generacional (II). Respuesta a Jesús Díaz." *La Gaceta de Cuba*, Havana, n. 51, junho/julho de 1966, p. 4.

29 Idem, ibidem.

30 DÍAZ, Jesús. "Encuesta generacional III. Jesús Díaz responde a Ana María Simo. El ultimo Puente." *La Gaceta de Cuba*, Havana, n. 52, agosto/setembro de 1966, p. 4.

Ao negar ser um burocrata da cultura, Jesús Díaz afirmou que durante a crise dos mísseis, em 1962, ele dirigiu uma bateria de canhões antiaéreos, e trouxe um argumento político para o interior do debate literário. Díaz atacou José Mario por ter usado a editora para publicar sete obras de sua autoria. Questionou a afirmação de Simo de que os escritores de El Puente estavam ativos e continuavam publicando nas revistas universitárias, já que ele não encontrava publicações de membros do grupo nessas revistas. Por último, Díaz reconheceu como ele próprio teve um papel fundamental no fechamento de El Puente: "Seria bastante triste ser conhecido como o assassino de um morto"[31].

Essa polêmica foi reveladora de tensões entre dois grupos de escritores no meio cultural cubano, ao buscar definir quais seriam os "legítimos representantes" da nova geração de escritores revolucionários[32]. As rivalidades entre grupos literários distintos de uma mesma geração não era novidade em tal campo cultural. Nos anos quarenta, cinquenta e início dos sessenta, as disputas entre a revista *Orígenes*, *Gaceta del Caribe*[33], *Ciclón* e *Lunes de Revolución* mostravam que esses debates e desafios entre grupos de escritores por espaço e posições no campo intelectual em Cuba eram muito frequentes e vinham de longa data (BARQUET, 1990; MISKULIN,

---

31 DÍAZ, Jesús. "Encuesta generacional III. Jesús Díaz responde a Ana María Simo. El ultimo Puente." *La Gaceta de Cuba*, Havana, n. 52, agosto/setembro de 1966, p. 4.

32 Jesús Díaz reconheceu em artigo publicado em 2000, que *El Caimán Barbudo* pretendia "matar nossos pais literários e além do mais ser líderes de espaço entre nossos coetâneos; de modo que podíamos ser, e mais de uma vez fomos, ferozes e injustos na desqualificação e no ataque. (...) Não obstante, recordo com desagrado minha participação naquela polêmica, que teve lugar em *La Gaceta* da Uneac. Não porque fui mais ou menos agressivo com outros escritores, senão porque em meu requisitório misturei política e literatura e fiz mal nisto; reconheço e peço desculpas a Ana María Simo e aos outros autores que puderam ter se sentido ofendidos por mim naquele momento". Ver: DÍAZ (2000, p. 108-109).

33 A revista *Gaceta del Caribe* surgiu em 1944 e publicou apenas dez números. Com uma orientação marxista, a revista propunha a criação de uma literatura engajada e seus membros eram militantes ou simpatizantes do PSP, como Nicolás Guillén, José Antonio Portuondo, Mirta Aguirre, Angel Augier e Félix Pita Rodríguez. Ver: BARQUET (1990, p. 285-298).

2003). A diferença nos anos sessenta deu-se com o triunfo da Revolução, que muitas vezes acabou por politizar os embates entre distintos grupos de intelectuais.

El Puente e *El Caimán Barbudo* foram acolhidos de maneira diferenciada pela política cultural oficial. Enquanto El Puente foi fechado pelo governo em 1965, *El Caimán Barbudo* foi publicado como iniciativa da UJC, a partir de 1966. Jesús Díaz aproveitou-se de sua posição de professor da Universidade de Havana, diretor de *El Caimán Barbudo*[34] e escritor premiado no concurso Casa de las Américas para atacar El Puente, contribuindo para fortalecer o estigma que envolve as Ediciones El Puente em Cuba[35]. Contudo, sua posição de diretor da publicação não durou muito tempo. No final de 1967, foi desligado da direção de *El Caimán Barbudo*, juntamente com toda a equipe de escritores que colaborava no suplemento, por ordem da própria União de Jovens Comunistas, que não concordou com a linha editorial implementada por Díaz, como mostrarei no capítulo três.

---

34 Guillermo Rodríguez Rivera, chefe de redação de *El Caimán Barbudo*, também colaborou para a desvalorização dos poetas de El Puente no panorama literário cubano, ao realizar uma avaliação da jovem poesia cubana e situar a produção do grupo como o auge do "hermetismo", do "intimismo" e da "metafísica", que ignorava "em absoluto a existência de uma autêntica revolução socialista em Cuba". Rodríguez Rivera declarou ainda que "os diretores de El Puente se converteram em inimigos da Revolução e passaram a engrossar as filas do exilio contra-revolucionário". Ver: RODRÍGUEZ RIVERA (1984, p. 105-106).

35 A fala da escritora Nancy Morejón, em 2002, que participou de El Puente, revela como a editora era ainda um tema tabu na ilha e expressou tensões que subsistiam no campo cultural cubano: "Eu vivi complexada muitos anos, a tal ponto que sempre participei em comissões, nisto ou naquilo, mas nada de falar em assembléias. Ainda hoje me custa intervir em uma reunião desse tipo. Porque sempre sinto – é inconsciente - detrás de mim como um mau olhado. (...) porque éramos considerados algo assim como seres endiabrados. Digo-lhe que para mim, todavia em um Conselho Nacional da Uneac me dá trabalho levantar a mão para dizer algo, porque me parece que vai sair alguém e vai me dizer: 'Cale-se você, porque os de El Puente...' Agora posso te contar, mas antes não se falava dessas coisas..." Ver: MOREJÓN apud GRANT (2002, p. 19).

A INTELECTUALIDADE
E SUAS DISPUTAS NO MEIO CULTURAL

Como acabei de mostrar, as tensões entre grupos e gerações de escritores foram explicitadas nas páginas da revista *La Gaceta de Cuba*, da Uneac, em 1966, que indagou a certos intelectuais sua opinião sobre o confronto entre gerações e a definição de sua própria geração, atualizando esse debate com o triunfo da Revolução. O balanço publicado em *La Gaceta de Cuba* contou com escritores representantes de diversos grupos de distintos momentos da história literária cubana: Alejo Carpentier, da *Revista de avance;* Félix Pita Rodríguez e José Antonio Portuondo, da revista *Gaceta del Caribe;* José Lezama Lima, de *Orígenes;* Lisandro Otero e César López, da revista *Nuestro Tiempo*[36]; Roberto Fernández Retamar, da revista *Casa de las Américas*. Dos intelectuais mais jovens participaram Miguel Barnet e Nicolás Dorr, que publicaram em El Puente, além do próprio Jesús Díaz e Guillermo Rodríguez Rivera, ambos de *El Caimán Barbudo*. Entretanto, nem Barnet nem Dorr fizeram qualquer referência a El Puente em suas respostas.

Nenhum escritor de *Lunes de Revolución* foi chamado a opinar nesse questionário de *La Gaceta de Cuba*. Em sua resposta, José Antonio Portuondo mostrou como os escritores de sua geração buscavam criar uma expressão da nova consciência socialista e, citou as revistas literárias *Orígenes*, *Gaceta del Caribe*, *Ciclón* e *Nuestro Tiempo*, omitiu a existência de *Lunes*[37]. A análise de Portuondo também revelou os embates que ocorriam no meio cultural:

> Dentro da Revolução, por exemplo, as gerações podem e devem disputar sobre a idoneidade de seus respectivos instrumentos

---

36 A revista *Nuestro Tiempo* circulou entre 1954 e 1959 e fazia parte da Sociedad Cultural Nuestro Tiempo, fundada em 1951 por intelectuais ligados ao PSP. A revista foi dirigida por Carlos Franqui e Guillermo Cabrera Infante e contava com a colaboração de Tomás Gutierrez Alea, Alfredo Guevara, entre outros. Ver: LUIS (1982, p. 52); PÉREZ LEÓN (1995, p. 202).

37 PORTUONDO, José Antonio. "Encuesta generacional". *La Gaceta de Cuba*, Havana, n. 50, abril/maio de 1966, p. 8.

expressivos – abstração, realismo crítico, realismo socialista, etc.
–, mas uns e outros, abstracionistas e figurativos, velhos e jovens temos que fechar fileiras junto à classe proletária, frente a seu antagonista irredutível, a classe burguesa, que deseja frustar a Revolução Socialista[38].

Ao avaliar a sua geração dos anos quarenta, Portuondo mostrou uma oscilação entre a "denúncia política" de *La Gaceta del Caribe*, e o "hermetismo estético" de *Orígenes*, dilemas que ainda estavam presentes naquele momento nas tensões entre os diferentes grupos intelectuais[39].

Outra resposta que chamou a atenção foi a de César López, ao advertir que distintos grupos de intelectuais pareciam preocupar-se mais com o poder e a glória do que com a elaboração de suas obras. López defendeu o importante papel que sua geração (a dos anos cinquenta), desempenhava naquele momento em Cuba e a considerou "a primeira geração literária da Revolução", que buscava pensar sobre o cubano, sem cair numa atitude "turística ou pitoresca" [40].

O mais jovem a participar do questionário de *La Gaceta de Cuba* foi Nicolás Dorr, para quem a geração anterior dos anos cinquenta deveria se preocupar com "os pinheiros novos da Revolução", sem mencionar os membros da editora El Puente. Dorr afirmou pertencer à nova geração de jovens escritores que encontrou na Revolução a razão de suas vidas. Entretanto, criticou os intelectuais jovens que se fechavam em pequenos círculos: "Que grande é essa geração que não se perde na idiotez do isolamento, que não cria pequenos grupos onde deleitar-se em falsas superioridades, senão que denuncia energicamente esses grupinhos ou *piñas*, a onde se encontrem"[41].

---

38   PORTUONDO, José Antonio. "Encuesta generacional". *La Gaceta de Cuba*, Havana, n. 50, abril/maio de 1966, p. 8.

39   PORTUONDO, José Antonio. "Encuesta generacional." *La Gaceta de Cuba*, Havana, n. 50, abril/maio de 1966, p. 8.

40   LÓPEZ, César. "Encuesta generacional". *La Gaceta de Cuba*, Havana, n. 50, abril/maio de 1966, p. 9.

41   DORR, Nicolás. "Encuesta generacional". *La Gaceta de Cuba*, Havana, n. 50, abril/maio de 1966, p. 9.

Parecia que Dorr tinha necessidade de explicitar sua adesão ao movimento de jovens escritores que se formava após a Revolução, mas buscava livrar-se do estigma de ter participado do grupo de El Puente.

Esse questionário realizado por *La Gaceta de Cuba* repercutiu entre a intelectualidade, como deixa claro o artigo de Ricardo Jorge Machado, professor de filosofia na Universidade de Havana, que publicou em *El Caimán Barbudo* uma reflexão sobre o problema geracional, estimulado a partir do debate iniciado em *La Gaceta de Cuba*. Machado declarou que essa discussão, já analisada por muitos autores, era considerada tema tabu para "certos marxistas". Muitos a viam como uma "preocupação da sociologia burguesa", que definia a geração constituída de pessoas que nasceram e morreram em datas aproximadas, e que formavam uma sensibilidade comum, criadas a partir de experiências partilhadas. Entretanto, a análise de Machado sobre o tema levou em consideração a relação das gerações com as classes sociais e os grupos sociais. O mais importante era a conformação de uma consciência geracional, na visão de Ricardo Jorge Machado:

> Essa comunidade de experiências vividas por um grupo de homens (impressionados pelos mesmos acontecimentos históricos, leitura dos mesmos livros, etc.) configura a estrutura mental dos mesmos. Criam estados de ânimo e tendências de condutas semelhantes. Cria enfim, o que poderíamos chamar uma consciência geracional. O processo de formação desta conciência geracional realiza-se às vezes simultaneamente com o da formação da consciência de classe e também pode coincidir com a aparição dos diversos grupos dentro de uma mesma geração[42].

A formação da consciência geracional era considerada tarefa dos intelectuais, que para Machado eram as vanguardas das gerações, formadas por políticos, escritores, artistas e pensadores. Os intelectuais também teriam a importante missão de, juntamente com o governo cubano, educar as novas gerações. As revistas e a imprensa receberam grande destaque, já que eram

---

42 MACHADO, Ricardo Jorge. "Generaciones y revolución. Meditación inconclusa sobre un problema". *El Caimán Barbudo*, Havana, n. 6, setembro de 1966, p. 2.

meios de expressão dos grupos da nova geração. Ricardo Jorge Machado também relatou os antagonismos existentes entre diferentes gerações, quando a geração hegemônica dominante decadente era confrontada com a geração jovem, que estaria surgindo. O artigo parecia justificar o espaço de conformação de uma nova geração de jovens intelectuais cubanos, inspirada na rebeldia juvenil contracultural dos anos sessenta presentes em vários países ocidentais, pois explicava que cada geração podia se expressar por meio de formas peculiares como a "moda", "determinada música", "penteados chocantes" ou até certas "posturas mentais", que não implicariam necessariamente em um "desvio ideológico"[43].

O artigo de Machado defendia comportamentos e hábitos culturais da juventude muito comuns naquela época em vários países, mas que em Cuba podiam levar um jovem às UMAPs: os cabelos compridos para homens, o gosto por músicas de rock (como os Beatles), o uso de roupas extravagantes e de calças justas por homens, ou um comportamento *hippie*. Ao publicar esse texto em 1966, quando a repressão à "*conducta impropia*" era intensa na ilha por meio de prisões e das UMAPs, os editores do suplemento confrontavam-se com as práticas repressivas do governo cubano, que buscava enquadrar a juventude cubana dentro de determinado "padrão moral e de comportamento apropriados aos jovens revolucionários".

Outro espaço em *El Caimán Barbudo* de críticas e disputas entre a intelectualidade foi a coluna *La carabina de Ambrosio: un tarrayazo no le viene mal a nadie*. Uma nota publicada nessa seção anunciava o fim da apresentação musical de Miriam Acevedo, no clube El gato Tuerto, onde também se realizavam tertúlias literárias. Criticou-se duramente as leituras de "poemas pseudo-revolucionários" da "pseudocultura":

> Os lamentáveis poemas de Virgilio Piñera, a lamentável gravata de Pablo Armando Fernández, o lamentável olhar de Antón Arrufat, a lamentável presença ali (lamentável para nós, porque são gente jovem e valiosa que nada tinham que fazer naquele lamentável ambiente) de Miguel Barnet, Nancy Morejón e Lina de Feria. Ali não entrou (e nos permitimos divergir da opinião

---

43 MACHADO, Ricardo Jorge. "Generaciones y revolución. Meditación inconclusa sobre un problema". *El Caimán Barbudo*, Havana, n. 6, setembro de 1966, p. 3.

de Virgilio Piñera) a revolução. Porque entre murmurinhos, risinhos, conversações a meia-voz, beijos, (...) poemas postiços, música de órgão, aplausos delirantes, os de sempre aproveitaram a noite para a pseudocultura e a pseudo-revolução sem perigo e sem silenciador[44].

Esses questionamentos faziam parte da conformação de uma nova e jovem geração literária, que para se auto-afirmar e encontrar seu espaço e estilos próprios, desqualificava os escritores que a antecederam. Neste caso, a crítica parece dirigida aos escritores de *Lunes* (Virgilio Piñera[45], Pablo Armando Fernández e Antón Arrufat). Entretanto, os jovens escritores de El Puente, Miguel Barnet, Nancy Morejón e Lina de Feria que se reuniam no mesmo ambiente, onde faziam seus recitais de poesia, também foram atacados. Essa crítica a Lina de Feria fazia parte do mesmo número de *El Caimán Barbudo* que anunciou os vencedores do Primeiro Prêmio David para escritores inéditos da Uneac, em 1967. Nesse concurso, Lina de Feria ganhou o prêmio de poesia juntamente com Luis Rogelio Nogueras[46].

---

44 "Los balletomanos y el gato (La carabina de Ambrosio)". *El Caimán Barbudo*, Havana, n. 15, junho de 1967, p. 24.

45 A publicação dessas críticas aos escritores que frequentavam o bar El Gato Tuerto no número 15 de *El Caimán Barbudo*, editado em junho de 1967, ocorria apenas dois meses depois da publicação de cinco poemas inéditos de Virgilio Piñera na revista *La Gaceta de Cuba*, lidos pelo autor em recital ocorrido na Uneac, em março de 1967. Um dos poemas intitulado *En el Gato Tuerto* finalizava assim: "No *Gato Tuerto*/ há um momento de expectativa/ quando o amante imaginário/ faz sua aparição;/ olha amorosamente e diz:/ 'Sou de quem me espera'.../ e então o *feeling* chega ao coração/ No *Gato Tuerto* com a revolução." Ver: PIÑERA, Virgilio. "En el Gato Tuerto". *La Gaceta de Cuba*, Havana, n. 57, abril de 1967, p. 16.

46 *El Caimán Barbudo* publicou a ata dos jurados do Prêmio David, composto pelos escritores Manuel Díaz Martínez, Luis Marré e Heberto Padilla, em que se explicou a premiação do livro *Cabeza de zanahoria*, de Luis Rogelio Nogueras, e *Casa que no existía*, de Lina de Feria: "Como consideramos que ambos livros têm tão alto nível de qualidade dentro da mais recente promoção de poetas cubanos, cremos que seria verdadeiramente justo compartilhar o prêmio David de poesia, entre ambos livros". Ver: "La onda de David". *El Caimán Barbudo*, Havana, n. 15, junho de 1967, p. 21.

As disputas entre distintas gerações de escritores não foi realizada apenas nas páginas de *El Caimán Barbudo*. *La Gaceta de Cuba* abriu novamente seu espaço, no ano de 1967, para uma polêmica travada entre Pedro de Oraá, escritor pertencente a geração dos anos cinquenta, e Guillermo Rodríguez Rivera, chefe de redação de *El Caimán Barbudo*. Em artigo intitulado *Promociones, no generaciones*, Pedro de Oraá criticou abertamente os poetas do suplemento, que haviam se reunido em torno do manifesto *Nos pronunciamos*. Para Oraá, esses poetas faziam repetidos chamados "em voz alta" e "fora do limite da publicação", já que estavam entusiasmados com sua "suposta existência excepcional", mas que a sua geração, dos "anos cinquenta" também havia passado pela experiência revolucionária. Apesar de reconhecer que os escritores mais jovens poderiam ter uma "percepção mais virgem do estado de coisas durante a etapa da insurreição"[47], Pedro de Oraá afirmou que os poetas de sua geração, conhecida como a dos anos cinquenta, também tinham capacidade de assimilar e testemunhar o período de luta contra a ditadura de Batista e se encontravam em plena maturidade para expressar os acontecimentos da Revolução[48]. Oraá buscava garantir uma legitimidade aos escritores que tinham iniciado suas publicações no período que antecedeu o triunfo da Revolução, mas que ainda se consideravam jovens e queriam garantir seu espaço como "intelectuais revolucionários" no mundo cultural cubano.

No número seguinte, *La Gaceta de Cuba* publicou a resposta de Guillermo Rodríguez Rivero que acusou Oraá de ignorar os acontecimentos em Cuba, pois havia vivido dois anos e meio na Bulgária. Guillermo Rodríguez Rivero apontou algumas "confusões" no artigo de Oraá e esclareceu que os escritores reunidos em *El Caimán Barbudo* se consideravam um grupo e nunca haviam se denominado como geração ou como a totalidade dos jovens poetas cubanos. Rodríguez Rivera fez questão de se diferenciar da geração à qual pertencia Pedro de Oraá, a geração dos anos cinquenta:

---

47 ORAÁ, Pedro de. "Promociones, no generaciones". *La Gaceta de Cuba*, Havana, n. 57, abril de 1967, p. 12.

48 Idem, ibidem.

> Uma geração só é estruturada e definida pela história. Somos sim, por história, parte de uma geração distinta da geração dos cinquenta. (...) A formação da geração dos anos cinquenta foi distinta à nossa: isso determina, como tem advertido Lisandro Otero e Roberto Fernández Retamar, sua escassíssima participação na luta revolucionária de 1953 a 1958. Sobre nossa adolescência cairam os anos da luta clandestina, da guerra revolucionária, os anos iniciais da Revolução. Empreender, na base, as tarefas da Revolução: a milícia, a alfabetização, as mobilizações, o trabalho político em diversas organizações. Isso tem determinado, em nós uma visão mais íntima do processo histórico do país nos últimos anos[49].

Além de reivindicar maior intimidade para escrever sobre o processo revolucionário, devido à ativa participação dos jovens escritores nos principais acontecimentos da Revolução, Guillermo Rodríguez Rivero criticou a poesia de Oraá, pois se tratava de um "deslumbramento engendrado à distância", algo que não ocorria entre os poetas reunidos em torno do suplemento. Entretanto, Rodríguez Rivero declarou respeitar e admirar criticamente a obra de muitos poetas contemporâneos de Oraá, e que não era intenção dos jovens do suplemento arrebatar seu lugar na poesia cubana, mas que no caso de Pedro de Oraá "não se pode ocupar um lugar que não existe"[50].

O principal problema apontado por Guillermo Rodríguez Rivera era que muitos intelectuais das gerações mais velhas não haviam participado da luta pela derrubada da ditadura de Fulgêncio Batista e isso tirava sua legitimidade na disputa pelo estabelecimento de quem seriam os jovens "intelectuais revolucionários". O que estava implícito era a acusação de esses escritores terem cometido o "pecado original". Essa idéia já fora elaborada por Che Guevara em 1965, quando, ao defender a construção do "homem novo" no socialismo, excluiu os intelectuais que haviam cometido o "pecado

---

49 RODRÍGUEZ RIVERA, Guillermo. "Dicen, buen Pedro". *La Gaceta de Cuba*, Havana, n. 58, maio de 1967, p. 4.

50 Idem, ibidem.

original" de não terem se engajado antes do triunfo da Revolução⁵¹. Já os jovens reunidos em torno de *El Caimán Barbudo* ficavam isentos dessa cobrança, pois eram jovens demais para se comprometerem durante o período de luta contra a ditadura e haviam participado das principais tarefas dos primeiros anos da Revolução. Assim, os novos escritores reunidos no suplemento podiam se proclamar sem sentimento de culpa, como os "autênticos jovens intelectuais revolucionários", o que poderia ser relacionado como os "intelectuais orgânicos" do processo revolucionário cubano⁵².

51 Para Che Guevara, o "pecado original" desqualificava os intelectuais como autênticos revolucionários: "Resumindo, a culpa de muitos de nossos intelectuales e artistas residem em seu pecado original; não são autenticamente revolucionários. (...) As novas gerações virão livres do pecado original. (…) Nossa tarefa consiste em impedir que a geração atual, deslocada pelos seus conflitos, se perverta e perverta as novas". Ver: GUEVARA (1991, p. 380). Essa tese do "pecado original" dos intelectuais nascidos ou formados antes da Revolução já havia sido difundida antes de Guevara, por Juan J. Flo e Sergio Benvenuto, professores de letras da Universidade de Havana, que argumentaram como a condição de classe pequeno-burguesa determinava a debilidade ou deformação ideológica desses intelectuais. Suas idéias foram questionadas por diversos cineastas do Icaic, publicadas em *La Gaceta de Cuba*, sobretudo por Tomás Gutierrez Alea, que via no "pecado original" "uma concepção mística do dogma católico", sem nenhuma relação com o marxismo. Ver: FLO, Juan J. "¿Estética antidogmática o estética no marxista?". *La Gaceta de Cuba*, Havana, n. 31, 10 de janeiro de 1964, p. 10-11; BENVENUTO, Sergio. "¿Cultura pequeño burguesa hay una sola?". *La Gaceta de Cuba*, Havana, n. 33, 20 de março de 1964, p. 14-15; GUTIÉRREZ ALEA, Tomás. "Notas sobre una discusión de un documento sobre una discusión (de otros documentos)". *La Gaceta de Cuba*, Havana, n. 29, 5 de novembro de 1963, p. 5. Para Liliana Martínez Pérez, o texto de Che Guevara foi uma conclusão a essa polêmica, em que Che se opôs aos dois setores intelectuais, tanto aos dogmáticos representados por Juan J. Flo e Sergio Benvenuto, como aos antidogmáticos cineastas do Icaic, representados por Tomás Gutierrez Alea, Julio Garcia Espinosa e Alfredo Guevara. Para Che, os "verdadeiros intelectuais revolucionários" seriam os nascidos fora do "pecado original". Ver: MARTÍNEZ PÉREZ (2001, p. 77).

52 Para Gramsci, o surgimento de um novo grupo social possibilitaria o aparecimento de novos intelectuais, que configurariam os intelectuais "orgânicos" e contrapunham-se aos intelectuais "tradicionais" ligados às classes dominantes: "O ponto central da questão continua a ser a distinção entre intelectuais como categoria orgânica de cada grupo social fundamental". Ver: GRAMSCI (1981, p. 16).

A resposta ao artigo de Guillermo Rodríguez Rivera apareceu no número seguinte de *La Gaceta de Cuba* e foi escrita pelo próprio Pedro de Oraá. Ao reafirmar sua idéia de que os escritores reunidos em *El Caimán Barbudo*, apesar de se autodenominarem um grupo, acabaram por se afirmar como uma geração independente da anterior, Oraá confirmou a diferença de formação dos *caimaneros* com a geração dos anos cinquenta, que havia tido uma escassa participação na luta revolucionária pela queda de Fulgêncio Batista. Pedro de Oraá reconheceu as dificuldades pelas quais os contemporâneos de sua geração passaram durante a ditadura, já que muitos se exilaram antes da Revolução, pois não suportaram as "humilhações" presentes nesses anos[53]. Entretanto, para Oraá, todos se encontravam comprometidos com as responsabilidades comuns geradas desde o triunfo da Revolução.

A participação dos membros de sua geração no processo revolucionário foi confirmada por Pedro de Oraá, que destacou como a experiência do triunfo da Revolução fora significativa na formação dos escritores, inclusive para liquidar os elementos burgueses ou pequeno-burgueses que anteriormente estiveram presentes em suas educações. Novamente, o que estava implícito no debate era o tema do "pecado original" dos intelectuais e a disputa pela definição dos "legítimos intelectuais revolucionários". Pedro de Oraá respondeu ainda a uma outra inquietação presente naqueles anos, a da impaciência de alguns setores com a discussão dos problemas da época na literatura. Neste ponto, Oraá atacou a poesia de Guillermo Rodríguez Rivero como uma obra externa à Revolução, que se valia de um vocabulário "insolente" e de gírias [54].

A utilização de linguagem coloquial e de um vocabulário mais informal em suas obras literárias foi uma das marcas dos escritores reunidos em *El Caimán Barbudo*. Entretanto, muitos intelectuais criticaram essa prática dos jovens como não válida para a obra de arte revolucionária, como foi o caso de Pedro de Oraá. Sua crítica se concretizou ao dar como exemplo uma poesia de Guillermo Rodríguez Rivera, publicada em seu livro *Cambio de impresiones*, de 1966. Ao finalizar, Oraá reivindicou seu espaço e sua presença no panorama da poesia cubana, bem como de sua geração dos anos cinquenta: "se estes

---

53 ORAÁ, Pedro de. "Respuesta a Rodríguez Rivera". *La Gaceta de Cuba*, Havana, n. 59, junho de 1967, p. 11, 15.

54 Idem, ibidem, p.11.

(os jovens) nasceram com a Revolução, a Revolução nasceu com aqueles a cuja época pertenço"[55].

A polêmica travada em *La Gaceta de Cuba* também repercutiu nas páginas de outra revista da Uneac, a revista *Unión*. Víctor Casaus, um colaborador da redação de *El Caimán Barbudo*, respondeu ao artigo de Pedro de Oraá e explicitou o debate em torno do "pecado original" cometido pelos intelectuais da geração dos anos cinquenta, por não se engajarem na luta antes da Revolução. Casaus citou o próprio texto de Che Guevara, *El hombre y el socialismo en Cuba*, para fazer sua crítica e esclarecer que apesar da opção desses escritores entre se exilar ou ficar com a Revolução, revelou que a grande maioria ficou na ilha e, apesar dos preconceitos presentes em sua formação, trabalharam em Cuba para "por sua voz ao lado da Revolução"[56]. Seus questionamentos também foram lançados em relação ao grupo de poetas dos anos quarenta, que se reuniram ao redor da revista *Orígenes*, já que haviam caído num "conformismo" em relação à situação política, e viam a literatura sem relacioná-la com a sociedade[57].

As disputas entre os intelectuais de distintos grupos e gerações, presente nesse artigo de Casaus, também atingia os escritores chamados de "populistas", aqueles que se utilizavam de "fórmulas" prontas e de inúmeras palavras "poéticas revolucionárias", para atingir com suas obras a função propagandística e agitadora em prol da Revolução. Para Casaus, as produções desses intelectuais eram estética e politicamente reacionárias, pois negavam às massas a possibilidade de compreensão de uma poesia mais crítica e elaborada. Em sua opinião, o desafio dos jovens poetas reunidos em torno de *El Caimán Barbudo* estaria em não cair nem no "populismo", no pensamento "dogmático-terrorista" de um lado, nem num pensamento "histérico-liberalóide" presente em certos escritores de sua geração, que se reuniram em torno das edições El Puente:

---

55   ORAÁ, Pedro de. "Respuesta a Rodríguez Rivera." *La Gaceta de Cuba*, Havana, n. 59, junho de 1967, p. 11, 15.

56   CASAUS, Víctor. "La más joven poesia: seis comentarios y un prologo". *Unión*, Havana, n. 3, ano 6, julho – setembro de 1967, p. 12.

57   Idem, ibidem, p. 11.

Em termos gerais realizavam uma poesia metafísica, praticando escapismos de segunda mão (ou de terceira: isto era já em 1962), e – assombrosamente – mantiveram a edição (as vezes a autoedição) durante anos. Em seu conjunto os poetas de El Puente eram, no geral, além de erráticos no político, deficientes no literário. Há que separar, por certo, os nomes dos que, como se viu posteriormente, não participaram de nenhuma dos dois ramos do problema: Miguel Barnet, Nancy Morejón e Belkis Cuzá Malé[58].

A responsabilidade dos "jovens poetas cubanos" era se manter fora dessas duas correntes, representadas pelos "dogmáticos" de um lado e pelos "escapistas" de outro, na visão de Casaus. Nesse sentido, o grupo de intelectuais reunidos em torno do suplemento, foi definido por Víctor Casaus como "o núcleo mais importante de sua geração", que aglutinava não só poetas, mas também contistas, romancistas, dramaturgos, músicos, cineastas, artistas plásticos e ensaístas professores de filosofia da Universidade de Havana. Para Casaus, o que distinguia sua geração era "sua situação desde a Revolução", além da possibilidade e da obrigação de intervir nos problemas de sua época. A atitude de compromisso dos intelectuais foi exemplificada com os nomes de Rubén Martínez Villena e de Nicolás Guillén. A citação de Jean-Paul Sartre remetia ao compromisso que os intelectuais deveriam assumir perante os desafios colocados em seu tempo, com "espírito crítico" e baseado nos "princípios revolucionários"[59].

As disputas e tensões entre os distintos grupos e gerações de intelectuais já faziam parte do mundo cultural cubano no período pré-revolucionário. Com

---

58 Idem, ibidem, p. 10.

59 O artigo de Víctor Casaus foi respondido no número seguinte da revista *Unión*, por César López, escritor da geração dos anos cinquenta, que afirmou o comprometimento de sua geração com a Revolução e a denominou de "primeira geração da Revolução triunfante". Já os jovens de *El Caimán Barbudo* foram denominados de "segunda geração da Revolução triunfante" e foram criticados por López por terem uma atitude lamentável de citar Che Guevara para desqualificar a trajetória política da geração precedente, o que para César López significava a utilização da disputa geracional como uma arma, para destruir politicamente os supostos adversários. Ver: LÓPEZ, César. "En torno a la poesía cubana actual." *Unión*, Havana, n.4, ano 6, dezembro de 1967, p. 186-198.

o triunfo da Revolução, estes embates definiram não só os espaços ocupados por diferentes grupos em várias instituições culturais, mas também ajudaram na conformação e definição da "jovem intelectualidade revolucionária", que forjava sua identidade e criava novas produções literárias e artísticas nos anos sessenta. Nesse contexto, os jovens reunidos em torno de *El Caimán Barbudo* participaram ativamente desse debate, não só nas páginas do suplemento, mas também em outras publicações, como *La Gaceta de Cuba* e *Unión*. Os *caimaneros* deixaram bem evidentes suas críticas aos intelectuais das gerações e grupos que os antecederam, além de se afirmarem como representantes dos "jovens escritores e artistas revolucionários", ao participarem ativamente das tarefas exigidas pelo governo após o triunfo da Revolução e não carregarem nenhuma "culpa" ou "pecado original" dos anos cinquenta, já que nesse período eram ainda novos para se engajarem na luta revolucionária.

O PAPEL DO INTELECTUAL EM *EL CAIMÁN BARBUDO*

O compromisso do intelectual revolucionário foi um tema amplamente debatido ao longo dos anos sessenta, não só em Cuba, mas também pela intelectualidade de esquerda em várias partes do mundo[60]. Esse tema foi abordado nas páginas de *El Caimán Barbudo* em diversos textos, que buscavam analisar o papel do intelectual em suas relações com o movimento revolucionário.

---

60 Jean-Paul Sartre visitou Cuba em março de 1960 e debateu com os escritores cubanos, sobretudo os de *Lunes de Revolución*, a função do intelectual. Sartre defendeu o compromisso dos escritores com a Revolução, mas criticou abertamente o realismo socialista. A sua defesa da literatura e arte engajadas já estava presente na sua obra *Que é literatura*, publicada originalmente em 1947, em que o compromisso do intelectual era fundamental, mas sem cair nas normas impostas pelo realismo socialista. Helenice Rodrigues da Silva mostrou em seu trabalho sobre a história intelectual como Jean-Paul Sartre, com sua doutrina do engajamento, foi uma referência importante não só no momento do pós-guerra, mas também continuou extremamente presente nos anos sessenta e setenta, já que ao tomar posição contra as opressões no mundo, Sartre ganhou notoriedade para além das fronteiras européias. Ver: SARTRE (1960); SARTRE (1989); SILVA (2002).

Logo no primeiro número de *El Caimán Barbudo*, reflexões de Ricardo Jorge Machado, Fernando Martínez e Guillermo Rodríguez Rivera se debruçaram sobre exemplos de intelectuais da história de Cuba que seriam o modelo para a juventude revolucionária cubana. Ricardo Jorge Machado analisou a "Revolução frustrada" dos anos trinta em Cuba, que levou a derrubada do ditador Machado e mostrou a importância dos intelectuais desse período, cujos principais nomes eram Julio Antonio Mella, Rubén Martinez Villena, Pablo de la Torriente Brau e Antonio Guiteras[61].

A reivindicação de uma herança histórico-revolucionária, que traria uma consciência maior para participar da elaboração da nova sociedade em Cuba, era um ponto imprescindível para a nova geração, na visão de Jorge Machado. Nesse contexto, uma das figuras que deveria ser lembrada, para Machado, era Pablo de la Torriente Brau[62]. A trajetória de Pablo de la Torriente Brau e sua morte lutando pelos republicanos espanhóis, contra as "forças do imperialismo", faziam desse intelectual um exemplo de internacionalismo que o suplemento *El Caimán Barbudo* gostaria que fosse seguido pela juventude cubana, como ficou evidente no artigo de Jorge Machado:

---

61 MACHADO, Ricardo Jorge. "¿Por qué Pablo?". *El Caimán Barbudo*, Havana, n. 1, 1966, p. 9. Antonio Guiteras foi o fundador da organização antiimperialista *Joven Cuba* e participou como secretário de governo na presidência de Ramón Grau San Martín, que ocupou brevemente o governo cubano após a queda da ditadura de Machado, em julho de 1933. Entretanto, em janeiro de 1934, um golpe militar encabeçado pelo chefe do exército, coronel Fulgêncio Batista, instalou no poder o coronel Mendietta. A organização *Joven Cuba* passou a defender uma insurreição para a derrubada de Mendietta. Em fevereiro de 1935, uma greve na Universidade de Havana assumiu rapidamente um caráter político contra a ditadura e desencadeou uma repressão brutal, em que os sindicatos e partidos políticos foram postos na clandestinidade. Guiteras foi assassinado em 8 de maio de 1935, em Matanzas. Ver: ALONSO JÚNIOR (1998, p. 40-42).

62 Pablo de la Torriente Brau foi um cronista de sua geração, de seu país e da onda revolucionária de seu tempo. Participou também da guerra civil espanhola, onde escreveu *Peleando con los milicianos*. Pablo viveu um ano e meio como exilado político em Nova York, e decidiu ir à Espanha em 1936, quando juntou-se à luta dos republicanos. Como jornalista revolucionário, Pablo de la Torriente Brau faleceu em 19 de dezembro de 1936 e sua tumba encontra-se em Barcelona.

Porque Pablo? Porque hoje nosso país tem uma ressonância internacional como nunca teve em toda sua história; ressonância que faz que a comunicação espiritual com outros povos seja mais necessária e nos obriga a ver cada vez mais claramente que a luta deles também é nossa, coisa que ele já soube em seu tempo. Porque a responsabilidade que temos sobre nossos ombros, de fazer que o mundo do socialismo seja mais grandioso e mais humano, não é tarefa fácil, senão duradoura e perigosa. Por tudo isto, aqui, no primeiro número desta publicação revolucionária, está Pablo[63].

Outro nome significativo como exemplo de intelectual que praticou uma unidade entre pensamento e ação revolucionária foi a figura de Julio Antonio Mella, cujo maior mérito foi o de ser revolucionário dirigente do Partido Comunista Cubano, segundo destaque do artigo de Fernando Martínez no suplemento. Nesse ensaio, o professor de filosofia da Universidade de Havana revelou como Mella aproximou-se do marxismo e do estudo da teoria, à medida que desenvolvia sua atividade revolucionária. A solidariedade internacional defendida por Julio Antonio Mella foi destacada por Fernando Martínez, já que para Mella o internacionalismo significava a liberação nacional da dominação estrangeira imperialista, em conjunto com a solidariedade e união dos povos oprimidos de distintas nações[64]. A atividade revolucionária de Julio Antonio Mella levou-o a lutar não só por Cuba, mas também pela Liga Antiimperialista, em colaboração com os comunistas mexicanos. Por ser um grande dirigente cubano e americano de seu tempo, Julio Antonio Mella, juntamente com Camilo Cienfuegos[65], estavam no emblema da União de Jovens Comunistas.

63 MACHADO, Ricardo Jorge. "¿Por qué Pablo?". *El Caimán Barbudo*, Havana, n. 1, 1966, p. 9.

64 MARTÍNEZ HEREDIA, Fernando. "¿Por qué Julio Antonio?". *El Caimán Barbudo*, Havana, n. 1, 1966, p. 8.

65 Camilo Cienfuegos integrou-se ao Movimento 26 de Julho e destacou-se como um dos principais comandantes durante a guerrilha na Sierra Maestra. Em novembro de 1959, o avião em que Camilo Cienfuegos viajava de Camaguey a Havana desapareceu e seu corpo nunca foi encontrado. O acidente nunca foi esclarecido. Camilo havia acabado de prender o comandante Huber Matos, que renunciou ao seu cargo de governador militar na província de Camaguey e denunciou uma conspiração comunista que con-

Como herança de Julio Antonio Mella, o artigo de Fernando Martínez reivindicou a necessidade de seguir com uma elaboração teórica, para responder a complexidade da época que viviam, em que a luta dos povos contra o imperialismo pela libertação nacional e o socialismo dava-se em escala mundial, nas nações do "Terceiro Mundo". A defesa do trabalho teórico como um fator importante na Revolução e na construção da nova sociedade era uma maneira de completar para a posteridade o trabalho iniciado por Julio Antonio Mella, do ponto de vista de Fernando Martínez. O artigo terminou com um chamado ao poder revolucionário e ao PCC para tornarem viável a proposta de elaboração e reflexão da teoria marxista[66].

A trajetória de Rubén Martínez Villena esteve presente no artigo de Guillermo Rodríguez Rivera, que também inaugurou o primeiro número do suplemento. Sua importância na história política e literária foi reivindicada por Rodríguez Rivera. A obra poética de Martínez Villena situava-se dentro do pós-modernismo hispano-americano, ou seja, era uma reação ao modernismo iniciado por Rubén Darío e propunha uma poesia "simples", com "ironia", "humor" e "economia de meios". A aproximação do pós-modernismo hispano-americano com os jovens poetas cubanos "*caimaneros*" era evidente para Guillermo Rodríguez Rivera, não só pelo estilo de poesia mais coloquial, mas também pelo prestígio que tinha naquele momento em Cuba o poeta José Z. Tallet[67], que havia sido companheiro de Rubén Martínez Villena[68].

---

trolaria o governo. Entretanto, Matos foi acusado de traição e condenado a 20 anos de prisão. Para Carlos Franqui, a renúncia de Matos foi transformada injustamente em um complô e o último discurso de Camilo Cienfuegos foi um pronunciamento na televisão, que acusava Matos de traição. Ver: FRANQUI (1981, p. 66-70).

66 MARTÍNEZ HEREDIA, Fernando. "¿Por qué Julio Antonio?". *El Caimán Barbudo*, Havana, n. 1, 1966, p. 8.

67 Além da menção de José Z. Tallet no artigo *Acto de presencia* já citado no primeiro capítulo, *El Caimán Barbudo* também publicou *Hablando con José Z.*, uma conversação de Helio Orovio com o poeta Tallet, que relatou sua amizade com Rubén Martínez Villena e sua opção pelo socialismo. Ver: OROVIO, Helio. "Hablando con José Z". *El Caimán Barbudo*, Havana, n. 11, fevereiro de 1967, p. 18.

68 RODRÍGUEZ RIVERA, Guillermo. "¿Por qué Rubén?". *El Caimán Barbudo*, Havana, n. 1, 1966, p. 10.

A importância da figura de Rubén Martínez Villena também foi valorizada por sua opção política, já que o intelectual participara do grupo minorista[69] e posteriormente se tornou militante do Partido Comunista de Cuba. Entretanto, seu abandono da poesia foi explicado por Rodríguez Rivera, já que Martínez Villena decidiu lutar a favor da "justiça social", como deixou registrado em uma carta em 1925. Rubén Martínez Villena não escreveu mais poesia e dedicou-se exclusivamente à ação revolucionária. Apesar disso, Guillermo Rodríguez Rivera reiterou que não via uma incompatibilidade entre ambas as tarefas e concluiu seu artigo insistindo não apenas na contemporaneidade de Rubén, mas também no seu significado político e cultural, já que considerava a luta revolucionária autêntica práxis cultural[70].

Esses artigos mostraram que, já no primeiro número, os editores de *El Caimán Barbudo* tinham um perfil de "intelectual revolucionário", faziam um chamado à reflexão crítica e excluíam posições teóricas "dogmáticas" do suplemento, pois defendiam o exercício da crítica intelectual como inerente ao debate das idéias. Além disso, esses artigos estabeleciam uma filiação dos escritores de *El Caimán Barbudo* em relação à geração dos anos vinte e trinta, em que se destacaram a obra e a trajetória política de intelectuais como Rubén Martínez Villena, Julio Antonio Mella e Pablo de la Torriente Brau. Essas referências auxiliavam na valorização de um tipo de intelectual engajado e comprometido com a luta revolucionária, que fazia parte do

---

69   O grupo minorista reunia jovens escritores e estudantes universitários, que desde 1923 buscavam promover um "movimento de depuração e de renovação tanto político-social como literário e artístico". O grupo publicou em 1927 a "Declaração do grupo minorista", em que propunha transformações na universidade e no ensino público, como a autonomia universitária, além de propostas estéticas favoráveis à nova arte em suas diversas manifestações, mas também assumia posições políticas contra as ditaduras nas Américas, denunciava o imperialismo dos Estados Unidos, e pregava a independência econômica de Cuba. Ver: VERANI (1990, p. 21, 125-127); MIRANDA (1971, p. 20). Rubén Martínez Villena, Jorge Mañach, Alejo Carpentier, Juan Marinello e José Z. Tallet fizeram parte do grupo minorista, sendo que muitos acabaram por se reunir na *Revista de avance* (1927-1930).

70   RODRÍGUEZ RIVERA, Guillermo. "¿Por qué Rubén?". *El Caimán Barbudo*, Havana, n. 1, 1966, p. 10.

projeto editorial de *El Caimán Barbudo*: incentivar os jovens escritores a participarem ativamente na construção do socialismo em Cuba, com um espírito crítico e sem cair em posições fechadas e "dogmáticas".

O artigo *Historia de una actitud*, de Salvador Arias, Eduardo Lopez e Ricardo J. Machado, abordou a questão e tentou definir o papel do intelectual revolucionário. Para os autores, a tarefa do intelectual revolucionário seria auxiliar a transformação da realidade em aliança com a classe mais avançada, o operariado:

> O que se pretende é que nossos intelectuais sejam revolucionários não pelo fato de ter um ofício, senão pelo que lhe é mais, por possuir uma conduta definida ante a história; a de querer seu avanço a formas melhores: isto é, onde se elimine a exploração do homem pelo homem[71].

Rememorou-se o exemplo de José Martí, grande intelectual do século XIX, de Félix Varela[72], de Enrique José Varona[73], e de tantos outros intelectuais que lutaram pela independência de Cuba. Entretanto, a figura de José Martí foi destacada como o modelo de intelectual revolucionário para os

---

71 ARIAS, Salvador; LOPEZ, Eduardo; MACHADO, Ricardo J. "Historia de una actitud." *El Caimán Barbudo*, Havana, n. 3, junho de 1966, p. 14.

72 O padre Félix Varela foi durante o século XIX um importante defensor da independência de Cuba e da abolição dos escravos. Viajou para Espanha em 1811, onde defendeu reformas no método de ensino escolástico e foi perseguido por criticar o absolutismo. Exilou-se nos Estados Unidos em 1823, onde realizou uma intensa atividade política pela independência de Cuba, escrevendo para diversas publicações. Em Nova York, fundou escolas para crianças pobres e deu atendimento aos imigrantes irlandeses. Ver: SANTÍ (2002, p. 34-37).

73 O intelectual cubano Enrique José Varona nasceu em 1849 e participou da luta pela independência de Cuba. Com a morte de José Martí, tornou-se o redator do jornal *Patria* e escreveu dois importantes documentos em que definia os objetivos do movimento pela independência: *Cuba contra España* e *Manifiesto a las Repúblicas de América*. Outras obras de destaque foram *El fracaso colonial de España en América* e *El imperialismo a la luz de la sociología*, criticando não só a dominação espanhola em Cuba, mas também a dos Estados Unidos. Ver: RODRÍGUEZ (1987, p. 121-149).

editores da publicação. Nesse ensaio, a defesa do intelectual comprometido e engajado nas lutas foi viabilizada por meio dos exemplos da trajetória desses importantes intelectuais cubanos.

El Caimán Barbudo abriu espaço para que os intelectuais cubanos mais experientes partilhassem seus conhecimentos com os jovens. Ao entrevistar José Lezama Lima, Roberto Fernández Retamar, Rine Leal e José Antonio Portuondo, o suplemento buscava não só responder às inquietações dos escritores novatos, tanto em relação à poesia, como à crítica teatral e à crítica literária, mas também buscava debater o papel do intelectual na Revolução. Essas entrevistas significaram uma incorporação seletiva na publicação de intelectuais das gerações que os antecederam e serviram também para marcar quais os intelectuais das gerações anteriores à Revolução deveriam ser lembrados e quais seriam silenciados no suplemento.

Nessa entrevista, o escritor Roberto Fernández Retamar, diretor da revista *Casa de las Américas*, enfocou a sua experiência de vida como poeta, marcada não só por sua "dramática intuição da vida e da morte", mas também pela prática de seu ofício. Fernández Retamar valorizou a conquista recente da poesia cubana, ao utilizar-se do tom "conversacional" e de termos do cotidiano, com a qual sua obra também havia contribuído. Para Fernández Retamar, a poesia era "criação", era "resultado de uma batalha por achar uma linguagem pessoal para transmitir uma experiência pessoal", que no entanto fazia parte da cultura mais ampla de todos os homens[74].

Já o ensaísta e professor José Antonio Portuondo enfatizou na entrevista sua experiência como professor e crítico literário. Pretendeu discutir e analisar a produção literária, com o objetivo de descobrir sua "essência, sua razão de ser e seu modo peculiar de expressar a realidade". Portuondo também ressaltou a urgência de os jovens manterem constantemente o exercício dialético e a luta dos contrários, que seria a "expressão fiel da realidade mais profunda". Para Portuondo, seu exercício profissional deveria ser realizado sem cair em posições extremistas:

> Companheiro de seus alunos-leitores com quem, em fraterna emulação, dialoga, discute, polemiza, em busca da verdade sem

---

74 FERNÁNDEZ RETAMAR, Roberto. "Palabras para los jóvenes." *El Caimán Barbudo*, Havana, n. 2, 1966, p. 6.

preconceito de atacar com paixão e com ferocidade, quando seja necessário, ao inimigo aberto ou emboscado, ao contra-revolucionário e ao reformista disfarçado – como advertiu Lenin – de antidogmático[75].

Outro importante poeta foi chamado para transmitir sua experiência aos jovens leitores do suplemento: José Lezama Lima, que havia dirigido nos anos quarenta e cinquenta a revista *Orígenes*. Com o triunfo da Revolução, Lezama Lima foi subdiretor de literatura e publicações da Dirección General de Cultura, onde organizou coleções de livros clássicos cubanos e espanhóis, sob a direção de Alejo Carpentier. Posteriormente, foi transferido para a Biblioteca da Sociedade Econômica de Amigos do País. Em 1965, Lezama Lima tornou-se pesquisador do Instituto de Literatura e Linguística. Sua visão da poesia foi revelada nesse artigo: "Já hoje temos uma nova perspectiva para a valorização da poesia. Um poema rende suas essências tanto por sua beleza, como por seus valores significantes"[76].

José Lezama Lima destacou a importância dos poetas cubanos do século XIX no panorama da literatura universal. Obras de Heredia, Gertrudiz Gómez de Avellaneda, Luisa Pérez de Zambrana, Juan Clemente Zenea, Julián de Casal, Juana Borrero e de José Martí superariam as de qualquer outro grupo de poetas dos países de língua castelhana na época. José Martí foi lembrado não apenas como escritor, mas como importante lutador contra o colonialismo espanhol, que mostrava "como se deve viver e morrer um cubano"[77].

Ao mesmo tempo que valorizava os escritores cubanos do século XIX, Lezama Lima inseria a literatura cubana "no panorama da literatura mundial" e defendia a participação dos escritores nos embates de sua época, ao retomar a figura de José Martí, grande idealizador da independência de Cuba. Após essa entrevista, Lezama Lima não voltou a publicar nas páginas do suplemento, assim como os outros escritores de *Orígenes*

---

75 PORTUONDO, José Antonio. "Palabras para los jóvenes". *El Caimán Barbudo*, Havana, n. 2, 1966, p. 6.

76 LEZAMA LIMA, José. "Palabras para los jóvenes". *El Caimán Barbudo*, Havana, n. 2, 1966, p. 7.

77 Idem, ibidem.

Os intelectuais cubanos e a política cultural da Revolução   129

também estiveram ausentes da publicação. Além da postura politicamente pouco engajada do grupo de *Orígenes*, uma outra explicação poderia estar na repercussão da obra *Paradiso*, publicada em 1966 por Lezama Lima, cujo conteúdo foi bastante polêmico[78].

O último intelectual entrevistado no segundo número de *El Caimán Barbudo* a transmitir sua experiência aos jovens foi o crítico teatral Rine Leal. Sua definição do trabalho de crítico era de uma atividade criadora, já que o crítico nada mais seria do que "um espectador especializado, dotado de elementos para a análise". Rine Leal defendeu que seu objetivo ao fazer crítica teatral era buscar uma comunicação com os espectadores, seja por meio de uma crítica no jornal, em que escrevia "uma espécie de crônica" que servia para "informar e qualificar" o público, ou ainda em último caso, nas críticas publicadas em livros, nos quais o trabalho do crítico era mais "profundo", "livre" e "duradouro"[79]. Apesar das dificuldades apontadas, Rine Leal fez um chamado aos jovens para que seguissem o desafio e a tarefa de ser crítico teatral.

A definição do papel do poeta na Revolução foi tema da entrevista realizada com Fayad Jamis por Belkis Cuza Malé. O poeta e pintor Jamis havia dirigido o suplemento cultural *Hoy Domingo*, que fez parte do jornal do PSP e revelou sua opinião sobre o papel do intelectual na revolução: os escritores e artistas deveriam cumprir plenamente todos os deveres cívicos dentro da comunidade revolucionária e contribuir por meio de suas produções na construção da nova sociedade. O poeta, mais especificamente, deveria criar novas relações com o leitor, construir uma "linguagem e uma obra à altura das audácias de seu povo e de sua vanguarda revolucionária", sem perder de vista as conquistas artísticas, científicas e sociais de seu tempo[80].

Os editores não só propunham no suplemento a participação e compromisso dos intelectuais nas tarefas da Revolução, como também

78   *Paradiso* foi muito criticada por incluir cenas homossexuais no capítulo oito. Após seu lançamento, o livro foi rapidamente retirado de circulação e segundo Alan West somente após a intervenção de Fidel Castro o livro voltou a ser distribuído nas livrarias. Ver: WEST (1997, p. 108).

79   LEAL, Rine. "Palabras para los jóvenes". *El Caimán Barbudo*, Havana, n.2, 1966, p. 7.

80   JAMIS, Fayad apud CUZA MALÉ, Belkis. "El moro de La Habana". *El Caimán Barbudo*, Havana, n. 14, maio de 1967, p. 20.

realizavam na prática essas ações, em que deixavam explícito seu engajamento. Professores e estudantes da Escola de Letras e Artes da Universidade de Havana realizaram por 18 dias uma viagem ao interior de Cuba, entre 14 de março a 1 de abril de 1967, com o objetivo de pesquisar sociológica e linguisticamente as diferentes regiões e desenvolver diversas atividades culturais. *El Caimán Barbudo* publicou o diário de vários estudantes e colaboradores da redação da publicação, que viajaram a Viñales, Cienaga de Zapata e Rio Cauto.

Diario del oeste era o nome do relato de viagem de Luis Rogelio Nogueras à região de Pinar del Rio, em que descreveu sua visita a granjas e cooperativas agrícolas de Viñales. Além das entrevistas realizadas, o grupo de estudantes que Luis Rogelio Nogueras acompanhava apresentou para os camponeses de uma granja *El viejo celoso* de Cervantes. A crônica de Nogueras deixou transparecer o otimismo do escritor com a experiência no campo, ao descrever a reação dos cerca de cem camponeses, que "assimilaram" o entremez de Cervantes e receberam o grupo da Universidade de Havana com entusiasmo. Nogueras reafirmou nesse diário o compromisso dos jovens escritores: "Constituem sobretudo, o testemunho de uma atitude. A atitude de uma geração que se forma, que quer formar-se abordando os problemas reais da pátria"[81].

A narrativa de viagem de Eduardo López Morales à Cienaga de Zapata e Cayo Largo mostrou as atividades de pesquisas sociais e línguistica desenvolvida pelo grupo de estudante de letras junto aos membros de cooperativas pesqueiras daquela zona, além de relatar palestras e uma peça que o grupo teria apresentado aos trabalhadores e membros do exército da região[82]. Já o relato sobre a visita a Rio Cauto, de Guillermo Rodríguez Rivera, destacou-se por problematizar as dificuldades do trabalho cultural, em uma área em que as tarefas da safra de cana-de-açúcar eram as prioritárias. O grupo composto de estudantes e professores da Escola de Letras e Artes da Universidade de Havana encenou a peça *Las cartas sobre la mesa* do estudante Nicolás Dorr. Criada para esse trabalho, a obra tratava da relação de um administrador de uma fábrica, oportunista e burocrata, em conflito com uma

---

81 NOGUERAS, Luis Rogelio. "Diario del Oeste. La escuela al campo". *El Caimán Barbudo*, Havana, n. 14, maio de 1967, p. 6.

82 LÓPEZ MORALES, Eduardo E. "De cocodrillo a maniadero, passando por Cayo Largo". *El Caimán Barbudo*, Havana, n. 14, maio de 1967, p. 8.

trabalhadora. Sob a direção de Pío Serrano, a assembléia que finalizava a peça foi realizada entre o público, o que punha em prática a concepção de teatro de Brecht de ampla participação do público. As conclusões de Guillermo Rodríguez Rivera sobre a experiência em Bayamo deixavam transparecer uma reflexão mais crítica da relação entre o intelectual e o povo:

> Sentíamos que os métodos a serem utilizados no campo tinham que ser outros, que possivelmente ainda estavam por se encontrar e se desenvolver, mas que deviam ser outros. En Rio Cauto tratamos de ensinar, mas sobretudo aprendemos. Aprendemos ao vivo que há zonas enormes do país que requerem um trabalho forte e original. Um trabalho alheio a esquemas de funcionamento ou a evoluções mais ou menos burocráticas; um trabalho cultural criador que garantia o desenvolvimento cultural e ideológico de setores enormes de nosso povo[83].

A postura do estudante e do intelectual engajado com o processo revolucionário, mas também aberto a inovações e com espírito crítico em relação à normas burocráticas, sobressaiu-se no relato de Rodríguez Rivera, e trazia à tona um perfil que não era só do chefe de redação, mas também dos demais editores do suplemento: a participação e compromisso do intelectual com a Revolução, sem cair em posições "dogmáticas".

A definição do papel do intelectual assumiu grande importância nos anos sessenta não só em Cuba, e isso ficou claro nas páginas do suplemento. *El Caimán Barbudo* denunciou o surgimento de uma nova estratégia de penetração cultural do governo dos Estados Unidos, em relação à América Latina: uma campanha de cooptação dos intelectuais por meio de novas revistas, bolsas, prêmios e edições luxuosas de traduções estadunidenses de escritores ibero-americanos. Em artigo no suplemento, Orlando Alomá criticou a política de persuasão levada a cabo pela Aliança pelo Progresso, criada por John Kennedy, e defendida em discurso do senador Robert Kennedy. Do ponto de vista cultural, essa política estadunidense buscava

---

83 RODRÍGUEZ RIVERA, Guillermo. "Un lugar llamado Río Cauto". *El Caimán Barbudo*, Havana, n. 14, maio de 1967, p. 10.

aproximação com os intelectuais hispano-americanos por meio da criação de revistas como *Cuadernos*, patrocinada pelo Congresso pela Liberdade da Cultura (constituído à luz do anticomunismo da Guerra Fria) e das revistas *Mundo Nuevo* e *Aportes* (focada em assuntos sociais), órgãos do Instituto Latino-americano de Relações Internacionais (ILARI), conforme relatou Alomá.

O Congresso pela Liberdade da Cultura (CLC), que se reuniu pela primeira vez em Berlim Ocidental, em 1950, tinha entre suas bandeiras não só o anticomunismo, mas também a liberdade de expressão. Com uma plataforma ideológica oposta à política soviética, o Congresso reuniu intelectuais liberais, anticomunistas, socialdemocratas e a nova esquerda. A revista *Cuadernos* que circulou entre 1953 e 1965 foi impulsionada pelo CLC com o objetivo de atingir a América Latina e foi substituída em 1966, pela revista *Mundo Nuevo*, publicação do Instituto Latino-americano de Relações Internacionais (ILARI). A pesquisa de Idalia Morejón sobre a revista *Mundo Nuevo* mostrou como o Congresso pela Liberdade da Cultura e o ILARI tiveram financiamento indireto da CIA, por meio da Fundação Farfield e da participação de Michael Josselson. Este último era um agente da CIA, que esteve presente tanto na criação do Congresso, como na fundação do ILARI. Desde os anos sessenta, uma série de jornais e revistas explicitou os vínculos desses órgãos com a CIA, entre eles *The New York Times* que, em abril de 1966, denunciou o financiamento da CIA ao Congresso pela Liberdade da Cultura (MOREJÓN, 2004, p. 17-19).

A crítica a essas revistas em *El Caimán Barbudo* foi bastante contundente:

> É necessário que estes escritores saibam em que contextos estão sendo publicados seus trabalhos, a que fim mediato e imediato servem estas revistas, a indivíduos de que suspeitosa ou conhecida ideologia estão servindo de companhia editorial, e ademais, em que medida vão poder sustentar suas posições ideológicas dentro dessas publicações, mesmo nas supostas "abertas", "de diálogo", como *Mundo Nuevo*[84].

---

84 ALOMÁ, Orlando. "El nuevo Nuevo Trato." *El Caimán Barbudo*, Havana, n. 10, janeiro 1967, p. 3.

A revista literária *Mundo Nuevo* foi muito criticada nesse artigo, por publicar textos de "anticomunistas" contrários à Revolução Cubana. Alomá informou também sobre a polêmica travada por meio de cartas cruzadas, entre o diretor da revista *Casa de las Américas*, Roberto Fernández Retamar, e o diretor de *Mundo Nuevo*, Emir Rodríguez Monegal[85].

Orlando Alomá defendeu uma postura antiimperialista por parte dos intelectuais do continente. Denunciou também a política imperialista dos Estados Unidos em relação à America Latina e ao restante dos países chamados de Terceiro Mundo, dando o exemplo do Vietnã, do apoio aos governos impostos no Brasil, Argentina e Gana, na intervenção militar em Santo Domingo e no auxílio aos grupos antiguerrilhas em várias partes do mundo[86]. O chamado para que os intelectuais latino-americanos assumissem explicitamente seu compromisso com a luta antiimperialista foi seguido pelo alerta para não perder de vista as ações do inimigo, representado pelos Estados Unidos, conforme defendeu Orlando Alomá.

Outros textos no suplemento também polemizaram com a revista *Mundo Nuevo*. Na entrevista com o diretor de teatro peruano, Bernardo Cortés, realizada em 1967 em Havana, o entrevistador Félix Contreras indagou sobre a campanha de penetração imperialista na vida cultural do Peru. Cortés relatou diversas formas de atuação de organismos estadunidenses em seu país que, segundo seu depoimento, agiam em colaboração com a CIA. Alguns artistas e intelectuais que haviam colaborado com a Galería Cultura y Libertad, no Peru, também participaram primeiro da revista *Cuadernos* e posteriormente da revista *Mundo Nuevo*. Entretanto, Bernardo Cortés denunciou que a participação nos eventos dessa galeria era um equívoco, uma vez que a instituição recebia ajuda econômica do Congresso pela Liberdade da Cultura (CLC) e do ILARI, que em sua opinião eram "organismos da CIA"[87].

---

85 Para uma análise extensa e rigorosa sobre a polêmica entre *Mundo Nuevo* e *Casa de las Américas*, ver: MOREJÓN (2004). Como já mostrado no início deste capítulo, José Mario publicou nessa época na revista *Mundo Nuevo* seus artigos denunciando as UMAPs e as perseguições e prisões que sofreu após o fechamento de El Puente.

86 ALOMÁ, Orlando. "El nuevo Nuevo Trato". *El Caimán Barbudo*, Havana, n. 10, janeiro 1967, p. 4.

87 CORTÉS, Bernardo apud CONTRERAS, Felix. "El otro cortés" (entrevista com Bernardo Cortés). *El Caimán Barbudo*, Havana, n. 10, janeiro de 1967, p. 5.

Em outra entrevista publicada em *El Caimán Barbudo*, com o diretor da Casa del Teatro de la Habana, Juan Larco, também se questionou o papel da revista *Mundo Nuevo* como instrumento dos Estados Unidos para isolar culturalmente Cuba. Larco defendeu a idéia da unidade cultural da América Latina, que a partir de eventos promovidos por Cuba dentro de um projeto cultural continental (como, o VI Festival de Teatro Latino-americano de Casa de las Américas), os países do continente se fortaleceriam para enfrentar a dominação estadunidense:

> Poderia dizer simplesmente, que sem Cuba, sem a Revolução cubana, não haveria festival algum, nada que englobasse o mundo latino-americano. Capital política revolucionária da América Latina, Cuba torna-se cada dia mais a capital cultural de nossos povos (...) pela primeira vez desde a epopéia bolivariana, Latinoamérica recupera na prática a consciência de ser uma unidade histórico-social e cultural. (...) E há uma ressonância que engloba Cuba, porque o Festival, a sua maneira, é uma resposta às manobras de isolamento cultural contra Cuba em que estão empenhados os Estados Unidos, e seus corifeus do chamado Congresso pela Liberdade da Cultura, *Nuevo Mundo*, Monegal e companhia[88].

Novamente a cooptação dos intelectuais pelo imperialismo e as publicações financiadas pela CIA foram mencionadas em entrevista com o poeta salvadorenho Roque Dalton, realizada por Víctor Casaus para o suplemento. Dalton fez em sua entrevista uma crítica à ofensiva cultural de cooptação dos intelectuais, por parte do imperialismo, que conta com muitos recursos, mas declarou acreditar no interesse de muitos intelectuais, contrários a esta ofensiva estadunidense, que em sua opinião, estava fadada ao fracasso[89].

---

88 LARCO, Juan apud CASAUS, Victor; CONTE, Antonio. "VI Festival de Teatro Latino-americano, Casa de las Américas 1966". *El Caimán Barbudo*, Havana, n. 9, 1 de dezembro de 1966, p. 8.

89 DALTON, Roque apud CASAUS, Victor. "Creo que hay cosas que yo debo contar" (entrevista com Roque Dalton). *El Caimán Barbudo*, Havana, n. 8, 1966, p. 12.

As críticas presentes em *El Caimán Barbudo* à revista *Mundo Nuevo* representavam o embate entre dois modelos de intelectuais muito presentes no contexto da Guerra Fria: o modelo liberal representado pela revista *Mundo Nuevo*, com uma concepção liberal de cultura, de manifestações produzidas individualmente; por outro lado, o modelo sartreano do intelectual, cuja visão de cultura se relacionava com o engajamento social e a preocupação em ser um agente transformador da sociedade. O modelo do intelectual engajado e seu compromisso em relação à Revolução foram vastamente defendidos nas publicações cubanas nos anos sessenta, que por outro lado, também combatiam abertamente a idéia de intelectual liberal difundida nos Estados Unidos e demais países ocidentais.

Nessa polêmica, *El Caimán Barbudo* assumiu de maneira declarada a defesa do intelectual engajado, representado por Jean-Paul Sartre e também presente nas diretrizes da política cultural cubana. Muitos artigos do suplemento defenderam uma participação ativa dos intelectuais nas principais tarefas da Revolução, que deveriam contribuir não apenas por meio de sua produção cultural, mas com as ações práticas necessárias na construção da sociedade socialista em Cuba. Os editores da publicação incentivaram o modelo de intelectual engajado nas transformações que aconteciam na sociedade cubana e retomaram alguns exemplos importantes na história de Cuba, de intelectuais que lutaram a favor de mudanças, seja na guerra de independência perante a Espanha ou nas lutas dos anos trinta pela derrubada da ditadura de Machado. O compromisso do intelectual também deveria se manifestar, para o suplemento, na solidariedade com as lutas que ocorriam na América Latina e no Terceiro Mundo, a favor da libertação desses países do domínio colonial ou imperialista, nos quais se encontravam submetidos. O apoio dos escritores e artistas cubanos às guerrilhas e à luta do povo vietnamita, entre outros combates, será um dos temas do próximo capítulo.

3
Política e História em
El Caimán Barbudo

A HISTÓRIA CUBANA E A DEFESA DA REVOLUÇÃO

O perfil político de *El Caimán Barbudo* manifestou-se nos editoriais e ensaios sobre os principais acontecimentos da Revolução e da história cubana. Os mais importantes eventos políticos foram abordados nas páginas dessa publicação cultural, o que expressava uma tomada de posição dos editores perante os desafios que se contrapunham ao processo revolucionário em Cuba, além de mostrar também as principais lutas do cenário mundial.

A história da Revolução Cubana esteve marcada por conflitos com o governo dos Estados Unidos. Desde 1959, o governo estadunidense promovia uma política agressiva de sanções econômicas aos produtos da ilha, até chegar ao embargo comercial que o governo dos Estados Unidos decretou em 1962 contra Cuba. Do ponto de vista diplomático e militar, o governo estadunidense passou da ruptura de relações diplomáticas[1] ao financiamento de um grupo de exilados cubanos com o objetivo de derrubar o governo revolucionário. *El Caimán Barbudo* rememorou em 1966 a invasão da praia Girón, em abril de 1961, pelos exilados cubanos, apoiados pelo governo dos Estados Unidos, que fracassaram ao tentar derrubar o governo revolucionário. Já na capa desse número extra, o suplemento trazia o lema *Remember Girón*[2]. A invasão em Girón foi decisiva na história cubana, pois nesse momento Fidel Castro declarou publicamente o caráter socialista da Revolução, em 16 de janeiro de 1961, um dia após os bombardeios aos aeroportos de Havana, Santiago

---

1   O governo dos EUA rompeu relações diplomáticas com Cuba em 3 de janeiro de 1961.

2   A invasão foi frustrada em 19 de abril de 1961, quando Fidel Castro declarou em *playa* Girón a primeira derrota do imperialismo na América Latina, o que por sua vez consolidou o triunfo da Revolução em Cuba. O fracasso da operação relacionou-se com a percepção equivocada do governo estadunidense e da CIA de importantes fatores políticos da ilha, como o grande apoio da população à Revolução. Ana Julia Faya e Pedro Pablo Rodríguez relataram como a operação teve o preparo da CIA, que treinou e equipou os exilados cubanos, com o aval dos presidentes Eisenhower e Kennedy. Ver: FAYA; RODRÍGUEZ (1996).

de Cuba, Cienfuegos e San Antonio de los Baños, que precederam a invasão[3]. Esse número extra e seu editorial[4] foram elaborados após a decretação de estado de alerta no país, em 1966, motivado pelo assassinato de membro da Brigada de Fronteira em Guantánamo por militares estadunidenses, da base militar que os Estados Unidos mantêm na região oriental de Cuba, desde o início do século XX. Os editores posicionaram-se claramente por participar do combate perante os Estados Unidos e contaram nesse número extra com ensaios, poesias[5] e desenhos relacionados com os enfrentamentos e o estado de alerta, criados por intelectuais e jovens milicianos. No editorial, declararam explicitamente sua disposição de participar, com as palavras e com armas, se fosse preciso, das futuras batalhas:

> Nesse enfrentamento não há opção: tudo está em jogo: o direito ao pão e ao trabalho, ao amor e à beleza. Não há opção, repetimos, não há tampouco direito à duvida e não duvidamos, El Caimán está em guerra. (...) Dispostos a marchar ao combate com um fusil e um soriso e uma canção e um poema[6]

El Caimán Barbudo também se posicionou em editorial sobre as comemorações do dia 26 de julho em 1966, data que remetia ao histórico ataque ao quartel Moncada, em 1953, em Santiago de Cuba, com o qual

---

3   Na interpretação de Luiz Alberto Moniz Bandeira, Fidel Castro ao declarar o caráter socialista da Revolução, queria garantir o apoio da União Soviética, no caso de uma invasão de Cuba pelos Estados Unidos. A invasão realmente ocorreu, mas Cuba não contou com a ajuda soviética. Ver: BANDEIRA (1998).

4   "Editorial: Del Caimán". *El Caimán Barbudo*, Havana, n. 3, extra, junho de 1966, p. 2.

5   O número três extra de *El Caimán Barbudo* publicou poesias de Nicolás Guillén, Luis Marré, Heberto Padilla, José Alvarez Baragaño, Roberto Branly e Roberto Fernández Retamar, Ivan Gerado Campinioni, Elsa Claro, Felix Contreras, Guillermo Rodríguez Rivera, David Fernández, Froilán Escobar, Luis Rogelio Nogueras, entre outros. Ver: *El Caimán Barbudo*, n. 3, extra, junho de 1966, p. 4-7, 13.

6   "La hora de los hombres". *El Caimán Barbudo*, n. 3, extra, junho de 1966, p. 3.

o Movimento 26 de Julho iniciou sua luta contra a ditadura de Fulgêncio Batista. A edição estava voltada para publicar textos da juventude de Santiago, e o editorial reconheceu as dificuldades de realizar atividades culturais no Oriente por causa da excessiva centralização que existia em torno de Havana: "... a centralização, criticada tantas vezes por Fidel, afeta a cidade, sobretudo nos problemas culturais. Isto preocupa aos santiagueros, deveria preocupar-nos a todos"[7]. Os editores de *El Caimán Barbudo* buscavam ajudar a descentralização e agradeceram no editorial as colaborações da direção do Icaic e da revista *Cultura 64*, de Santiago, que contribuíram para a feitura do número. O jornal publicou contos, poemas, crônicas e resenhas de escritores daquela cidade, além da reedição de uma carta de Frank País, importante líder da luta clandestina urbana do Movimento 26 de Julho em Santiago, que lutava contra a ditadura de Batista e morreu em julho de 1957[8].

O último número da primeira época de *El Caimán Barbudo* foi uma homenagem a Che Guevara, logo após a sua morte[9] na Bolívia em oito de outubro de 1967. Apesar de não contar com editorial, o número trouxe declarações de muitos intelectuais cubanos lamentando a perda do destacado combatente revolucionário, além de artigos, discursos e cartas do

---

7 "Editorial: De Santiago a Cuba". *El Caimán Barbudo*, Havana, n. 5, agosto de 1966, p. 2.

8 PAÍS, Frank. "Última carta de Frank País a Fidel el 26 de julio de 1957, cuatro dias antes de morir". *El Caimán Barbudo*, Havana, n. 16, 1967, p. 13.

9 Não caberia aqui explicar as razões do fracasso da guerrilha do ELN e da morte de Che Guevara na Bolívia, já que muitos fatores sociais, políticos e geográficos influenciaram a derrota da guerrilha. Entretanto, vale a pena registrar que algumas interpretações, como a de Castañeda e Benigno, exploraram as divergências entre Fidel Castro e Che Guevara, e culparam Fidel de não tentar resgatar Che Guevara da Bolívia, quando o isolamento e a falta de recursos materiais e humanos da guerrilha levavam a prever que o fracasso do movimento era iminente. O depoimento de Daniel Alarcón Ramírez, mais conhecido como Benigno, um sobrevivente da guerrilha boliviana, denunciou a existência de acordos entre Fidel Castro, Mario Monje (do Partido Comunista Boliviano, contrário à guerrilha) e representantes do Partido Comunista da União Soviética, em que Fidel Castro teria se comprometido a não salvar Che Guevara e desistir de incentivar a guerrilha na Bolívia. Ver: BENIGNO – ALARCÓN RAMÍREZ (1996); CASTAÑEDA (1997); COGGIOLA (1998).

próprio Che Guevara. Um texto com linguagem militarizada e violenta, no meio da publicação, explicava a homenagem ao guerrilheiro assassinado:

> Trata-se de tentar uma homenagem ao comandante Ernesto Guevara sabendo que a letra é insuficiente. Nenhum texto, nem ainda os seus, é capaz de abarcar sua imagen de guerrilheiro do mundo. (...) É imprescindível engrandecer o ódio. O ódio como fator de luta: o ódio intransigente ao inimigo. É urgente recordar que para que a poesia seja possível há que converter o nosso soldado "em uma efetiva, violenta, seletiva e, fria máquina de matar."[10]

Nesse número dedicado ao revolucionário argentino, três artigos escritos por Che Guevara foram publicados. Um deles foi o discurso proferido por Guevara no aniversário de 66 anos da morte do general Antonio Maceo, que lutou pela independência de Cuba. A menção da história das guerras pela libertação de Cuba do domínio espanhol no suplemento era uma forma de constituir um discurso histórico, que via uma continuidade entre as guerras de independência e o triunfo da Revolução Cubana, leitura bastante reforçada pela historiografia oficial cubana (LE RIVERAND, 1999; 1971). O general Maceo foi recordado como um herói, que se sacrificou pela libertação do povo e juntamente com José Martí[11] e Máximo Gómez constituíram-se nos pilares das guerras de independência da ilha[12].

---

10 "Apresentação (sem título)". *El Caimán Barbudo*, Havana, n. 17, 1967, p. 8.

11 *El Caimán Barbudo* já havia publicado no número 11, de fevereiro de 1967, um discurso de Che Guevara sobre José Martí, para comemorar o aniversário de nascimento do grande "herói libertador do povo cubano". Ver: GUEVARA, Ernesto Che. "Apologia de Martí". *El Caimán Barbudo*, Havana, n. 11, fevereiro de 1967, p. 12.

12 A trajetória do general Maceo era um exemplo de um revolucionário que lutou pela liberação de seu país. Quando terminou a primeira fase da guerra de independência, que se estendeu de 1868 a 1878, Maceo não aceitou o acordo de paz assinado em Zanjón e proclamou a "Protesta de Baraguá", para buscar seguir a luta em condições adversas. Em 1895, com a retomada da guerra, participou do exército organizado por Máximo Gómez e comandou as tropas que cruzaram a ilha e chegaram na parte ocidental de Cuba, em

A crença de Che no socialismo como o futuro da humanidade aliava-se à luta pela liberdade, que era a bandeira defendida por Maceo. Guevara deu mostras de seu internacionalismo e defendeu a solidariedade dos cubanos com os povos em luta da América, África e Ásia, que "levantavam sua voz", por meios de seus dirigentes nacionais, ou ainda "suas armas" [13].

A luta dos povos da América Latina, África e Ásia contra o colonialismo e o imperialismo foi proposta por Che não apenas neste texto, mas também no seu exemplo de guerrilheiro, que saiu de Cuba para lutar pela libertação do Congo e posteriormente da Bolívia, onde veio a falecer. Inúmeros artigos de *El Caimán Barbudo* apoiaram as guerrilhas que surgiram em diversos países da América Latina, ao longo dos anos sessenta, inspirados no exemplo cubano, como mostrarei mais adiante neste capítulo.

Além de retomar a história de Cuba no século XIX, outro artigo de Che Guevara publicado nesse número em sua homenagem abordou a história recente da Revolução Cubana. Em "Moral y disciplina de los combatientes revolucionarios", Che buscou destacar o padrão de conduta dos guerrilheiros do Exército rebelde na Sierra Maestra e como deveria servir de exemplo para o povo cubano. A moral do Exército rebelde foi definida como "ética, heróica, patriótica, de combate e de justiça". A rígida disciplina interior do guerrilheiro foi contrastada com a disciplina exterior presente no Exército regular de Batista, que carecia do convencimento e da disciplina interior como o combatente revolucionário.

O papel do Exército rebelde em Cuba, para Che, deveria ser de abarcar os grandes desafios nacionais, servir de juiz e investigador da sociedade[14], ao mesmo tempo em que se constituía em um exemplo para a população:

> províncias que até então não haviam aderido à luta revolucionária. Sua morte foi seguida pelo desmantelamento das tropas do ocidente e posteriormente ocorreu a intervenção estadunidense na guerra, que acabou por marcar o período republicano como uma época de grande dependência econômica e política de Cuba perante os Estados Unidos.

13 GUEVARA, Ernesto Che. "Conmemoración de la muerte del general Antonio Maceo". *El Caimán Barbudo*, Havana, n. 17, 1967, p.15.

14 Como importante membro do Exército rebelde, Che Guevara foi destinado, logo após o triunfo da Revolução, a dirigir a fortaleza de La Cabaña, de onde comandou a execução de muitos membros do exército de Batista, que receberam a pena máxima e foram fuzilados. Ver: CASTAÑEDA (1997).

Nesta tarefa diferente do Exército Rebelde é onde se provam as virtudes da disciplina interior que tem como meta o perfeccionismo total do indivíduo. Como na Sierra, não deve beber o Rebelde, não pelo castigo que possa aplicar-lhe o organismo encarregado de fazê-lo, senão simplesmente porque a causa que defendemos, que é a causa dos humildes e do povo nos exige não beber, para manter desperta a mente, rápido o músculo e em alta a moral de cada soldado, e deve recordar-se que hoje, como ontem, o Rebelde é o centro dos olhares da população e constitui um exemplo para ela[15].

O papel do exército como guia para a população civil cubana foi defendido explicitamente por Guevara, que via na abstinência de álcool do combatente revolucionário um exemplo moral para o povo. Che provavelmente tinha em mente a construção do "homem novo"[16], que deveria se espelhar na "moral ética" e na "disciplina interior e exterior" das Forças Armadas cubanas. O discurso militarista desse artigo de Che, publicado no número de *El Caimán Barbudo* em que se rendia uma homenagem póstuma, reforçava o final heróico de Che Guevara, como mártir guerrilheiro que morrera assassinado pelas forças de repressão da Bolívia, lutando pela libertação dos povos da América Latina.

O número dedicado a Che também recuperou a sua visão sobre a participação de Camilo Cienfuegos na Revolução. Nesse artigo, Che narrou a trajetória de Camilo desde sua incorporação ao Movimento 26 de Julho no México, o embarque no *Granma* e a luta da guerrilha na Sierra Maestra. A habilidade e audácia de Camilo fizeram que ele se destacasse como guerrilheiro

---

15 GUEVARA, Ernesto Che. "Moral y disciplina de los combatientes revolucionarios". *El Caimán Barbudo*, Havana, n. 17, 1967, p. 11.

16 Che Guevara definiu desta maneira sua concepção do "homem novo": "Para construir o comunismo, simultaneamente com a base material há que se fazer o homem novo. Daí que seja tão importante eleger corretamente o instrumento de mobilização das massas. Esse instrumento deve ser de índole moral, fundamentalmente, sem esquecer uma correta utilização do estímulo material, sobretudo de natureza social". Ver: GUEVARA, Ernesto Che. "El socialismo y el hombre en Cuba". Marcha, Montevideo, 12 de março de 1965. In: GUEVARA (1991, p. 372).

destemido. Na Sierra, Che passou a comandante da segunda coluna e Camilo foi também promovido a capitão da mesma coluna. Camilo se sobressaiu na invasão e vitória em direção a parte ocidental da ilha, nas planícies de Las Villas, um terreno considerado difícil para a guerra de guerrilhas. Che Guevara fez questão de destacar também a personalidade de Camilo, um homem que tinha bastante desenvoltura, contava sempre muitas anedotas, tinha uma lealdade enorme a Fidel Castro e que "não tinha a cultura dos livros, tinha a inteligência natural do povo"[17]. Entretanto, a morte de Camilo Cienfuegos, em novembro de 1959, em acidente aéreo que nunca foi totalmente esclarecido[18], fazia que Che Guevara levantasse as indagações de quem o teria matado:

> O inimigo o matou, matou-o porque queria sua morte, matou-o porque não há aviões seguros, porque os pilotos não podem adquirir toda a experiência necessária, porque tinha que voar sobrecarregado de trabalho para estar em poucas horas em Havana, e matou-o seu caráter. Camilo não é que medisse o perigo, utilizava-o como jogo, jogava com ele, toreava-o, o atraia e o dirigia, e em sua mentalidade de guerrilheiro não podia uma nuvem deter ou torcer uma linha traçada, foi ali quando todo um povo o conhecia, admirava-o e o queria, poderia ter sido antes e sua historia seria a simples de um capitão guerrilheiro...[19]

---

17 GUEVARA, Ernesto Che. "Camilo". *El Caimán Barbudo*, Havana, n. 17, 1967, p. 23.

18 Camilo Cienfuegos viajou a Camaguey para prender o major Huber Matos, comandante do Éxército rebelde, que havia participado da guerrilha e era governador militar da província de Camaguey. Matos acabara de renunciar ao seu cargo, pois discordava da orientação dos comunistas, que controlavam cada vez mais o governo revolucionário. Sua renúncia foi interpretada pelo governo como uma conspiração contra a radicalização da Revolução e Matos foi preso pelo próprio Camilo Cienfuegos, e posteriormente condenado a vinte anos de prisão. Quando Camilo volta a Havana, o avião em que embarcara desapareceu, mas seu corpo e os destroços do avião nunca foram localizados. Ver: BANDEIRA (1998); FRANQUI (1981).

19 GUEVARA, Ernesto Che. "Camilo". *El Caimán Barbudo*, Havana, n. 17, 1967, p. 23.

A evocação de Camilo Cienfuegos como guerrilheiro exemplar nesse número dedicado ao Che Guevara, pode ser vista como uma tentativa dos editores de *El Caimán Barbudo* (jovens intelectuais, "homens de idéias"), aproximarem-se e diminuírem as diferenças que os separavam dos dirigentes e "homens de ação" (os guerrilheiros). Tratava-se de buscar o estreitamento das relações entre a vanguarda cultural e a vanguarda política da Revolução e nesse sentido as trajetórias de Che Guevara, Camilo Cienfuegos, José Martí, além de Julio Antonio Mella, Pablo de la Torriente Brau e Rubén Martínez Villena (importantes intelectuais dos anos trinta em Cuba, comentados no capítulo dois) eram exemplos para os intelectuais cubanos de luta e de engajamento pela libertação de seu país.

O pensamento e a ação de Che Guevara como intelectual e guerrilheiro deveriam ser seguidos não só em Cuba, mas por todos os militantes de esquerda da América Latina. O fracasso do movimento guerrilheiro do qual Che participava, seguido de seu assassinato na Bolívia em 1967, pelas forças de repressão, fez que Guevara se transformasse em "herói" da revolução latino-americana para a juventude contestatória dos anos sessenta ao redor do mundo[20]. Sua defesa da revolução mundial, do internacionalismo revolucionário, da solidariedade com os povos em luta nos países do Terceiro Mundo, entre eles os vietcongues, acabaram por deixar um legado a ser seguido pela intelectualidade e juventude cubana.

Os editoriais destacaram as posições políticas da direção de *El Caimán Barbudo* na primeira época, deixaram claros a defesa da Revolução Cubana e a participação dos escritores nas comemorações da Revolução e nos momentos de dificuldades, como foi o caso do estado de alerta, em 1966. Esses editoriais demonstraram a visão política de cultura dos editores que, em um suplemento mensal cultural, abordavam os principais acontecimentos políticos internacionais e nacionais. Era uma proposta clara dos editores de levar aos jovens cubanos uma concepção de cultura universal, que inseria a cultura cubana nas principais questões políticas e culturais dos anos sessenta.

---

20 O símbolo do guerrilheiro sem pátria que morreu lutando para construir o socialismo na América Latina se por um lado era uma propaganda a favor da exportação da Revolução, por outro lado expunha as limitações do projeto da vanguarda guerrilheira que deveria sozinha transformar os rumos do país. Ver: FRANK (2000).

A EXALTAÇÃO DA LUTA GUERRILHEIRA E A SOLIDARIEDADE AO TERCEIRO MUNDO

El Caimán Barbudo ofereceu por meio da leitura de suas páginas uma visão do contexto político dos anos sessenta. Os principais debates políticos de setores da esquerda nos anos de 1966 e 1967, que passavam pelo apoio às lutas de libertação que ocorriam na América Latina, África e Ásia, além da campanha internacional pelo fim da guerra do Vietnã também foram um aspecto fundamental dos artigos publicados no suplemento. Os editores buscaram tomar posição tanto a favor da independência de Porto Rico, como também se solidarizaram com o surgimento da OLAS, ou ainda se posicionaram contra a guerra no Vietnã. Ficou evidente nos editoriais e artigos a preocupação dos redatores em tomar partido quanto aos principais conflitos internacionais e em defender as lutas guerrilheiras que surgiam em diversos países do Terceiro Mundo.

A viagem de Jesús Díaz a Porto Rico inspirou o número 4 de *El Caimán Barbudo*, dedicado exclusivamente a esse tema. O editorial "Puerto Rico arte pro independencia" solidarizou-se com o empenho do povo e dos intelectuais por se tornarem independentes dos Estados Unidos. Apontou como a arte e a literatura daquele país expressavam também os anseios das lutas populares, da busca pela afirmação nacional de Porto Rico e da dura realidade do exílio nos Estados Unidos, de onde muitos porto-riquenhos foram enviados para lutar e morrer na guerra da Coréia. Ao destacar a importância da sua produção cultural e de um tipo de arte que estava "a serviço da vida e do homem", o editorial revelou as dificuldades de não haver apoio oficial aos intelectuais, nem editoras, mas perseguições, fome e silêncio[21]. Nesse número publicaram-se contos e poesias de escritores porto-riquenhos, além de ensaios que abordavam a situação política de Porto Rico[22].

---

21 "Editorial: Puerto Rico arte pro independência". *El Caimán Barbudo*, Havana, n. 4, 1966, p. 2.

22 Porto Rico não era um tema novo na imprensa após a Revolução, já que o número 67 de *Lunes de Revolución*, de 11 de julho de 1960, também foi dedicado inteiramente a Porto Rico, e seu editorial solidarizou-se com o movimento independentista, como já mostrei na pesquisa do mestrado. Ver: MISKULIN (2003, p. 81).

Outro fato internacional que mereceu editorial foi a guerra do Vietnã. Os editores posicionaram-se claramente contra a agressão estadunidense àquele país e denunciaram os bombardeios com napalm e outras armas químicas:

> Depois de ter sido objeto da mais brutal agressão que recorda a história contemporânea. Depois de ter recebido sobre suas fábricas as bombas, sobre suas terras o napalm, sobre seus filhos os micróbios, sobre seus homens e suas mulheres e seus filhos a morte. (...) Vietnã tornou-se símbolo. Nós, jovens escritores cubanos, sabemos que nossa sorte se joga no Vietnã, que a sorte do Terceiro Mundo joga-se no Vietnã, que a sorte inclusive do mais puro e melhor do povo norte-americano joga-se no Vietnã. Sabemos, neste nosso ano do Vietnã heróico, que se encontra ali o melhor da humanidade, que representam eles, hoje, a mais alta convivência militante do mundo.[23]

Esse editorial foi intitulado como *1967: Año del Viet Nam heroico*[24], e assinado pelo *Colectivo El Caimán Barbudo*, o que reforçava a tomada de posição política contra a guerra como uma posição consensual do grupo que participava do conselho de redação. A publicação de um artigo de Eric Norden, editado originalmente na revista estadunidense *Liberation*, em fevereiro de 1966, sobre a guerra do Vietnã, demonstrava não apenas uma sincronia entre a publicação cubana e outras revistas internacionais,

---

23 "Editorial: 1967 Año del Viet Nam heroico". *El Caimán Barbudo*, Havana, n. 10, 1967, p. 2.

24 O governo cubano convencionou denominar cada ano da Revolução como forma de marcar temporalmente os principais objetivos da Revolução para cada período. O ano de 1967 foi denominado Ano do Vietnã Heróico, título do editorial, o que mostrava uma sintonia do suplemento com as diretrizes revolucionárias. Como exemplo, 1959 foi o Ano da Liberação; 1960, o Ano da Reforma Agrária; 1961, o Ano da Educação; 1962, o Ano da Planificação; 1963, o Ano da Organização; 1964, o Ano da Economia; 1965, o Ano da Agricultura; e 1966, o Ano da Solidariedade.

mas também a necessidade de mostrar como uma parte da juventude estadunidense estava consciente dos crimes e atrocidades cometidos pelos Estados Unidos no Vietnã[25].

A denúncia da tortura, dos bombardeios sistemáticos sobre civis, o uso de gases venenosos, napalm e fósforo, praticados pelas tropas estadunidenses no Vietnã foram pontos importante abordados nesse artigo. Destacou-se o helicóptero como um meio de transporte vital introduzido nessa guerra, que também desempenhou um importante papel como forma de tortura, pois prisioneiros vivos eram atirados dos mesmos em movimento, na frente de outros prisioneiros. Essa prática não só se constituía em tortura e ameaça de morte para os prisioneiros que a presenciavam, mas também violava o direito internacional, como a Convenção de Genebra, firmada pelos Estados Unidos e outros países em 1949, que impediam o assassinato de prisioneiros durante a guerra.

A guerra do Vietnã e sua repercussão nos movimentos de juventude tornaram-se um tema bastante relevante em *El Caimán Barbudo*. Em "*Viet Nam, el teatro y la* guerra"[26], resenhou-se algumas peças que abordavam a questão, por exemplo *U.S.* de Peter Brook, encenada em Londres, ou ainda a obra *V de Viet Nam*, de Armando Gatti, que era dedicada à luta do povo vietnamita e foi apresentada a partir de abril de 1967 em várias cidades da França. A peça de Gatti[27] havia sido encomendada pelas entidades que lutavam pela paz no Vietnã, como a União de Estudantes Franceses e outros órgãos do ensino superior que faziam parte do "Coletivo Intersindical Universitário de ação pela paz no Vietnã". A partir do número 14, de maio de 1967, uma seção na publicação, denominada *V de Viet Nam*, foi destinada

---

25 NORDEN, Eric. "Estados Unidos en Viet nam: más allá del fascismo". *El Caimán Barbudo*, Havana, n. 3, 1966, p. 2-5.

26 "Viet Nam, el teatro y la guerra". *El Caimán Barbudo*, Havana, n. 13, abril de 1967, p. 21. Nesse mesmo número, o suplemento publicou também comentários sobre a peça *Viet Rock* de Megan Terry, encenada em Nova York em 1966. Ver: PASOLLI, Robert. "Noticias sobre Viet Rock." Tradução de Orlando Alomá. *El Caimán Barbudo*, Havana, n. 13, abril de 1967, p. 21.

27 A peça *V de Viet Nam* voltou a ser comentada no suplemento em artigo de Bernard Dort, tirado da revista *La Quinzaine Littéraire*, de 1 a 15 de abril de 1967. Ver: DORT, Bernard. "V de Viet Nam". *El Caimán Barbudo*, Havana, n. 15, junho de 1967, p. 7.

a acompanhar as principais manifestações políticas e culturais contrárias a guerra, que ganhavam cada vez mais força por todos os lados do planeta. Na apresentação da nova seção, os editores enfatizaram a importância dos protestos que ocorriam nos Estados Unidos, pois os consideravam de fundamental importância para obrigar que o governo estadunidense terminasse a guerra[28].

Na seção *V de Viet Nam*, o suplemento abria espaço para dar voz às manifestações artísticas que protestavam contra a guerra, como a encenação de um presépio vivo na porta da catedral San Patrick em Nova York, em que o boneco que representava o menino Jesus estava "corroído por napalm e banhado em sangue" e a atriz que representava Maria levava um cartaz explicando que o menino havia sido atingido por napalm no Vietnã. Segundo Peter Schuman, que coordenava o grupo de teatro, a catedral havia sido escolhida para a encenação porque o cardeal Spellman fazia declarações favoráveis à guerra[29]. Ainda nesse número, essa seção trazia uma referência ao jornal *Muhamad Habla*, órgão dos muçulmanos negros estadunidenses, dirigido por Elijad Muhammad, que em sua edição de nove de setembro de 1966 tinha como título uma frase que coincidia com as declarações do Students Non-violent Coordinating Committee: "Devem os negros matar os amarelos em favor dos brancos que nos oprimem?"[30].

Além dos inúmeros protestos e marchas contra a guerra e pela igualdade dos direitos civis, protagonizados pelos negros, os Estados Unidos também foram palco nos anos sessenta do desenvolvimento da música de protesto, como expressão da inconformidade e rebeldia da juventude na época. Muitas músicas foram feitas para denunciar a guerra do Vietnã e *El Caimán Barbudo* destacou Pete Seegers, Joan Baez, Bob Gilson, Bárbara Dane e Bob Dylan como os principais representantes da música de protesto estadunidense. Elaborado por Pío Serrano e Luis Rogelio Nogueras, o artigo apontou a grande influência e popularidade das canções de protesto como um modo de a juventude mostrar seu descontentamento contra o sistema capitalista e contra a guerra. Entretanto, ressaltaram que havia o

---

28 "V de Viet Nam". *El Caimán Barbudo*, Havana, n. 14, maio de 1967, p. 15.

29 Idem, ibidem.

30 "V de Viet Nam". *El Caimán Barbudo*, Havana, n. 14, maio de 1967, p. 15.

risco de a música de protesto tornar-se mercadoria, fruto da ganância das grandes empresas gravadoras, como parte da tendência do capitalismo em transformar a arte em mercadoria[31]. Para os autores, esse era o caso de Bob Dylan, que ao entrar no caminho do profissionalismo, estava abandonando suas idéias progressistas.

No panorama político mundial, a guerra do Vietnã fez acentuar internamente nos Estados Unidos o movimento de contestação, acompanhado de protestos da juventude e de diversos grupos como estudantes, negros, mulheres e *gays*, que se multiplicaram ao longo dos anos sessenta e setenta. O recrudescimento da guerra a partir de 1965 contribuiu para a radicalização e conformação de um espaço internacional de contestação, que se alastrou em vários países e culminariam com grandes protestos durante o ano de 1968. Um forte sentimento de insatisfação perpassou os movimentos de contestação da juventude, que por meio da consciência internacionalista se unificaram na Europa e América para lutar contra a guerra e se opor à ação imperialista do governo dos Estados Unidos, tornando-se um fator fundamental de politização da juventude na época[32]. A guerra do Vietnã fomentou um clima de convulsão social nos Estados Unidos e a forte presença dos movimentos de juventude pressionou para a retirada do exército estadunidense, que acabou derrotado pela guerrilha vietcongue em 1975.

Além da solidariedade aos movimentos de contestação juvenis contrários à guerra do Vietnã e da simpatia pela guerra de guerrilhas travadas pelo Vietnã do Norte contra as forças estadunidenses de ocupação, *El Caimán Barbudo* também manifestou seu apoio às lutas guerrilheiras que, a exemplo da vitória da Revolução Cubana, vinham se desenvolvendo em diversos países latino-americanos. A realização da Primeira Conferência da Organización Latinoamericana de Solidariedad (OLAS)[33] em Havana, em 1967, com

---

31 Os pensadores da Escola de Frankfurt analisaram como a obra de arte no período contemporâneo, com as novas técnicas de reprodutibilidade e com o advento da indústria cultural, transformou-se em mercadoria e foi absorvida pelo mercado no sistema capitalista. Ver: BENJAMIN (1986); MARCUSE (1997).

32 Para uma análise dos movimentos de contestação da juventude contrários à guerra do Vietnã nos países ocidentais ver: DREYFUS-ARMAND (2000); FRANK (2000).

33 A realização da OLAS, ocorrida de 31 de julho a 10 de agosto de 1967, foi presidida

o objetivo de debater uma estratégia revolucionária para os partidos e movimentos revolucionários da América Latina, motivou outro editorial de *El Caimán Barbudo*, que apoiou e saudou os participantes da conferência:

> Em Havana se reuniram os representantes dos povos latino-americanos, na Primeira Conferência da OLAS, para discutir a estratégia revolucionária no Continente, analisar os métodos do inimigo imperialista e ratificar as vias de combatê-lo e de vencê-lo. *El Caimán Barbudo* saúda a celebração desta conferência... (...) A luta revolucionária no continente não só necessita dos melhores intelectuais para ir adiante: essa luta é o único meio que temos para permanecer definitivamente na Historia, fazendo-a.[34]

A criação da OLAS nada mais era do que a continuação da política que o governo cubano já estava desenvolvendo desde janeiro de 1966, com a realização em Havana da Conferência da Tricontinental, que reuniu movimentos de libertação da América Latina, África e Ásia, tanto de representantes de partidos de esquerda legalizados, como de grupos clandestinos. O objetivo da Tricontinental era criar uma Internacional revolucionária no Terceiro Mundo, a OSPAAL, "Organização de Solidariedade dos Povos da África, Ásia e América Latina" (BANDEIRA, 1998, p. 562), para apoiar os movimentos de libertação em luta nos países dos três continentes contra a dominação imperialista dos Estados Unidos e contra o colonialismo exercido pelos países da Europa[35].

---

por Haydée Santamaría (diretora de Casa de las Américas) e contou com a participação de 27 delegações, apenas três de Partidos Comunistas (Uruguai, Costa Rica e El Salvador). O congresso fazia parte de uma estratégia do governo cubano para defender e apoiar movimentos de luta armada e grupos guerrilheiros no Terceiro Mundo, para promover revoluções que levariam esses países ao socialismo. A OLAS representava a tentativa de organizar uma Internacional no continente americano.

34 Editorial. *El Caimán Barbudo*, Havana, n. 16, 1967, p. 2.

35 *El Caimán Barbudo* publicou artigo de Rachid (jornalista tunisiano e correspondente da revista *Les Temps Modernes* em Cuba) sobre o pensamento de Amílcar Cabral e sua

No Congresso da OLAS foi lida a mensagem à Tricontinental, escrito por Che Guevara, em 1967, nas montanhas da Bolívia e dirigida ao secretariado da OLAS[36]. Na carta, Che defendia o conceito de revolução mundial, o internacionalismo operário e a inevitabilidade da luta armada. Guevara sustentava a idéia da necessidade de expandir a luta guerrilheira para o restante da América Latina, criando "dois, três, muitos Vietnãs". Che também criticou as burguesias nacionais, como incapazes de resistir ao imperialismo. Para ele, a América Latina necessitava de uma revolução socialista, que deveria ser alcançada pela luta armada, por meio da guerrilha rural, que seria apoiada pelo restante da população. Essa carta de Che Guevara teve uma grande repercussão, não só nos movimentos de libertação nos países latino-americanos, mas também em outras partes do mundo.

Além de respaldar a constituição da OLAS[37], o suplemento também fez a defesa da guerrilha como forma de luta válida para os países do Terceiro Mundo superarem a sua condição de dominação colonial ou neocolonial, como as que se encontravam os países da América Latina, África e da Ásia. Neste momento, a defesa da guerrilha pelo governo cubano e a constituição da OLAS significavam uma diferença da política adotada pela União Soviética e demais partidos comunistas ao redor do mundo, que eram contra a luta armada e defendiam a coexistência pacífica entre os países capitalistas e socialistas[38]. A política externa cubana era respaldada pela publicação,

---

intervenção na Tricontinental, no qual Cabral expunha os objetivos da luta pela liberação nacional na África contra o colonialismo. Amílcar Cabral, secretário-geral do PAICG, representou na Tricontinental os países africanos em luta contra a dominação portuguesa (Guiné, Cabo Verde, Angola, ilhas de Príncipe e São Tomé, Moçambique), que integravam a Conferência de organizações nacionalistas das colônias portuguesas (CONP). Ver: RACHID. "Tercer Mundo e ideología (sobre el pensamiento de Amílcar Cabral)". Tradução de Tália Fung. *El Caimán Barbudo*, Havana, n. 2, 1966, p. 12-16.

36   GUEVARA, Ernesto Che. "Mensaje a los pueblos del mundo a través de la Tricontinental". In: GUEVARA (1991, p. 584-598).

37   Ver "A declaração da OLAS". In: LÖWY (1999, p. 303-314).

38   Segundo Luiz Alberto Moniz Bandeira, as iniciativas cubanas de financiar e treinar movimentos guerrilheiros, bem como a tentativa de organizar a OLAS desagradou o governo soviético, com Brejenev no poder, que era contrário às tentativas de expandir

que fazia a defesa da revolução mundial, do internacionalismo operário e de uma ideologia "terceiro-mundista" e representou uma alternativa para a esquerda perante a política soviética[39].

A Revolução Cubana causou grande impacto na esquerda, na América Latina, já que a guerrilha como instrumento para se fazer a Revolução rompia certos conceitos da doutrina do marxismo-leninismo, sobretudo com a necessidade da existência de um partido operário revolucionário. A perspectiva de "transformar a Cordilheira dos Andes numa Sierra Maestra de proporções continentais" repercutiu por toda a América Latina. Após a experiência cubana, setores da esquerda começaram a questionar a validade da linha política adotada pelos partidos comunistas, que apostavam na aliança com a burguesia em busca de reformas. O fato de Cuba ter feito uma revolução socialista, sem antes passar por uma revolução burguesa, fez que a esquerda iniciasse um intenso debate político acerca do caminho revolucionário que os países periféricos deveriam trilhar. As opções não mais se restringiam às possibilidades da democracia burguesa. A perspectiva guerrilheira alargou o horizonte revolucionário, e a luta pelo socialismo se daria por meio da luta armada e não por eleições e alianças dos partidos.

A influência de Cuba como modelo político tornou-se mais direta quando uma parte da esquerda latino-americana passou a propor a revolução armada,

---

revoluções no Terceiro Mundo. Entretanto, os conflitos da OLAS não foram apenas com o governo soviético e com os Partidos Comunistas. As organizações maoístas e trotskistas, como o Partido Comunista Marxista-Leninista (da Bolívia, que seguia a linha chinesa), o Partido Obrero Revolucionário (trotskista, da Bolívia) e a facção trotskista argentina de Juan Posadas foram proibidos de participar da conferência. Ver: BANDEIRA (1998, p. 573-574).

39 Jean-Paul Sartre legitimou a doutrina do "terceiro-mundismo" no prefácio do livro *Os condenados da terra* de Frantz Fanon, de 1961. Para Sartre, a violência seria a forma possível para a eliminação dos colonizadores, única maneira de permitir a existência nacional dos colonizados. Sartre partiu da experiência da guerra de independência da Argélia para justificar o caráter revolucionário dos movimentos de liberação nacional. Segundo Helenice Rodrigues da Silva, uma das correntes que veiculou a ideologia do "terceiro-mundismo" era originária do marxismo-leninismo e via nas revoluções dos países coloniais ou semicoloniais a possibilidade de substituir a classe operária revolucionária dos países industrializados pelos oprimidos do Terceiro Mundo. Ver: SILVA (2002, p. 142-143).

por meio da guerra de guerrilhas e da tática do foco revolucionário[40]. Surgiram novas organizações, fruto de rachas e dissidências dos partidos comunistas e de outros partidos, que propunham seguir o exemplo cubano[41]. Além disso, o governo cubano passou a impulsionar materialmente o surgimento de movimentos guerrilheiros na América Latina, por meio de apoio logístico às guerrilhas e de campos de treinamento no território cubano para preparar guerrilheiros de diversos países do continente. No início da Revolução, esses campos foram montados na própria Sierra Maestra, onde o governo também mantinha um arsenal de armas e munições, para o caso de ter de resistir a uma invasão dos EUA. Posteriormente, os campos de treinamento foram transferidos para uma localidade mais próxima de Havana[42].

El Caimán Barbudo abriu suas páginas para defender a guerrilha como a forma de luta para a tomada do poder que libertaria os povos dominados do Terceiro Mundo. No artigo "Latinoamerica: política y guerrillas", os autores Alfredo Fernández e Oscar Zanetti, membros do departamento de filosofia da Universidade de Havana, defendiam a luta armada revolucionária por meio da guerrilha como forma de fazer a Revolução. A distinção entre os "homens de ação", os guerrilheiros, e os "homens de

---

40 O pensador francês Regis Debray publicou em 1966 seu livro *Revolução na Revolução*, em que defendia o foco guerrilheiro e a luta armada como forma de organização para se alcançar o socialismo e colocava em segundo plano a necessidade do partido político na luta insurrecional. Esse livro teve um grande impacto nas organizações castristas e movimentos guerrilheiros latino-americanos. Ver: DEBRAY [s.d.]. Abordarei a seguir o destaque a essa obra de Debray no suplemento.

41 Eduardo H. Gispert, professor do departamento de filosofia da Universidade de Havana, fez uma análise da política estadunidense em relação à América Latina, em que destacou o impacto da Revolução Cubana no continente e de como o apoio a Cuba provocou cisões dentro de muitos partidos tradicionais, como na Ação Democrática, da Venezuela, no Partido Liberal, da Colômbia e no Partido Colorado, do Uruguai. Ver: GISPERT, Eduardo H. "Dos concepciones, un continente". *El Caimán Barbudo*, Havana, n. 12, março de 1967, p. 4.

42 Além de participar da guerrilha no Congo e na Bolívia com Che Guevara, Benigno foi durante muitos anos um dos responsáveis pelo treinamento de guerrilheiros em Cuba. Ver: BENIGNO – ALARCÓN RAMÍREZ (1996); ROLLEMBERG (2001); BANDEIRA (1998, p. 300-341).

letras", os intelectuais, ficava evidente quando os estudantes e intelectuais decidiam pegar em armas e aderir à luta guerrilheira[43]. A guerrilha, como atividade de ordem militar, necessitava de chefes que tomassem decisões rápidas e acertadas, pois não havia espaço para métodos deliberativos e democráticos que as organizações possuíam nos tempos de paz, segundo Fernández e Zanetti. Outra mudança que a guerrilha impunha era a transposição da luta e de sua direção para o campo, já que a área rural latino-americana e a população camponesa era o ambiente adequado para o desenvolvimento da luta guerrilheira.

A guerrilha era vista como a "verdadeira vanguarda revolucionária", "o braço armado da Revolução" e seu combate no campo era mais importante do que a luta eleitoral travada pelos partidos de esquerda nas cidades, segundo Fernández e Zanetti. A luta guerrilheira deveria com suas vitórias militares atrair para suas fileiras os camponeses, as "massas", única forma de a guerrilha se manter e desenvolver. Dessa maneira, se realizaria na prática a aliança entre operários e camponeses:

> Mas a fraternidade que se produz entre os que compartem o perigo e lutam por uma causa justa, a realização dos mesmos trabalhos todos por igual (corte de lenha, acarreio de água, postas) quer sejam realizadas pelo jovem estudante recém-chegado da cidade e não acostumado a estas tarefas, ou pelos camponeses que durante anos as tem realizado para outros, a guerrilha faz mais em pouco tempo pela união efetiva e verdadeira dos explorados que quanto trabalho, por melhor que fosse, teria realizado jamais organização ou partido algum ao largo dos anos; e é que a guerrilha, como nova forma de luta realiza na plenitude a aliança operária - camponesa até então desgastada por sua repetição como consigna e sua não consecução.[44]

---

43 FERNÁNDEZ, Alfredo; ZANETTI, Oscar. "Latinoamerica: política y guerrillas". *El Caimán Barbudo*, Havana, n. 8, 1966, p. 3.

44 FERNÁNDEZ, Alfredo; ZANETTI, Oscar. "Latinoamerica: política y guerrillas". *El Caimán Barbudo*, Havana, n. 8, 1966, p. 3..

A guerrilha seria um verdadeiro laboratório onde se tentaria não só aproximar os trabalhadores urbanos e estudantes dos camponeses, mas também se buscaria construir um novo papel para o intelectual revolucionário. A relação do intelectual com a Revolução foi abordada também no ensaio de Ricardo J. Machado, professor do departamento de filosofia da Universidade de Havana. Machado analisou as obras do pensador francês Regis Debray e destacou seu vínculo com a perspectiva de uma revolução na América Latina[45]. Debray partiu da caracterização da Revolução Cubana para defender a guerrilha e o foco revolucionário como forma de luta, que desembocaria no triunfo da revolução latino-americana. A obra de Debray *Revolución en la Revolución* teve um grande impacto na América Latina, já que passou a servir de apoio para um conjunto de grupos guerrilheiros, que buscavam seguir o exemplo cubano. As experiências das revoluções de outros continentes como a Revolução Chinesa ou a guerrilha do Vietnã também foram analisadas por Debray. *El Caimán Barbudo* expressou por meio do artigo de Machado como Regis Debray constituía-se em exemplo da "verdadeira função de um intelectual perante a Revolução":

> Agora que a Revolução Cubana questionou, tem feito em pedaços uma boa quantidade de esquemas na América Latina, – entre eles, o papel do intelectual no processo revolucionário – chega, oportuna, a obra de Régis Debray para oferecer uma linha, uma opção mais clara. Isto não significa de modo algum que novelistas, poetas, criadores em geral, ponham-se a escrever inopinadamente sobre a luta armada. Seria demasiado simplista. Do que se trata é de que cada qual, desde o ângulo em que realiza sua atividade criadora, saiba descobrir sem castradores mimetismos, o vínculo específico que o une – que

---

[45] Além de *Revolución en la Revolución*, Ricardo J. Machado analisou nesse artigo dois outros ensaios de Regis Debray: "El castrismo: la larga marcha de América Latina", revista *Les Temps Modernes*, janeiro de 1965; "América Latina: algunos problemas de estrategia revolucionaria", *revista Casa de las Américas*, julho/agosto de 1965. Ver: MACHADO, Ricardo Jorge. "Regis Debray o la reinvindicación de la teoría". *El Caimán Barbudo*, Havana, n. 12, março de 1967, p. 12-13.

deve unir-lo – à grande gesta independentista americana do século XX.[46]

O fracasso de certos movimentos guerrilheiros em meados dos anos sessenta na América Latina também foi analisado por Regis Debray, que buscou explicar as causas desses reveses devido a uma "assimilação romântica e por isto algo irracional das experiências da Revolução Cubana, tem pervertido o desenvolvimento da revolução na América Latina"[47]. Esse não foi o único momento em que o fracasso dos movimentos guerrilheiros esteve presente em *El Caimán Barbudo*. A morte em combate de líderes de guerrilhas em diversos países da América Latina mostrava que o projeto de expansão da Revolução Cubana para o continente não estaria alcançando as vitórias almejadas.

Algumas notas da redação que acompanhavam certos artigos do suplemento lamentaram a morte do sacerdote, professor de sociologia e guerrilheiro Camilo Torres[48], que morreu em fevereiro de 1966 ao combater pela libertação da Colômbia. O suplemento publicou uma mensagem de Camilo Torres aos estudantes, em que os conclamava a aderir à revolução latino-americana, assumir um "compromisso de lutar pela tomada do poder até as últimas consequências" e passar da teoria à prática revolucionária[49]. *El Caimán Barbudo* publicou também o último documento redigido por

---

46 MACHADO, Ricardo Jorge. "Regis Debray o la reinvidicación de la teoría". *El Caimán Barbudo*, Havana, n. 12, março de 1967, p. 12-13.

47 DEBRAY, Regis *apud* MACHADO, Ricardo Jorge. "Regis Debray o la reinvidicación de la teoría". *El Caimán Barbudo*, Havana, n. 12, março de 1967, p. 13.

48 Camilo Torres nasceu em 1929 em Bogotá e ordenou-se sacerdote em 1954. Viajou a Europa e estudou sociologia na Universidade de Louvain. De volta a Colômbia em 1959, trabalhou como professor na Faculdade de Sociologia da Universidade Nacional. Publicou no jornal *Frente Unido*, órgão da Frente Unida do Povo, em que realizava propaganda em prol das lutas populares. Conforme aumentaram as restrições para a campanha que realizava, Camilo Torres uniu-se a guerrilha do *Ejército de Liberación Nacional*, dirigida por Fabio Vázquez. Ver: LÖWY (1999, p 292).

49 TORRES, Camilo. "De Camilo Torres a los estudiantes." *El Caimán Barbudo*, Havana, n. 8, 1966, p. 2.

Camilo Torres, em janeiro de 1966, antes de sua morte, em que se dirigia ao povo colombiano para explicar sua incorporação ao Ejército de Liberación Nacional e a necessidade da luta armada como única via que restou, com o esgotamento das vias legais e das eleições, para a "libertação do povo e dos camponeses da exploração exercida pela oligarquia e pelo imperialismo"[50].

A última menção a Camilo foi a publicação de uma carta de um camponês colombiano endereçada a Camilo Torres[51], em outubro de 1965, quando ele ainda fazia uma intensa campanha política para construir a Frente Unida de todas as forças revolucionárias da Colômbia.[52]

Outro militante guerrilheiro saudado em *El Caimán Barbudo* foi Luis Augusto Turcios Lima, comandante das Fuerzas Armadas Revolucionarias, que morreu em 2 de outubro de 1966, na Guatemala, em acidente automobilístico. O artigo[53] narrou a trajetória de Turcios

---

50 Idem, ibidem.

51 QUIMBAYA, Pólo. "Carta de un campesino". *El Caimán Barbudo*, Havana, n. 16, 1967, p. 5.

52 Nesse mesmo número, muitos textos de *El Caimán Barbudo* foram dedicados às lutas de libertação da América Latina: artigo de Jorge Castillago, professor da Universidade Distrital da Colômbia, que analisou a literatura e a violência na Colômbia; ensaio do professor de filosofia da Universidade de Havana Ricardo Jorge Machado sobre a ideologia bolivariana; contos de Luis de la Puente Uceda, jovem escritor peruano, que escrevia relatos com o objetivo de explicar aos camponeses a luta armada e de como a guerrilha necessitava do apoio dos camponeses para ser vitoriosa na libertação do país (o suplemento não informou que Luís de la Puente Uceda morreu em combate em 1965 e o foco guerrilheiro que tentou implantar foi destruído pelo exército peruano); o poema *Intelectuales apolíticos*, do escritor guatemalteco Otto René Castillo, que aderiu à guerrilha e morreu em abril de 1967, em combate contra a ditadura militar que oprimia a Guatemala; um ensaio de John William Cooke (principal expoente do peronismo revolucionário, morou em Havana e colaborou com Che Guevara na preparação de guerrilha a ser desencadeada na Argentina) sobre a situação revolucionária da Argentina. Ver: CASTILLEJO, Jorge. "Literatura, violencia y compromiso social em Colombia"; MACHADO, Ricardo Jorge. "La ideología bolivariana"; PUENTE UCEDA, Luis de la. "Relatos de guerra"; COOKE, John William. "Argentina, situación y guerra revolucionaria"; CASTILLO, Otto René. "Intelectuales apolíticos." *El Caimán Barbudo*, Havana, n. 16, 1967, p. 2-4, 6-8, 9, 17-21, 24.

53 "Turcios, el comandante". *El Caimán Barbudo*, Havana, n. 8, 1966, p. 5-8.

Lima, oficial do exército que se engajou no movimento de militares jovens, em 13 de novembro de 1960, descontentes com a corrupção e com a traição dos velhos chefes militares diante da derrubada do governo de Jacobo Arbenz, em 1954, na Guatemala, com o apoio dos Estados Unidos. Com o fracasso do movimento, os jovens militares se exilaram em El Salvador e posteriormente retornaram ao seu país, onde iniciaram um movimento guerrilheiro nas montanhas, que foi derrotado rapidamente. Luis Augusto Turcios Lima, que dirigiu uma das colunas com Marco Antonio Yon Sosa, retornou a capital e fez diversas ações de guerrilha urbana durante o ano de 1962.

Em dezembro de 1962 surgiram as FAR, Fuerzas Armadas Revolucionarias, como uma forma de unificar as diversas organizações guerrilheiras em ação na Guatemala: o destacamento 20 de outubro, constituído por membros do Partido Guatemalteco do Trabalho (Partido Comunista), o Movimento 13 de Novembro (dos jovens militares, em que um dos líderes era Marco Antonio Yon Sosa) e o Movimento 12 de Abril (organização que reunia camponeses, operários e estudantes). As FAR organizaram três frentes guerrilheiras, uma delas era a frente Edgar Ibarra, que foi dirigida por Luis Augusto Turcios Lima até a sua morte, momento em que César Montes assumiu o comando; outra frente foi dirigida por Marco Antonio Yon Sosa. Entretanto, o artigo destacou que houve muita confusão nas FAR, a respeito das estratégias e táticas revolucionárias, sobre qual deveria ser o caráter da revolução e quais os métodos adequados para a luta guerrilheira. Diversas disputas entre militantes comunistas e trotskistas no seio das FAR levaram a divisões no movimento. Em outubro de 1964, Luis Turcios redigiu um documento para reorganizar o movimento revolucionário guatemalteco, com uma nova direção, do qual ele era o comandante em chefe das FAR, e que buscava reconstruir a unidade das forças revolucionárias, mas eliminava o grupo trotskista do movimento. A nova FAR passou a ser constituída pela frente Edgar Ibarra, pelo Partido Guatemalteco do Trabalho e pela juventude comunista e prosseguiu a sua luta guerrilheira, apesar da morte de Luis Augusto Turcios Lima.

A trajetória de Fabricio Ojeda, outro líder guerrilheiro da Venezuela, também foi rememorada nas páginas de *El Caimán Barbudo*. Em entrevista com Anayansi[54], mulher e companheira de luta de Fabricio, o percurso do militante que passou de deputado do Partido Comunista a guerrilheiro foi destacado. O Partido Comunista Venezuelano havia decidido desde 1961, impactado pela experiência cubana, que a luta armada era a única via possível. Seus militantes (estudantes e operários) passaram para a clandestinidade, uniram-se ao MIR (Movimiento de Izquierda Revolucionaria) e constituíram a FALN (Forças Armadas de Libertação Nacional), que contou inclusive com o apoio financeiro de Cuba. Em março de 1962, surgiu a frente guerrilheira José Leonardo Chirinos, no qual Fabrício Ojeda se incorporou. Capturado e condenado a 18 anos de prisão, Ojeda conseguiu fugir e reincorporar-se à frente José Antonio Báez.

Militante da juventude comunista, Anayansi deixou a universidade para militar e servia de contato aos guerrilheiros da frente José Leonardo Chirinos. De seu trabalho clandestino, Anayansi relatou que "na Venezuela se tem demonstrado a ativa incorporação da mulher na ajuda e solidariedade para com as guerrilhas. Quando a mulher se convence é decidida e aberta"[55]. A partir de 1965, passou a trabalhar como intermediária da frente José Antonio Báez, onde estava Fabrício. Os dois foram presos juntos e Fabrício Ojeda foi morto dentro da prisão, apesar de as forças de repressão não reconhecerem o assassinato e divulgarem que ele se suicidou. Anayansi, depois da morte de seu companheiro Fabrício, permaneceu ainda dois meses e meio presa e escreveu na prisão a carta *Adiós al Compañero*, que foi lida em seu enterro e que também foi publicada nas páginas do suplemento[56]. Anayansi reforçou que a morte de Fabricio Ojeda não tinha sido em vão, pois unificou o movimento guerrilheiro na Venezuela. Ainda nesse mesmo número, *El Caimán Barbudo* publicou também um pronunciamento de

---

54 DÍAZ de la NUEZ, Berta. "Mujer de Venezuela". *El Caimán Barbudo*, Havana, n. 14, maio de 1967, p. 2-3.

55 DÍAZ de la NUEZ, Berta. "Mujer de Venezuela." *El Caimán Barbudo*, Havana, n. 14, maio de 1967, p. 3. Além desse, apenas um outro artigo na primeira época do suplemento tratou do tema da mulher e do machismo. Ver: ARIAS, Salvador. "El machismo en el teatro de Abelardo Estorino." *El Caimán Barbudo*, Havana, n. 9, 1 de dezembro de 1966, p. 9-11.

56 ANAYANSI. "Adiós al compañero". *El Caimán Barbudo*, Havana, n. 14, maio de 1967, p. 3.

Fabricio Ojeda, de maio de 1966, em que chamava a unidade entre a juventude comunista e o MIR, para garantir a permanência das entidades universitárias nas mãos dos setores de esquerda do país[57].

O intelectual francês Regis Debray, apoiador das guerrilhas na América Latina, foi destaque em *El Caimán Barbudo*. Sua ida a Bolívia para encontrar Che Guevara acabou redundando em sua prisão pelas forças repressivas bolivianas. Depois que ele se encontrava preso há mais de três meses, o suplemento publicou um artigo de Rachid[58], correspondente de *Les Temps Modernes* em Cuba, em que defendia moral e politicamente Debray, ao reafirmar seu compromisso revolucionário e se juntar à campanha de solidariedade internacional pela libertação do pensador francês. Rachid denunciou como setores da esquerda européia, sobretudo o Partido Comunista Francês, se por um lado admiravam a Revolução Cubana como uma moda passageira, por outro lado continuavam com seu desprezo racista em relação ao Terceiro Mundo.

Muito diferente foi a postura de Regis Debray, que segundo Rachid se engajou teórica e praticamente, viajou a Cuba duas vezes, participando ativamente da campanha de alfabetização na Sierra Maestra em 1961 e da Conferência da Tricontinental em 1966. Debray também fez várias viagens à América Latina, onde entrou em contato com movimentos de libertação, registrou em filmes e reportagens suas conversações com líderes guerrilheiros e o impacto da Revolução Cubana no continente. Sua obra teórica *Revolução na Revolução* sistematizou a contribuição de Cuba ao marxismo-leninismo e à experiência revolucionária mundial, em que se destacou uma nova articulação entre o político e o militar durante a luta insurrecional. Também mostrou como a elaboração de Che Guevara foi uma contribuição fundamental, com sua defesa do estímulo moral em relação ao estímulo material[59], para a construção simultânea de uma moral comunista

---

57 OJEDA, Fabricio. "Llamamiento de los burós universitarios de la juventud comunista y del MIR". *El Caimán Barbudo*, Havana, n. 14, maio de 1967, p. 4.

58 RACHID. "Debray: ¿liberación o recuperación?". Trad. de E. Hernández e R. Granados. *El Caimán Barbudo*, Havana, n. 17, 1967, p. 2-7.

59 Sobre o debate econômico em Cuba travado por Che Guevara como Ministro das Indústrias e sua defesa dos estímulos morais, da emulação socialista e do trabalho voluntário como elementos fundamentais para a constituição do "homem novo" ver: PERICÁS (2004).

e de uma economia socialista. Por último, segundo o artigo, Cuba também contribuiu para uma nova articulação entre o nacional e o internacional, trazendo uma nova perspectiva à polêmica entre "socialismo em um só país" e "extensão da revolução"[60], já que a construção do socialismo em Cuba passava pela expansão da revolução na América Latina e no conjunto do Terceiro Mundo, o que estabelecia uma nova relação entre patriotismo revolucionário e internacionalismo proletário. Rachid fez a defesa de Debray como o melhor exemplo do intelectual europeu e revolucionário, que soube se dedicar não só à teoria, mas também à prática revolucionária e que deveria ser lembrado no momento em que se encontrava preso e era torturado, mas que resistia bravamente e silenciava diante das inúmeras ameaças e sofrimentos aos quais era submetido na prisão boliviana[61].

Além de Regis Debray, *El Caimán Barbudo* também deu espaço para que os professores de filosofia da Universidade de Havana publicassem no suplemento reflexões teóricas sobre a situação do marxismo e da revolução na América Latina, relacionando a teoria e a prática revolucionária e trazendo contribuições sobre o papel do intelectual na Revolução. Fernando Martínez Heredia, diretor do departamento de filosofia, publicou "El

---

60 Na interpretação de Moniz Bandeira, a Revolução Cubana reabilitou a "teoria da revolução permanente", defendida por Leon Trostki, que considerava que a construção do socialismo só seria possível se fosse baseada na luta de classes em escala nacional e internacional: "A revolução socialista não poderia completar-se dentro da moldura do estado nacional, daí seu caráter permanente, quer se tratasse de um país atrasado, como Cuba, que apenas acabara de empreender a reforma agrária, aspirando à industrialização, quer se tratasse de um país capitalista desenvolvido, que já experimentara longo período de democracia". Ver: BANDEIRA (1998, p. 299).

61 A prisão de Régis Debray e de Ciro Bustos, artista plástico argentino, pelo exército boliviano quando deixavam a região da guerrilha na Bolívia após terem se encontrado com Che Guevara, confirmou a presença de Che em território boliviano, seis meses antes de sua morte. O documentário *Sacrifício – Quem traiu Che Guevara?*, de Erik Gandini e Tarik Saleh (Suécia, 2001), mostrou como a culpa pela delação da presença de Che acabou recaindo plenamente sob Ciro Bustos, enquanto Régis Debray saiu do episódio considerado como "herói" pela esquerda latino-americana. O documentário questionou essa visão e mostrou como Régis Debray teria também colaborado e passado informações sobre a guerrilha ao exército boliviano.

ejercicio de pensar", em que fazia já na epígrafe de Enrique José Varona[62] um chamado ao espírito crítico e deixava claro sua oposição aos dogmas[63]. Para Fernando Martínez, os intelectuais cubanos respondiam ao chamado de Fidel Castro para "desenvolver a consciência socialista, pensar com cabeça própria e assumir as implicações da solidariedade internacional" partindo de uma reflexão da filosofia marxista.

Apesar de reconhecer em Cuba o importante papel do Partido Comunista Cubano na construção do socialismo, e também na elaboração teórica do marxismo, Fernando Martínez criticou uma "etapa escolástica e de dogmatismo do pensamento marxista", em que o partido definia o que era ou não científico e artístico, sem nenhum rigor, baseado apenas em decisões políticas. Essa visão dogmática do marxismo também foi questionada na União Soviética após o XX Congresso do PCUS, em 1956, quando Kruschov denunciou os crimes cometidos por Stálin na União Soviética. Martínez destacou que depois de dez anos dessa autocrítica, o marxismo soviético não havia avançado em análises que possibilitassem às organizações marxistas continuar em seu objetivo de transformar o mundo. Em sua visão, a Revolução Cubana era o acontecimento contemporâneo mais importante da América Latina, já que teve uma transcendência internacional em diversos aspectos, inclusive na teoria marxista. Diversas organizações marxistas do continente, que partiram para a luta armada, contavam com o aval de Cuba, mas muitas vezes não tinham o apoio dos partidos comunistas latino-americanos, que não enxergaram a atualidade da revolução:

> A necessidade de encontrar soluções aos nossos problemas reais, e de sustentar uma posição revolucionária comunista ligada à luta tricontinental antimperialista, em meio de uma complexa situação internacional agravada pela divisão do movimento

---

62 Enrique José Varona foi professor da Universidade e importante representante do positivismo filosófico em Cuba. Varona assumiu uma postura contrária à ditadura de Machado e colocou-se ao lado das reivindicações dos estudantes, por isso foi muito lembrado pela geração que participou da Revolução dos anos trinta em Cuba.

63 VARONA, Enrique José apud MARTÍNEZ HEREDIA, Fernando. "El ejercicio de pensar". *El Caimán Barbudo*, Havana, n. 11, fevereiro de 1967, p. 2.

comunista, tem aguçado nossa posição marxista. A versão deformada e teologizante do marxismo que continha grande parte da literatura ao nosso alcance, resultou ineficaz para contribuir para formar revolucionários capazes de analisar e resolver nossas situações concretas; ao contrário, ameaçou agudizar a preguiça e "falta" mental típica do indivíduo colonizado, em uma etapa na qual o atraso econômico e as dificuldades de toda ordem exigem o desenvolvimento rápido do espírito criador. (...) A realidade de nossa "heresia" revolucionária frente ao pseudomarxismo não pode traduzir-se em um desprezo à teoria[64].

Em seu chamamento à reflexão teórica marxista, Fernando Martínez destacou especificidades do trabalho científico e a necessidade de se superar certos preconceitos e desprezos contra a atividade intelectual, presentes nas "ideologias proletárias". Por outro lado, o intelectual havia sido durante muito tempo separado do trabalho manual, carregava uma tendência ao individualismo, à incompreensão da necessidade social e deveria sofrer mudanças profundas em sua formação para integrar-se plenamente à sociedade socialista.

O dever internacionalista também poderia levar os estudos marxistas para uma análise dos países dominados pelo imperialismo e oferecer-lhes a experiência cubana em sua luta pela liberação e pelo socialismo. Fernando Martínez ressaltou que a relação entre a teoria e a prática revolucionária deveria ser constante e fez questão de defender a necessidade da liberdade da investigação científica, de uma atmosfera favorável à atitude indagadora, inerente ao pensamento crítico, no desenvolvimento da reflexão teórica marxista.

A relação entre teoria e prática revolucionária também foi desenvolvida em artigo de Hugo Azcuy, subdiretor do departamento de filosofia da Universidade de Havana, publicado em *El Caimán Barbudo*. Ao partir de elaborações de Che Guevara e Regis Debray, o artigo reivindicou uma leitura do marxismo como teoria da revolução social. O artigo baseava-se no conceito de "consciência de classe" de Lukács para defender que a

---

64 MARTÍNEZ HEREDIA, Fernando. "El ejercicio de pensar". *El Caimán Barbudo*, Havana, n. 11, fevereiro de 1967, p. 5.

falsa consciência do proletariado, que era imposta no sistema capitalista, só poderia ser superada com a tomada do poder pela revolução e com a instauração da ditadura do proletariado[65]. As desigualdades econômicas e sociais do sistema capitalista levaram à exclusão de amplos setores da população, que só teriam uma única saída, na visão de Hugo Azcuy: a revolução. Estes setores estavam se incorporando na luta, por meio da adesão aos movimentos guerrilheiros, como as FAR guatemaltecas ou as FALN venezuelanas.

Hugo Azcuy criticou abertamente a concepção de setores marxistas que confiavam na existência de um partido da classe operária e esperavam passivamente o estalido da revolução como algo inevitável. Em sua concepção, a revolução não se produzia espontaneamente, mas por meio de uma atitude prática e teórica constante, em que o uso da violência não estaria descartado, como foi o caso de Cuba:

> Mas há algo também muito importante que emerge da situação atual no continente: persistir em uma política reformista já não significa só esperar que das calendas gregas se produza a revolução por si só; é julgar-lhes um mau comportamento à classe operária, é contribuir para subtrai-la em parte, de sua revolução e isto não tem mais que um nome, traição.[66]

---

65 *El Caimán Barbudo* publicou pela primeira vez em Cuba um artigo de Georg Lukács, como revelou a própria nota dos editores que acompanhou o texto: "A atualidade da Revolução é seguramente a problemática mais importante do mundo contemporâneo, a linha definitória da opção inescusável: revolução ou conformismo. A resposta tem sido uma em Marx, Lenin, Fidel, Che, Ho Chi Minh, Douglas Bravo: uma, a mesma, em todo revolucionário verdadeiro. É tarefa necessária, pois, destacar a continuidade do verdadeiro pensamento marxista ante este problema. A análise do discutido, mas sempre profundo, pensador húngaro Georg Lukács, que damos a conhecer em Cuba pela primeira vez, conserva toda a vigência de um pesamento vivo e atual, toda a força moral de uma definição necessária". Ver: LUKÁCS, Georg. "Lenin y la actualidad de la Revolución". *El Caimán Barbudo*, Havana, n. 10, janeiro de 1967, p. 14.

66 AZCUY, Hugo. "Ideales y teoria". *El Caimán Barbudo*, Havana, n. 13, abril de 1967, p. 4.

Ao questionar a política reformista, esse artigo visava atingir os setores da esquerda que não viam a urgência do processo revolucionário em curso na América Latina e que defendiam alianças com as burguesias nacionais, para atingir mudanças por meio da via eleitoral, como foi o caso dos partidos comunistas latino-americanos. O exemplo da Revolução Cubana foi evocado para defender a política de exportação da revolução e do socialismo, por meio dos movimentos guerrilheiros latino-americanos, como foi mostrado em vários artigos do suplemento.

Os editores de *El Caimán Barbudo* não deixaram dúvidas quanto ao seu engajamento e compromisso, ao apoiar as principais manifestações da Revolução Cubana e defender em suas páginas a solidariedade com as lutas guerrilheiras em curso ao redor do mundo, seja no Vietnã ou nos países latino-americanos. A defesa da atualidade da revolução nos países do Terceiro Mundo na publicação relacionava-se com as idéias do "terceiro-mundismo", componente fundamental dos movimentos de contestação ao redor do mundo nos anos sessenta[67].

A postura antiimperialista e "terceiro-mundista" do suplemento relacionou-se com o romantismo revolucionário presente nos anos sessenta, em que o voluntarismo, o combate romântico e o puritanismo foram ideais cultivados na teoria e prática revolucionária de setores da esquerda na época. Símbolos como Che Guevara[68] ou os guerrilheiros latino-americanos, que lutavam por meio da ação radical e da violência, travavam um combate romântico, com boa dose de voluntarismo político, elementos do romantismo revolucionário difundido por *El*

---

67 A circulação das idéias, por meio da imprensa e dos meios de comunicação de massa, e a prática da contestação da juventude favoreceram o surgimento de uma cultura comum entre os movimentos de juventude dos anos sessenta. A defesa e admiração ao Terceiro Mundo nutriram de maneira significativa o clima de contestação e construíram progressivamente um espaço público de debate nos países da Europa e América. Ver: DREYFUS-ARMAND (2000).

68 A figura de Che tornou-se um mito e um exemplo da luta do "terceiro-mundismo", do antiimperialismo e de um romantismo revolucionário, e inspirou os ideais difundidos nos movimentos de contestação de juventude no Ocidente ao longo dos anos sessenta. Ver: FRANK (2000).

Caimán Barbudo[69]. A crença de que com vontade e ação política todas as transformações da ordem estabelecida seriam possíveis, independente do poder e força dos inimigos, era um traço muito característico dos movimentos de juventude dos anos sessenta e divulgado na publicação. Outra característica fundamental do romantismo revolucionário foi uma ênfase dada à prática, à ação, à coragem e a vontade de transformação, deixando em segundo plano a teoria e os limites impostos pelas circunstâncias históricas objetivas[70].

O romantismo revolucionário perpassou as páginas de *El Caimán Barbudo* nessa época e foi um marco nas lutas políticas e culturais dos anos sessenta, como parte da utopia revolucionária romântica do período, em que a vontade de transformação e ação dos seres humanos fazia parte do processo de construção do "homem novo", termo elaborado pelo jovem Marx, que fora recuperado por Che Guevara, em 1965. Nesse contexto, a radicalização dos intelectuais ao longo desse período relacionou-se não apenas com a crítica ao capitalismo e ao imperialismo, impulsionada pela guerra do Vietnã, mas também com as revoluções em curso no Terceiro Mundo, que funcionavam como "pólos catalizadores" e favoreciam o engajamento de inúmeros intelectuais, como foi o caso dos intelectuais

---

69 O romantismo revolucionário esteve presente no "maio de 1968" na França e nos movimentos "terceiro-mundistas" da época: tratava-se de uma forte crítica à modernidade, que estava impregnada na atmosfera política e cultural daqueles anos, em que se combinava uma reação contra o modo de vida capitalista e uma recuperação de valores do passado e das raízes populares. O romantismo revolucionário também significou a exaltação da subjetividade do indivíduo, da liberdade de seu imaginário, sem deixar de valorizar também a comunidade e a totalidade. O estudo de Michael Löwy e Robert Sayre analisou diversos tipos de romantismo revolucionário, entre eles o romantismo marxista, cujos principais representantes seriam Marx, Engels, Rosa Luxemburgo, Benjamin, Marcuse, Lefébvre, Thompson, Raymond Williams e a escola de Frankfurt. Ver: LÖWY, Michael; SAYRE, Robert apud RIDENTI (2000, p. 27-30).

70 A pesquisa de Marcelo Ridenti mostrou como o romantismo revolucionário caracterizou a esquerda política e cultural brasileira nos anos sessenta e setenta. Além disso, destacou como as circunstâncias históricas das revoluções de libertação nacional, como a Revolução Cubana, a independência da Argélia (1962), as lutas anti-coloniais na África e a guerra do Vietnã permitiram o florescimento de diversas versões do romantismo revolucionário nessa época pelo mundo. Ver: RIDENTI (2000).

cubanos e de muitos intelectuais de esquerda da América Latina e Europa, que simpatizaram com a causa revolucionária cubana, como ficou explícito no suplemento (RIDENTI, 2000, p. 54).

Apesar de todas as tentativas realizadas por diversas organizações inspiradas no exemplo cubano, os movimentos guerrilheiros fracassaram na América Latina. Nenhum artigo de *El Caimán Barbudo* fez um balanço dos diversos movimentos guerrilheiros que surgiram no continente, apesar das inúmeras mortes em combates de guerrilheiros latino-americanos[71]. Em nenhum momento se mencionou na publicação as razões que levaram às derrotas das guerrilhas, o que suporia uma crítica à política externa de Cuba de exportação da Revolução por meio desses movimentos. Nesse sentido, os editores do suplemento não ousaram fazer uma análise do fracasso das guerrilhas, nem mesmo com a morte de Che Guevara, e mantiveram-se de acordo com a linha política impulsionada pelo governo cubano naquele momento.

O papel do intelectual propalado pelo suplemento buscava aproximar os "homens de letras", os jovens escritores, dos "homens de ação", os guerrilheiros e dirigentes políticos, ao instigar a juventude cubana na construção do "homem novo", tão bem elaborado e vivido em sua própria trajetória por Che Guevara. Nesse modelo cubano de "herói revolucionário" propalado na publicação, sobressaiu-se a figura política e militante do guerrilheiro, em detrimento dos questionamentos e rebeldias culturais juvenis que afloraram em outras partes do mundo[72],

---

71 Na visão de Michael Löwy, a orientação "militarista" e "voluntarista" da maior parte dos movimentos guerrilheiros acabou por levar à derrota política e militar dessas organizações. Muitos movimentos conseguiram estabelecer relações com uma parte do campesinato, mas faltava o apoio de um movimento social de massas e de uma organização política com envergadura nacional para respaldar a ação da luta armada. Além disso, a diversidade social, política e econômica entre os países da América Latina muitas vezes não foi levada em conta pelos movimentos guerrilheiros. Em países como o Brasil e Argentina, por exemplo, com um grau de industrialização e urbanização diferenciado do que havia em Cuba, o foco guerrilheiro no campo não era viável para criar as condições para a vitória da Revolução. Ver: LÖWY (1999, p. 48); BANDEIRA (1998).

72 Hobsbawm analisou a revolução cultural que estava em curso nos movimentos de juventude e na "nova esquerda" nos anos sessenta, cujas principais componentes eram a "liberação" sexual, a emancipação das mulheres, o consumo de drogas, o amor livre,

mas que em Cuba foram controlados pelo governo e não foram quase mencionados no suplemento⁷³.

O DESFECHO DA PRIMEIRA ÉPOCA DO SUPLEMENTO

El Caimán Barbudo abriu suas páginas para acompanhar os principais fatos políticos da Revolução Cubana e do mundo. O compromisso revolucionário de seus editores e do grupo mais participativo de colaboradores foi afirmado não apenas no editorial e no manifesto *Nos pronunciamos*, publicado no primeiro número, mas também em diversos artigos e editoriais ao longo dos quase dois anos da primeira fase da publicação. Entretanto, todo o engajamento à Revolução provado por seus editores não foi o suficiente para mantê-los na direção do suplemento por muito tempo, pois a redação manteve em muitos momentos um

---

além de comportamentos e vestimentas com estilos e símbolos de rebeldia e dissidência pessoal. Entretanto, Hobsbawm avaliou que as revoluções, incluindo as marxistas, desenvolviam tendências puritanas, e nesse contexto a liberdade pessoal absoluta tornava-se um inconveniente. Entretanto, para Hobsbawm, a rebelião e a dissidência cultural não eram forças revolucionárias politicamente importantes. Ver: HOBSBAWM (2003, p. 218-219).

73 O governo cubano estava na contramão da revolução cultural que ocorria ao redor do mundo nos anos sessenta, ao perseguir homossexuais, *hippies*, jovens de cabelo comprido e roupas extravagantes, que foram em muitos casos internados nas UMAPs, além da proibição da veiculação no rádio e outros meios de comunicação de certos grupos de rock, como os *Beatles*. Um dos motivos do governo para a censura da execução em Cuba dos *Beatles* baseava-se no perigo de disseminação de símbolos, valores e comportamentos *"yanquis"* entre os jovens. Ver: VILLAÇA (2004, p. 113). Nesses anos, novas práticas culturais estavam sendo forjadas pela juventude, como forma de contestação social. Estes novos costumes rebeldes juvenis, denominados de contracultura, faziam parte do movimento de protesto dos anos sessenta em todo mundo. Geneviève Dreyfus-Armand mostrou como os movimentos de contestação juvenis forjaram uma contracultura, em que o modo de expressão, sobretudo musical, contribui para uma rápida circulação das idéias de um país para outro e fomentou uma cultura comum entre a juventude da época. Ver: DREYFUS-ARMAND (2000, p. 30).

tom crítico e um relativo distanciamento da direção da União de Jovens Comunistas.

El Caimán Barbudo sempre manteve sua autonomia diante do jornal *Juventud Rebelde*, do qual a publicação fazia parte como suplemento, pois seu diretor Miguel Rodríguez era amigo de Jesús Díaz e permitiu-lhe atuar segundo seu critério[74]. Entretanto, Díaz relatou muitos anos depois como o suplemento teve de lutar contra a censura e os interventores mandados pela direção da UJC, para controlar a linha editorial do jornal. O primeiro enviado foi Eduardo Castañeda, que passou a colaborar com a publicação e não aceitou fazer o papel que lhe fora designado pela direção da UJC (DÍAZ, 2000, p. 109). A segunda interventora, Mayra, era da direção nacional da UJC e não conseguiu exercer a censura, pois se apaixonou por Díaz (MARTÍNEZ PÉREZ, 2001, p. 157)[75]. O último interventor, cujo nome permanece ainda hoje oculto, mas que segundo Jesús Díaz era na ocasião o segundo secretário da UJC, foi o mais problemático, pois queria fazer uma "limpeza" na publicação, em cujas páginas encontravam-se muitas "debilidades", "diversionismo ideológico", "opiniões conflitivas" e "palavrões". Entretanto, o último interventor não chegou a por em prática a censura, já que foi afastado e acusado de assediar sexualmente um recruta em sua sala na Direção Nacional da UJC (DÍAZ, 2000, p. 110)[76].

---

74 A autonomia do suplemento tinha certos limites. Na entrevista que realizei com Raúl Rivero em Havana, ele afirmou que não se podia publicar em *El Caimán Barbudo* nenhum artigo sobre homossexualidade ou de autor homossexual, além de ser evitado também a edição de "poesia pura", ou seja, literatura não comprometida com a Revolução. Segundo Raúl Rivero, estas normas não eram escritas, mas eram bem conhecidas por Jesús Díaz, o diretor do suplemento. Ver: RIVERO, Raúl. *Entrevista*. Entrevistadora Sílvia Cezar Miskulin. Havana, 2 de maio de 2002.

75 Guillermo Rodríguez Rivera, em entrevista realizada por mim em Havana, confirmou o envio de três interventores pela UJC e que uma delas teria se "*enamorado*" de Jesús Díaz. Ver: RODRÍGUEZ RIVERA, Guillermo. *Entrevista*. Entrevistadora Sílvia Cezar Miskulin. Havana, 30 de abril de 2002.

76 Tanto Jesús Díaz nesse artigo em que explica sua versão sobre o fechamento de *El Caimán Barbudo*, como Guillermo Rodríguez Rivero em sua entrevista, alegaram não se lembrar do nome desse último interventor da UJC. Ver: RODRÍGUEZ RIVERA, Guillermo. *Entrevista*. Entrevistadora Sílvia Cezar Miskulin. Havana, 30 de abril de 2002.

A publicação de certos textos, desenhos e até mesmo uma seção do suplemento foram motivos de atritos com a direção da UJC. Logo no primeiro número, uma auto-caricatura do desenhista Posada foi considerada imoral pelos dirigentes comunistas[77]. Alguns artigos criticaram o *Icaic* e essas publicações foram vistas pela UJC como conflituosas em relação a uma instituição estatal[78]. Já a seção de humor *La carabina de Ambrosio* foi

---

[77] Segundo Jesús Díaz, a caricatura de Posada publicada no primeiro número do suplemento trazia a imagem do próprio desenhista, nu, saltando sobre três pessoas, o que foi considerado imoral. Ver: DÍAZ (2000, p. 110). A comprovação de que o desenho de Posada causou polêmica estava na publicação de um artigo de Reynaldo González, na revista *La Gaceta de Cuba*, logo após o primeiro número do suplemento, em que defendia o desenhista Posada e os editores de *El Caimán Barbudo* das acusações que receberam de empregarem muitos palavrões e de editarem o desenho "pornográfico" de Posada. Ver: GONZÁLEZ, Reynaldo. "Pornografia y malas palabras (variaciones sobre el viejo tema)". *La Gaceta de Cuba*, Havana, n. 51, junho/julho de 1966, p. 9.

[78] Ramón Sola Hernández criticou nas páginas do suplemento dois longas produzidos pelo Icaic: *Vuelo 134*, de José A. Jorge e *Asalto al tren central*, de Alejandro Sanderman. As produções foram taxadas de amadoras e Sola Hernández apontou os motivos do fracasso desses filmes: a falta de experiência dos diretores, que deveriam ter feito mais documentários antes de se aventurarem na ficção, a escolha e o método de utilização dos atores e o desconhecimento das características dos personagens e de seu contexto. Ver: SOLA HERNÁNDEZ, Ramón. "Fracaso de los transportes Icaic". *El Caimán Barbudo*, Havana, n. 15, junho de 1967, p. 10-11. Outro artigo de Ramón Sola Hernández também avaliou cinco filmes realizados pelo Icaic, lançados em 1966: *El robo*, de Jorge Fraga; *Papeles son papeles*, de Fauto Canel; *La salación*, de Manuel Octavio Gómez; *La muerte de un burócrata*, de Tomás Gutierrez Alea; e *Manuela*, de Humberto Solás. O autor elogiou o filme *La muerte de um burócrata*, de Tomás Gutierrez Alea, como o escárnio da mais atual das tragédias do estado proletário, sendo "o melhor filme cubano do ano e de toda a história de nosso cinema". O filme *Manuela*, de Humberto Solás, foi a revelação do ano, na análise de Ramón Sola. Entretanto, o artigo fez algumas críticas aos longas-metragens do *Icaic*, sobretudo das circunstâncias negativas como "a debilidade geral dos roteiros, a inadequação das atuações". O autor admitia no artigo que os leitores poderiam achar sua crítica um pouco rígida e carregada de pontos negativos. Ver: SOLA HERNÁNDEZ, Ramón. "Cinco cine 66". *El Caimán Barbudo*, Havana, n. 10, janeiro 1967, p. 21.

acusada pela direção da juventude de faltar com o respeito e ser herética[79]; e o conto de Sixto Quintela foi considerado ofensivo ao sistema e ao máximo líder[80]. A publicação de um artigo de Heberto Padilla no número 15, em junho de 1967, foi considerada a "gota d'água" para o desligamento dos editores e da equipe inicial de colaboradores de *El Caimán Barbudo* no fim desse mesmo ano. A polêmica iniciou-se quando *El Caimán Barbudo* decidiu solicitar uma avaliação sobre o romance *Pasión de Urbino*, de Lisandro Otero, a três escritores[81]. O livro acabara de concorrer ao prêmio Biblioteca Breve, que foi concedido em 1967 na Espanha a Guillermo Cabrera Infante, por seu romance *Tres Tristes Tigres*.

A análise de Heberto Padilla sobre a obra desencadeou a polêmica, pois criticou muito negativamente o livro de Otero, que na época era vice-

---

79 A seção *La carabina de Ambrosio* apareceu uma única vez no suplemento, no número 15. Estava dividida em seis pequenas notas e numa delas criticou-se o Conselho Nacional de Cultura, que havia cedido o Instituto de Literatura y Linguística para a Academia de Ciências, em troca de administrar o Zoológico e o Aquário. Os editores também criticaram a obra *El Gran Zoo* de Nicolas Guillén, presidente da Uneac, além de muitos outros escritores. Ver: "Cambio un mono por un libro (La carabina de Ambrosio)". *El Caimán Barbudo*, Havana, n. 15, junho de 1967, p. 24.

80 QUINTELA, Sixto. "Antes de morir". *El Caimán Barbudo*, Havana, n. 14, maio de 1967, p. 16-17. O conto deu voz a um doente mental, Lucio Tomas, que acreditava ser perseguido pelos diabos brancos. Durante seus delírios, o personagem perturbado elencava em seus discursos Marx, Lênin, Fourier, o voluntarismo, a relatividade, o kantismo, o empiriocriticismo e o monoteísmo. O seguinte comentário dos editores foi publicado junto com o conto: "Sixto Quintela nasceu em Havana, em 6 de abril de 1941. Morreu na mesma cidade há uns dias, em 4 de abril. Nesse breve período de tempo desenvolveu uma dramática história humana definida pelo amor à vida, a luta e a arte".

81 A avaliação de Luis Rogelio Nogueras sobre o livro *Pasión de Urbino* afirmou a importância da obra para a literatura cubana e destacou como o romance não tinha problemas de esquematismo, superficialidade ou exercícios literários não concluídos. Ver: NOGUERAS, Luis Rogelio. "Historia de una pasión cubana". *El Caimán Barbudo*, Havana, n. 15, junho de 1967, p. 14. Já Oscar Hurtado reconheceu muitas qualidades literárias e fez um grande elogio à obra de Lisandro Otero. Ver: HURTADO, Oscar. "La lucidez en un sueño de Lisandro Otero." *El Caimán Barbudo*, Havana, n. 15, junho de 1967, p. 15.

presidente do Consejo Nacional de Cultura[82]. Para Padilla, o romance era uma "banalidade", algo "inadmissível" na idade do autor, que tinha no momento 35 anos. Fez ainda uma advertência a Lisandro Otero, que atingia também outros intelectuais que assumiam funções administrativas no governo cubano: "Para ele se abre além disso as duas únicas opções possíveis a sua profissão: o destino cinza de burocrata da cultura, que a duras penas poderia escrever divertimentos, ou o de escritor revolucionário que se propõe diariamente sua humilde, grave e difícil tarefa na sua sociedade e em seu tempo."[83]

Ainda nesse mesmo artigo, Padilla elogiou o livro premiado de Cabrera Infante como um romance "brilhante" e "profundamente cubano". Entretanto, o que provavelmente causou maior incômodo no texto de Padilla foram críticas que desferiu aos funcionários do Ministério das Relações Exteriores, que impediram Cabrera Infante de tomar o avião para a Bélgica, onde exercia na época função diplomática, episódio que acabou levando o escritor ao exílio na Europa. Seus questionamentos em relação a esse fato também atingiram a Uneac (por ter sido conivente com o ocorrido) e a polícia:

> Os burocratas do Ministerio das Relações Exteriores não explicaram naquele momento, nem pediu nossa União de Escritores e Artistas, que cada dia é mais um cascarrão de figurões, as causas pelas quais Guillermo Cabrera Infante foi tirado do avião que o conduzia de regresso a Bruxelas para reintegrar-se ao cargo diplomático que desempenhava há muito tempo. Mas o certo é que hoje se encontra em um sótão de Londres, com sua mulher e duas filhas, em meio a grandes dificuldades e sem que até o momento haja escrito uma só linha contra a Revolução Cubana, o novelista que fez mais por dar expressão a nossa realidade nacional, que o policial efusivo e anônimo, com mentalidade de 1961, que redatou o informe fulminante contra ele.[84]

---

82 Lisandro Otero foi designado vice-presidente do *Consejo Nacional de Cultura*, em dezembro de 1966, pelo Ministro da Educação José Llanusa. Ver: OTERO (1997, p. 89).

83 PADILLA, Heberto. "A proposito de Pasión de Urbino". *El Caimán Barbudo*, Havana, n. 15, junho 1967, p. 12.

84 PADILLA, Heberto. "A proposito de Pasión de Urbino". *El Caimán Barbudo*, Havana, n. 15, junho 1967, p. 12.

Por último, Padilla afirmou sua intenção em não cair na "covardia intelectual", como ocorria em muitos países socialistas, ao defender a liberdade e a justiça de expressar livremente suas opiniões. Esse artigo de Padilla abriu uma polêmica não só com a direção do suplemento, mas também com a direção da União de Jovens Comunistas (UJC), que se estenderia a muitos números depois, inclusive na segunda época da publicação, como mostrarei no próximo capítulo.

Os editores de *El Caimán Barbudo* publicaram no mesmo número um texto[85], em que se posicionaram explicitamente contra as opiniões expressadas por Heberto Padilla sobre a obra *Pasión de Urbino*. Os editores viram no artigo de Padilla "violência" e "ressentimento" que ultrapassavam os limites da crítica literária. Entretanto, os editores do suplemento alertaram que o problema era o ataque que Padilla fazia aos organismos revolucionários e à polícia, ao mencionar Guillermo Cabrera Infante. Apesar de Padilla conhecer bem outros países socialistas, devido a sua estada fora da ilha como funcionário da Revolução[86], os editores não aceitaram o julgamento que ele fez de Cuba com juízos importados desses países:

> Como se pode afirmar que a Revolução é a medida social da liberdade e da justiça e ao mesmo tempo mover-se por reflexos condicionados? O desenvolvimento cultural de Cuba nestes

---

85 O número 15 trazia a seguinte ficha técnica: diretor Jesús Díaz; responsável da redação Luis Rogelio Nogueras; direção de desenho César Mazola; conselho de redação Guillermo Rodríguez Rivera, Orlando Alomá, Victor Casaus, Ricardo J. Machado, Mariano Rodríguez Herrera; secretária de redação Silvia Freyre; ilustrações José Luis Posada. Pela primeira vez, houve a indicação como "publicação quinzenal de cultura do periódico *Juventud Rebelde*", fato que não se concretizou, provavelmente devido ao texto polêmico de Padilla e ao afastamento dos editores. Segundo as memórias de Lisandro Otero, publicada em 1997 em Cuba, a nota dos editores de *El Caimán Barbudo* teria sido escrita por membros do comitê de redação: Jesús Diaz, Victor Casaus, Luis Rogelio Nogueras e Guillermo Rodríguez Rivera. Ver: OTERO (1997, p. 95).

86 Logo após o fechamento de *Lunes de Revolución*, em 1962, Padilla mudou-se para Moscou, onde viveu por alguns anos com sua família, como jornalista e corretor para o semanário *Novedades de Moscú*, que apenas iniciava sua publicação em espanhol. Ver: PADILLA (1989, p. 70).

últimos anos, não demonstra que socialismo e liberdade de criação, Revolução e audácia criadora são uma mesma coisa? (...) Nossos inimigos poderão acusar-nos com razão de ter proibido a exploração do homem pelo homem, mas não um quadro, uma novela, um filme, uma composição musical, uma obra de teatro, sejam de qualquer tendência artística. Ao contrário: jamais a arte e a literatura tiveram em Cuba maior estímulo e difusão e variedade e dinamismo.[87]

O repúdio explícito ao realismo socialista na ilha relacionou-se com a defesa da inexistência de qualquer censura no âmbito cultural cubano, na visão dos editores de *El Caimán Barbudo*. Nesse ponto, os editores assumiram uma atitude muito oficial em relação ao discurso da política cultural da Revolução e não levaram em conta certos cerceamentos ocorridos no meio cultural, como o fechamento da editora El Puente e do suplemento cultural *Lunes de Revolución*. A defesa da existência em Cuba de ampla liberdade de criação e expressão também seria contrastada pouco mais tarde com a destituição da equipe de editores e principais colaboradores e o início da segunda fase de *El Caimán Barbudo*.

Os editores do suplemento criticaram duramente Padilla por não ter o "verdadeiro espírito revolucionário", o que seria justificável pelo fato de ele ter vivido muitos anos fora de Cuba e talvez desconhecer a realidade cultural do país. Também questionaram a decisão de opor no artigo o escritor Lisandro Otero, radicado em Cuba, com o escritor emigrado Guillermo Cabrera Infante. Em sua visão, os funcionários do Ministério das Relações Exteriores não necessitavam dar explicações públicas do desligamento de um funcionário de seu cargo e o policial poderia ser um "herói anônimo", cujo nome não aparecia na imprensa, mas que garantia a segurança da Revolução. Sobre o exílio de Cabrera Infante[88], os editores

---

87 "Sobre Pasión de Urbino. Tres generaciones opinan". *El Caimán Barbudo*, Havana, n. 15, junho de 1967, p. 13.

88 Para Guillermo Cabrera Infante, sua presença em Cuba havia se tornado incômoda para o governo cubano em dois momentos: após o fim de *Lunes de Revolución*, quando Cabrera Infante ficou oito meses desempregado e começou a receber em sua casa um número cada vez maior de intelectuais descontentes, sendo levado a aceitar o cargo de

questionaram sua decisão de abandonar a ilha e deixar desse modo de contribuir com o desenvolvimento cultural cubano, em um momento histórico em que a cultura se transformava em um "direito e necessidade do povo revolucionário".

Essa tomada de posição dos editores também significou uma reflexão sobre o papel do intelectual na Revolução. O intelectual não deveria aspirar apenas satisfazer suas necessidades pessoais e de sua obra, mas sim engajar-se na luta de todo o povo cubano. Nesse ponto, os editores basearam-se em discursos de Fidel Castro para afirmar as prioridades da Revolução para o âmbito cultural e educacional, que seria a criação de todas as condições favoráveis para o desenvolvimento das inteligências em Cuba. Para os editores do suplemento, as tarefas dos intelectuais revolucionários em Cuba eram incalculáveis, pois não se tratava de uma sociedade desenvolvida e os escritores tinham o desafio de criar novas obras, um movimento literário, além de formar o público leitor, aliando a teoria e a prática revolucionária[89].

Nesse artigo, a presença enfática da figura de Fidel Castro, que foi três vezes citado no texto pelos editores (além das menções a José Martí e Che Guevara), contrastou com a pequena quantidade de citações de Fidel em outros números do suplemento. Ao prever desentendimentos que surgiriam da publicação do artigo de Padilla no suplemento, os editores de *El Caimán Barbudo* assumiram um discurso mais oficial e castrista. Talvez esse tom do

---

segundo secretário na embaixada da Bélgica; a segunda vez foi após o funeral de sua mãe, em 1965, quando o impediram de embarcar de volta para seu cargo diplomático: "Foi por essa razão que me estenderam o tapete (voador) vermelho para sair de Cuba pela segunda e definitiva vez, já que a casa de meus pais se enchia toda noite de intelectuais e artistas não mais descontentes ou desanimados, mas perseguidos, alguns por serem homossexuais, outros por serem heterodoxos, todos por serem desobedientes, porque a desobediência é o único crime que a Nova Igreja Ortodoxa não perdoa. Alguns desses amigos, desesperados e arrastados pela esteira militante deixada por Allen Guinsberg antes que o deportassem de Cuba, queriam mesmo redigir manifestos (na época a pederastia e o lesbianismo eram crimes políticos idênticos ao abstracionismo: os invertidos culpados como os rr) e desfilar diante do Palácio com cartazes: 'Homossexuais de todo o país, uni-vos! Não há nada a perder além do sexo!'" CABRERA INFANTE (1996, p. 51).

89 "Sobre Pasión de Urbino. Tres generaciones opinan". *El Caimán Barbudo*, Havana, n. 15, junho de 1967, p. 14.

discurso representasse uma tentativa dos editores de ajustar o suplemento às expectativas da direção da União de Jovens Comunistas e do governo cubano, para evitar que fossem desligados da publicação.

Como saldo final da polêmica, a UJC acabou desligando os escritores da direção de *El Caimán Barbudo*. A substituição da junta editorial do suplemento e a remoção de Jesús Díaz da direção de *El Caimán Barbudo* realizaram-se em janeiro de 1968, quando o suplemento passou a contar com uma nova equipe de redatores. Ao publicar o artigo de Padilla, os editores do suplemento mencionaram um tema tabu na ilha: o exílio cubano e a literatura produzida fora de Cuba[90]. Guillermo Cabrera Infante permaneceu um escritor silenciado em Cuba e mesmo com sua morte em 21 de fevereiro de 2005, em Londres, seus livros continuam ausentes na ilha[91]. Os questionamentos na publicação à condução de outras instituições culturais, como foi o caso do Icaic e do CNC, também se constituíram numa questão muito espinhosa e o afastamento dos colaboradores revelou um dispositivo da política cultural de não tolerar críticas explícitas e escritas em relação aos órgãos estatais.

O espírito crítico dos editores do suplemento desagradou muitos setores da intelectualidade cubana, sobretudo de comunistas que assumiram diversos cargos dirigentes nas instituições culturais. Nesse jogo de disputa por espaço e poder no campo cultural cubano, a posição dos editores de *El Caimán Barbudo* tornou-se muito precária, sobretudo após a publicação do texto de Heberto Padilla, o que acabou por afastá-los da condução do suplemento. A decisão do desligamento dos editores foi tomada por Jaime

---

90   Conforme analisou Pío Serrano: "Desta maneira Padilla quebrara um pacto não escrito que consistia em silenciar ou mencionar só para ser duramente criticado a todo autor cubano no estangeiro. E ainda que os editores de *El Caimán* não deixassem de acusar a Padilla por sua falta de 'espírito revolucionário', todos foram desligados e se deu andamento a uma nova etapa no suplemento cultural". Ver: SERRANO (1999a, p. 108).

91   Segundo a versão oficial, não há censura por parte do governo quanto aos livros de Cabrera Infante circularem na ilha, mas a proibição partiria do próprio Cabrera Infante, que negou que o governo reproduzisse suas obras nas editoras estatais cubanas. Ver: GARCÍA SANTOS, Daniel. "Cabrera Infante y Cuba". In: *Boletin Librínsula*. Havana, ano 2, n. 63, 18 de março de 2005. Documento eletrônico, http://www.bnjm.cu/librinsula/2005/marzo/63/index.htm.

Crombet, primeiro secretário da UJC[92]. Entretanto, na primeira fase do suplemento não houve nenhuma manifestação por escrito dos editores questionando ou explicando seu afastamento do suplemento[93].

O fim da primeira fase de *El Caimán Barbudo* significou uma dispersão parcial do grupo principal de colaboradores. Jesús Díaz e outros professores do departamento de filosofia da Universidade de Havana, como Fernando Martínez, Aurélio Alonso, Hugo Azcuy, entre outros, continuaram trabalhando juntos e colaboraram com a revista desse departamento, denominada *Pensamiento Crítico*, até seu fechamento e a dissolução do próprio departamento de Filosofia, em 1971[94]. Os demais colaboradores, como Guillermo Rodríguez Rivero, Luis Rogelio Nogueras, Víctor Casaus,

---

92 Jesús Díaz deu duas versões sobre seu desligamento da publicação: em artigo publicado no ano de 2000 na revista *Encuentro de la cultura cubana*, Díaz afirmou que a decisão de Crombet teve a anuência de Fidel Castro, mas na entrevista concedida pelo autor para Liliana Martínez Pérez, o ex-diretor de *El Caimán Barbudo* isentou Fidel Castro e culpou Jaime Crombet e o Ministro da Educação, José Llanusa Gobel, por ter sido afastado do suplemento. Ver: DÍAZ (2000, p. 109); MARTÍNEZ PÉREZ (2001, p. 374).

93 Segundo relato de Jesús Díaz ele reuniu os membros da redação de *El Caimán Barbudo*, comunicou seu desligamento do suplemento e declarou que não queria que houvesse "viúvas de *caimán*", como teria ocorrido como os escritores de *Lunes de Revolución*, que após o fechamento da publicação ficaram conhecidos como "viúvas de *Lunes*". Ver: DÍAZ apud MARTÍNEZ PÉREZ (2001, p. 375).

94 Jesús Díaz escreveu sua versão sobre o surgimento em 1967 da revista *Pensamiento crítico*, criada no departamento de filosofia da Universidade de Havana, sob a direção de Fernando Martínez Heredia, com o objetivo de ser um espaço aberto para reflexão teórica marxista e análise de pensadores que não faziam parte do marxismo soviético. Jesús Díaz fazia parte do conselho de redação da revista, juntamente com Aurélio Alonso, Hugo Azcuy e José Bell Lara. A revista e o departamento de filosofia foram fechados no ano de 1971, quando se acentuou a aproximação de Cuba com a União Soviética. Ver: DÍAZ (2000). Para a história do surgimento do departamento de filosofia após a Revolução e da revista *Pensamiento crítico*, ver: MARTÍNEZ PÉREZ (2001). *El Caimán Barbudo* publicou uma nota no número 13, em abril de 1967, saudando a aparição da revista *Pensamiento crítico*, cujo primeiro número estava dedicado às lutas da América Latina, com destaque ao texto do padre e guerrilheiro colombiano Camilo Torres. Ver: "Pensamiento Crítico". *El Caimán Barbudo*, Havana, n. 13, abril de 1967, p. 11.

Pío Serrano, entre outros escritores, participaram da revista universitária *Alma Mater* e da revista *Canal*, da Escola de Letras da Universidade de Havana (MARTÍNEZ PÉREZ, 2001, p. 379-380). Rául Rivero continuou seu trabalho de jornalista, não mais no suplemento, mas no jornal *Juventud Rebelde*. Já Heberto Padilla, após a publicação de seu texto polêmico, foi imediatamente despedido de seu trabalho no jornal *Granma* (CABRERA INFANTE, 1996, p. 28) e ficou cada vez mais marginalizado, o que será enfocado no capítulo quatro. *El Caimán Barbudo* continuou a ser publicado a partir de 1968 por uma outra direção e equipe de colaboradores, e passou a receber a denominação de "segunda época" da publicação, como mostrarei no próximo capítulo.

4
Institucionalização das políticas culturais

A SEGUNDA ÉPOCA DE *EL CAIMÁN BARBUDO*

A segunda época de *El Caimán Barbudo* iniciou-se no número 18, em janeiro de 1968, sob a direção de Félix Sautié. Membro da direção nacional da União de Jovens Comunista, Félix Sautié já havia participado da organização do jornal *Juventud Rebelde*, órgão de imprensa diário da UJC. Durante o curto período em que Sautié esteve na direção do suplemento, do número 18 ao número 21, até junho de 1968, não houve conselho de redação e seu nome apareceu como único responsável pela publicação, além de Juan Ayús como diretor artístico. Ayús era artista gráfico e já havia participado do conselho de redação da primeira época de *El Caimán Barbudo*. Os desenhos na capa e na contracapa do número 19 eram de José Luis Posada, responsável pelas ilustrações da primeira época do suplemento e por desenhos que causaram algumas polêmicas na fase inicial da publicação, como mostrei no capítulo anterior. No número 19, publicou-se uma imagem de Quixote com sua lança, elaborada por Posada, que acabou se tornando o símbolo da segunda época da publicação. Entretanto, o fato de este desenho ter sido escolhido como novo símbolo da publicação, acabou causando certo incômodo entre os primeiros editores do suplemento[1].

O início da segunda fase foi bem marcado por meio de um editorial e de um texto de apresentação de sete páginas, intitulado *El Caimán Barbudo*, em que se definiam as diretrizes e os novos objetivos da publicação, ao delimitar e diferenciar-se claramente da primeira etapa do suplemento. No editorial e na ficha técnica esclarecia-se que o número era dedicado ao Congresso Cultural de La Habana, que ocorreu em janeiro de 1968 e reuniu intelectuais de diversas partes do mundo:

> A saída deste *Caimán* terminou suas sessões o Congreso Cultural de La Habana, de cuja importância é quase óbvio falar. (...) (a cultura) é uma efetiva demonstração das capacidades do homem;

---

1 Segundo entrevistas realizadas por Liliana Martinez Pérez, José Luis Posada passou a ser visto como traidor pelos membros fundadores de *El Caimán Barbudo*. A entrevistadora não esclareceu quais escritores declararam essa opinião. Ver: MARTÍNEZ PÉREZ (2001, p. 361).

máxime, quando este homem já vai emergindo, em combate em construção nas suas ricas complexidades, sem demoras do parto que tem que afrontar sob pena de não escapar jamais da alienação e suas categorias concomitantes.[2]

O Congreso Cultural de La Habana teve como principal objetivo sedimentar as relações entre os intelectuais estrangeiros e cubanos, por meio do engajamento político, em que as produções culturais estariam a serviço da luta antiimperialista, das revoluções e em prol do Terceiro Mundo. O Congresso reuniu de 4 a 12 de janeiro de 1968 cerca de quinhentos intelectuais delegados de setenta países e reforçou a atração e a popularidade da Revolução Cubana entre a intelectualidade de esquerda mundial[3]. Muitos intelectuais declararam em Havana sua disposição de apoiar a luta armada nos países subdesenvolvidos e inclusive de morrer, caso fosse preciso, para a construção de uma nova sociedade. Fidel Castro realizou o discurso de encerramento do Congresso, em que declarou como o Congresso era "um Vietnã no campo da cultura" e frisou o importante papel dos intelectuais como vanguarda na compreensão dos problemas contemporâneos e na condução das revoluções no Terceiro Mundo (CASTRO, Fidel apud VERDÈS-LEROUX,1989, p. 502). O Congresso votou ainda em suas resoluções finais que a guerra popular e a luta armada eram "das manifestações mais elevadas da cultura" e a necessidade e compromisso dos intelectuais se engajarem e participarem das lutas revolucionárias no Terceiro Mundo[4]. Entretanto,

---

2 "Editorial". *El Caimán Barbudo*, Havana, n. 18, janeiro de 1968, p. 2.

3 O suplemento publicou a comunicação de Lezama Lima apresentada no Congresso. Ver: LEZAMA LIMA, José. "Sobre poesia. Ponencia de Lezama Lima presentada al Congreso Cultural de La Habana". *El Caimán Barbudo*, Havana, n. 19, março de 1968, p. 8-9. O livro organizado por Mario Benedetti compilou diversas comunicações apresentadas no Congresso Cultural de la Habana por Ambrosio Fornet, Jorge Enrique Adoun, Santiago Alvarez, Roger Smith, Irving Teitbaum, Catherine Varlin, Jesús Díaz, Juan Valdés-Paz, Rossana Rossanda, Adolfo Sánchez Vázquez, Mohamed Rawash El-Diab e Graciela Pogolotti, além das saudações de Ernest Fischer e Jean-Paul Sartre, que não puderam comparecer por motivos de saúde. Ver: BENEDETTI (1977, p. 33-116).

4 A declaração geral do Congresso Cultural de Havana foi aprovada por aclamação, com

nenhuma menção foi feita em *El Caimán Barbudo* sobre a repressão aos intelectuais negros que antecedeu o Congresso[5].

apenas três abstenções por escrito: "Nós, intelectuais procendentes de setenta países, reunidos no Congreso em Havana, proclamamos nossa solidariedade militante com todos os povos em luta e muito especialmente com o povo de Vietnã; nosso apoio irrestrito à luta dos negros e brancos progressistas norte-americanos; nossa decisão de participar, com todos os meios a nosso alcance, no combate do qual depende o futuro da humanidade. (...) Chamamos a denúncia e a investigação, a oposição cultural e a manifestação de protesto, a desmistificação das ideologias e o manifesto, a resistência e o fusil, e seguindo o exemplo heróico do Che, a luta armada e o risco de morrer se for necessário, para que uma vida nova e melhor seja possível". Ver: MARTÍNEZ PÉREZ (2001, p. 350).

5   Alguns dias antes do Congreso Cultural de La Habana, em janeiro de 1968, o ministro da Educação José Llanusa Gobels convocou para uma reunião no Hotel *Habana Libre* os intelectuais negros considerados "problemáticos": Walterio Carbonell (historiador, etnologista e diplomata), Rogelio Martínez Furé (etnólogo e poeta), Nancy Morejón (poeta), Nicolás Guillén Landrián e Sara Gómez (cineastas), Pedro Deschamps Chapeaux e Alberto Pedro (etnologistas), Juan Manuél Casanova e Luis M. Saenz (escritores e jornalistas), Eugenio Hernández e Gerardo Fulleda León (dramaturgos), Ana Justina, Serafín Quiñones, Manuel Granados, Wichy *el negro*, Pedro Pérez Sarduy, Esteban Cárdenas (escritores). Muitos deles haviam participado anteriormente das edições El Puente. Eles foram acusados de planejar um complô e de estar fazendo reuniões privadas para redigir um "manifesto negro", sobre o problema de etnia e cultura em Cuba, que seria apresentado no Congresso. Segundo Carlos Moore, o ministro Llanusa teria dito que havia um interesse do governo em discutir o problema e exortou os participantes a se expressarem livremente. Mas, ao final da discussão, Llanusa os acusou de sedição e declarou que a Revolução não iria tolerar atividades que "dividissem o povo cubano" em termos étnicos. O ministro declarou também que apenas o governo e o partido estavam autorizados a teorizar no campo da cultura e somente "inimigos da Revolução" poderiam falar de um assunto que já estava resolvido desde 1959. Os intelectuais foram silenciados e reprimidos de distintas maneiras. Ficaram proibidos de comparecer ao Congresso Cultural de La Habana, muitos foram mantidos confinados em suas casas e Walterio Carbonell, Wichy *el negro* e Nicolas Guillén Landrián foram imediatamente presos. O livro *Como surgió la cultura nacional* de Carbonell já havia sido proibido em 1961, e seu autor foi preso em 1968 em um campo em Camaguey. Nicolas Guillén Landrián teve problemas mentais na prisão e foi transferido para um hospital psiquiátrico. Manuel Granados tentou aparentemente se suicidar e foi internado em

Além do marco da nova fase da publicação coincidir com esse importante evento cultural, que consolidou a aproximação de inúmeros intelectuais de esquerda com a Revolução Cubana, o novo diretor buscou se diferenciar da equipe dos fundadores, com uma longa apresentação que inaugurava sua direção no suplemento. Ao definir *El Caimán Barbudo* como uma publicação cultural, que tinha como objetivo despertar interesse nos jovens pela literatura e pela arte, rechaçava ser considerado "o órgão dos jovens intelectuais", por tratar-se de uma expressão esquemática e imprópria. Para o diretor, a expressão "jovem intelectual" reduzia o campo da atividade cultural a um compartimento estreito, que separava o trabalho intelectual do trabalho manual, desvinculando-o da prática e da própria Revolução. Nesta apresentação, formulou-se explicitamente qual seria o papel do intelectual na Revolução Cubana:

> Para formar o homem novo se propende ou se estima que o trabalhador dedicado a tarefas intelectuais participe ativamente no trabalho manual, assim como também que os trabalhadores manuais compreendam cada vez mais conscientemente, com uma maior formação política e cultural. A juventude revolucionária deve protagonizar conjuntamente o processo de produção dos conhecimentos e dos bens materiais, sintetizando em sua atividade a criação da cultura revolucionária. (...) Na sociedade comunista pela qual lutamos e pela qual estamos dispostos a dar até a própria vida, todos os homens e mulheres disporão de altos níveis culturais e o processo de produção, ao tecnificar-se progressivamente fará que a distinção entre ambos trabalhos tenda a desaparecer...[6]

A nova função do intelectual defendida no suplemento relacionava-se com a construção do "homem novo" em uma nova sociedade, a comunista,

---

hospital psiquiátrico. Os demais intelectuais em sua maioria tiveram oportunidade de se "reabilitar" em pequenos trabalhos. Sara Gómez acabou se suicidando nos anos setenta. O único representante negro na delegação cubana do Congresso foi o presidente da Uneac, Nicolas Guillén. Ver: MOORE (1988, p. 308-310).

6 "El Caimán Barbudo". *El Caimán Barbudo*, Havana, n. 18, janeiro de 1968, p. 3.

na qual a divisão entre trabalho intelectual e trabalho manual tenderia ao desaparecimento[7]. O modelo citado do "homem novo" e revolucionário era o próprio Che Guevara, que representou com seu exemplo de vida o "guerrilheiro heróico" e o intelectual revolucionário[8]. Não podemos deixar de notar a aproximação que existia entre as concepções propostas no suplemento de abolição da separação entre as esferas do trabalho intelectual e manual com as políticas adotadas na China durante a Revolução Cultural, que significou a radicalização no processo revolucionário chinês entre 1965 e 1967, sob a direção de Mao Ze Dong[9].

Nesta apresentação, o novo diretor Félix Sautié rechaçou que o suplemento fosse voltado a "um grupo específico da juventude" ou que pertencesse a "uma elite" [10]. Seu objetivo era atingir como público a maioria da juventude cubana, inclusive os que abandonaram seus trabalhos nas

---

7   A idéia de superação da divisão do trabalho material e intelectual, por meio da revolução e da construção da sociedade comunista, em que se gestariam coletivamente os meios para os indivíduos desenvolverem suas capacidades em todos os sentidos, estava presente no trabalho *A ideologia alemã* de Karl Marx e Frederich Engels. Ver: (MARX, ENGELS, 1979).

8   O ano de 1968 foi denominado em Cuba de "*año del guerrillero heroico*".

9   A "grande Revolução cultural proletária", também denominada de "Revolução Cultural", significou a aplicação de uma política voltada ao igualitarismo na sociedade chinesa. Os intelectuais foram levados a rever seu papel na sociedade, em que se buscava suprimir a "burguesia" infiltrada no Partido Comunista, acabar com o formalismo educacional e incentivar a elaboração de obras de arte que refletissem a realidade das massas. Robert Frank mostrou em sua pesquisa como a Revolução Cultural Chinesa baseou-se no voluntarismo político, em que todas as transformações contra a ordem seriam possíveis desde que se baseassem na vontade política. A figura de Mao, "o grande timoneiro", transformou-se em símbolo para os movimentos de contestação da juventude dos anos sessenta, uma vez que representava independência em relação à União Soviética e uma ruptura com a burocracia socialista. Propunha-se uma "revolução na revolução" que atacava as culturas tradicionais, as elites, os técnicos e os intelectuais e sustentava-se na vontade revolucionária das massas. Mao oferecia um novo exemplo na relação entre o intelectual e o povo e durante vários anos perdurou uma visão idealizada da Revolução Cultural Chinesa nos movimentos juvenis europeus. Ver: FRANK (2000); RIDENTI (2000, p. 34).

10 "El Caimán Barbudo". *El Caimán Barbudo*, Havana, n. 18, janeiro de 1968, p. 4.

cidades e se incorporaram nas "colunas agropecuárias", ou os estudantes das "escolas no campo", em que o processo educacional vinculou-se com a produção agrícola. Nas entrelinhas desse texto estava um forte questionamento de que a primeira época de *El Caimán Barbudo* não só era uma publicação voltada para a elite intelectual da juventude, mas também que seus editores e membros do conselho de redação formavam um grupo fechado de escritores, constituíam-se numa *piña*[11].

Ao criticar a tendência da sociedade burguesa de desvincular as esferas da arte e da literatura das atividades científicas, técnicas e dos problemas sociais, e questionar também a concepção de escritor como um indivíduo incapaz de realizar as tarefas executivas, a apresentação negava mais uma vez a separação do trabalho intelectual do trabalho manual. Tratava-se de questionar a "formação unilateral dos intelectuais como especialistas", que se distanciava da prática e constituía-se em obstáculo ao desenvolvimento integral da cultura. A direção do suplemento propunha uma outra concepção de intelectual e de cultura no socialismo, em que a cultura assumiria um caráter transformador da natureza e da sociedade, para auxiliar na construção do mundo novo. Para isso, seria necessário que os intelectuais vivenciassem os problemas sociais postos em seu tempo e que as obras de arte nas épocas revolucionárias assumissem um caráter de "obras de combate".

O suplemento exaltava nessa apresentação da segunda época o engajamento do intelectual nas lutas antiimperialistas e favoráveis à libertação do Terceiro Mundo. Citou como exemplo a militância de Jean-Paul Sartre pela liberação da Argélia e o compromisso de Bertrand Russel por meio do tribunal Russel, a favor da causa do povo vietnamita. Nesse ponto,

---

11   Guillermo Rodríguez Rivera declarou numa mesa-redonda promovida em Cuba, no ano 2000, com o objetivo de rememorar os 34 anos da publicação, que o suplemento era acusado de ser uma *piña*: "Foi dito também que *El Caimán* era uma *piña*. Sempre me opus a isso; eu desafio a qualquer um que revise a publicação e me diga uma pessoa que tivesse significado entre os jovens escritores cubanos que não apareça nela. Estão todos. Cada vez que existe um grupo é uma *piña*; se não responde exatamente ao que diz o diretor ou o chefe, então já isso é *piña*. Mas é que não há outra maneira de fazer cultura. Se faz com grupos, com gente reunida por interesses culturais, burocraticamente não se faz cultura". Ver: RODRÍGUEZ RIVERA, Guillermo In: "La irreverencia de El Caimán Barbudo". Mesa-redonda realizada na Editora Abril, Havana, 2000. Documento eletrônico, http://www.lajiribilla.cubaweb.cu

não se diferia do perfil político da primeira época da publicação em seu internacionalismo, em sua defesa pela luta universal contra o imperialismo, o colonialismo e o neocolonialismo. A diferença estava no chamamento para a construção do comunismo, ausente na primeira fase de *El Caimán Barbudo*, que havia trabalhado com o objetivo de construção do socialismo, Os editores afirmavam que Cuba estava construindo o "socialismo" e o "comunismo" ao mesmo tempo, apenas a "90 milhas" do imperialismo, com uma "profunda consciência latino-americana e universal"[12].

Segundo a apresentação de *El Caimán Barbudo*, os artistas e escritores que aspiravam atingir a universalidade com sua obra tinham um bom motivo para refletir em sua criação o processo de transformação social que ocorria cotidianamente em Cuba, uma vez que a própria Revolução tinha um caráter universal e poderia servir como fonte de inspiração para os intelectuais. A contribuição dos escritores e artistas à obra cultural da Revolução seria estimular o "desenvolvimento superior" da literatura e da arte, tanto em qualidade revolucionária como em sua técnica. Nesse contexto, a política cultural teria de refletir, de uma maneira não mecânica, a política da Revolução, e a cultura em Cuba seria obra de todo o povo, ou seja, uma cultura revolucionária.

Depois dessa longa explanação sobre o papel do intelectual e da obra de arte na Revolução, a apresentação finalmente tocou nos objetivos de *El Caimán Barbudo*:

> Para a juventude é conveniente dispor de uma publicação especializada em determinados ramos da cultura. E dentro da cultura *El Caimán Barbudo* tratará de informar sobre a arte e a literatura. *El Caimán Barbudo* aspira a informar sobre o que ocorre nestes dois ramos importantes. Devemos revelar o que ocorreu no passado, como foi a arte e a literatura em outras épocas da história, qual é a arte e a literatura dos povos que hoje habitam nosso planeta. E devemos também publicar o que nossos jovens escrevem e o que nossos jovens pensam. Informaremos sobre o que se publica no mundo e seja valioso e de interesse para nossos jovens. Informaremos também, quais são as distintas correntes

---

12 "El Caimán Barbudo". *El Caimán Barbudo*, Havana, n. 18, janeiro de 1968, p. 7.

artísticas e literárias, não com o ânimo de polemizar, senão com o interesse de informar. [13]

Ao definir o novo perfil da publicação, o diretor restringiu suas fronteiras ao meio cultural, mas deixou bem claro sua intenção e seu compromisso em não fazer do suplemento um espaço de confronto político em relação às produções literárias e artísticas, como havia ocorrido na fase anterior da publicação. Dois documentos seriam os guias políticos para o trabalho do suplemento em relação à arte e literatura: *Palabras a los intelectuales*, de Fidel Castro e *El socialismo y el hombre en Cuba*, de Che Guevara. A apresentação também se posicionava contra as "fórmulas dogmáticas e inflexíveis", declarava-se "rebelde" em relação aos dogmas, mas, por outro lado, contrário à "rebeldia sem causa". A apresentação esclarecia que nem sempre as novidades eram algo realmente novo, questionando elaborações "extravagantes" que por vezes eram velhas.

O novo perfil da publicação também incluía não teorizar sobre literatura e arte, já que deixava explícita a "aversão profunda contra tanta 'pseudoteoria', contra tantas polêmicas bizantinas"[14]. Para a nova direção do suplemento, cabia aos escritores e artistas primeiramente criar as novas obras literárias e artísticas, para posteriormente os filósofos e ideólogos elaborarem a teoria da arte e da literatura: "seria escolástico 'teorizar' sem antes criar". Neste ponto, a segunda época de *El Caimán Barbudo* restringia o seu conteúdo, eliminava os debates teóricos, e deixava claro que não abriria espaço em suas páginas para os filósofos, como havia ocorrido na primeira fase da publicação.

Afirmou-se explicitamente o compromisso da publicação com a Revolução e declarou-se que a "única limitação" que teria *El Caimán Barbudo* seria o dever revolucionário. A direção do suplemento fez questão de frisar que havia uma "liberdade verdadeira" em Cuba que permitia que todo o povo tivesse acesso às manifestações culturais e que a Revolução era a "fonte da liberdade criadora". Também rebateu a idéia de que o "comunismo" traria algum tipo de "limitação no campo da cultura" [15].

---

13   "El Caimán Barbudo". *El Caimán Barbudo*, Havana, n. 18, janeiro de 1968, p. 8.

14   Idem, ibidem, p. 9.

15   Idem, ibidem, p. 10.

A defesa enfática da liberdade no meio cultural do socialismo e do comunismo poderia referir-se às críticas que diversos intelectuais, dentro e fora de Cuba, faziam ao realismo socialista. A política cultural da União Soviética, a partir dos anos trinta, controlou o conteúdo das produções culturais, o que significou um cerceamento da liberdade de expressão e criação naquele país, por meio do realismo socialista[16]. Por outro lado, a defesa sistemática da existência da liberdade em Cuba poderia significar uma resposta à campanha da Guerra Fria Cultural promovida desde o fim da Segunda Guerra Mundial por diversos órgãos culturais ao redor do mundo, financiados pela CIA, que defendiam o mundo capitalista como o lugar do intelectual liberal, com ampla liberdade de criação e de expressão, em oposição ao bloco socialista, cujo modelo era o intelectual engajado e a afirmação do compromisso em suas criações culturais[17].

Por último, a finalização da apresentação da nova fase na publicação enfatizou a ampliação que existia para o trabalho cultural e artístico, com o advento da cultura de massas e das novas técnicas trazidas com o

---

16 Che Guevara em sua elaboração sobre o "homem novo", em 1965, criticou o realismo socialista soviético: "Nos países que passaram por um processo similar se pretendeu combater estas tendências com um dogmatismo exagerado. A cultura geral se converteu quase em um tabu e se proclamou o *summum* da aspiração cultural uma representação formalmente exata da natureza, convertendo-se esta, logo, em uma representação mecânica da realidade social que se queria fazer ver; a sociedade ideal, quase sem conflitos nem contradições, que se buscava criar. (...) Mas, porque pretender buscar nas formas congeladas do realismo socialista a única receita válida? Não se pode opor ao realismo socialista 'a liberdade', porque esta não existe todavia, não existirá até o completo desenvolvimento da sociedade nova". Ver: GUEVARA (1991, p. 378-379).

17 A Guerra Fria Cultural teve como um de seus pilares o Congresso pela Liberdade da Cultura (CLC), realizado pela primeira vez em Berlim Ocidental, em 1950, em que se reuniram intelectuais contrários a política soviética na cultura. Como já mostrei no capítulo dois, os principais pontos do CLC foram o anticomunismo, a defesa da democracia ocidental e da liberdade de expressão. Os resultados concretos foram a articulação de uma série de seminários, festivais e revistas, financiados pela CIA. Em 1967, após denúncias na imprensa que confirmaram a ligação da CIA com o CLC, a instituição mudou seu nome para Associação Internacional pela Liberdade de Cultura. Ver: MOREJÓN (2004, p. 14-18); SAUNDERS (2001).

cinema e a televisão[18]. Tratava-se de responder ao novo problema posto aos intelectuais, que era a possibilidade de a cultura chegar às massas. O cinema representava particularmente outra inovação, à medida que era uma obra fruto de uma produção coletiva. O chamado final dirigia-se aos jovens revolucionários para se somarem na tarefa, juntamente com *El Caimán Barbudo*, de elaboração das novas manifestações culturais em Cuba.

Em seu primeiro número da nova fase de *El Caimán Barbudo*, a nova direção publicou um chamamento aos jovens cubanos, para que criassem grupos de trabalho em todas as províncias e buscassem colaborar com a publicação cultural da juventude, ampliando dessa forma o círculo de colaboradores do suplemento. Estes grupos de trabalho seriam mecanismos da publicação fomentar oficinas de criação e de orientação cultural para a juventude cubana [19].

El Caimán Barbudo definiu os critérios para o ingresso nos grupos de trabalho: os jovens deveriam estar na prática e ideologicamente identificados com a Revolução, serem estudiosos e em processo de formação no campo da ciência, arte e literatura, além de estarem dispostos a trabalhar ativamente no grupo e cumprirem com as tarefas que lhes fossem pedidas. O grupo de trabalho não tinha por objetivo definir os estilos ou escolas seguidos por seus membros, e predominava plena liberdade individual para o desenvolvimento das obras. Seu funcionamento devia se guiar pelo "espírito de uma verdadeira associação cultural"[20] e cada grupo elegia um coordenador, o presidente do grupo. Este coordenador participava de reuniões com a direção de *El Caimán Barbudo* para planejar as edições da publicação.

Além de demarcar as diferenças com a primeira fase da publicação, o número 19 (primeiro da segunda época de *El Caimán Barbudo*) teve alguma semelhança com a fase inicial do suplemento. A seção *¿Como va el mundo señor? Da vueltas senõr*, que divulgava importantes eventos

---

18 Os teóricos da Escola de Frankfurt analisaram a importância do cinema e dos meios de comunicação de massa nas sociedades contemporâneas, a partir de suas novas técnicas de reprodutibilidade e do advento da indústria cultural. Ver: BENJAMIN (1986); MARCUSE (1997).

19 "El Caimán Barbudo: de sus objetivos y fines, de los requisitos para el ingreso, del funcionamento". *El Caimán Barbudo*, Havana, n. 18, janeiro de 1968, p. 29.

20 Idem, ibidem.

culturais do mundo todo, foi mantida no início da segunda época de *El Caimán Barbudo*. Novas seções foram criadas nessa nova fase, como a seção *Para empezar*, *La última gota*, *Grupos Caimán*, *Un periscópio en ascensión* e *Lo real maravilloso*. A seção *La última gota* surgiu no número 24, de outubro de 1968 e substituiu a seção *¿Como va el mundo señor? Da vueltas senõr*, uma vez que tratava de anunciar acontecimentos do mundo cultural cubano e estrangeiro. Já a seção *Un periscópio en ascensión* foi inaugurada no suplemento no número 31, de junho de 1969, e era um espaço reservado para a publicação de jovens escritores latino-americanos, com o objetivo de fomentar a aproximação crítica da juventude cubana às suas obras [21].

A seção *Para empezar* apareceu pela primeira vez no suplemento no número 19, de março de 1968 e tratava-se de um espaço garantido para publicação das obras de jovens escritores e artistas. Concretizava-se o apelo feito no número anterior pelo diretor Sautié, para a organização de jovens em grupos de trabalho, em todo o país, para colaborarem em *El Caimán Barbudo*. Os editores explicitaram que os objetivos desta seção era auxiliar os iniciantes no campo da criação artística e literária, com estímulos e critérios "inflexíveis na qualidade" artística e literária, acompanhados de "críticas" e "conselhos oportunos"[22].

Já a seção *Grupos Caimán* entrou no lugar da seção *Para empezar*, a partir do número 25, de novembro de 1968, com o mesmo intuito de divulgar os jovens iniciantes escritores e artistas que participavam dos grupos de trabalho de *El Caimán Barbudo*. A partir do número 36, de dezembro de 1969, a seção aberta à colaboração de jovens escritores mudou seu nome para *Lo real maravilloso*[23].

Imbuído desse espírito de abrir o suplemento aos jovens, o diretor Félix Sautié publicou uma carta aos antigos colaboradores de *El Caimán*

---

21   "Un periscopio en ascensión". *El Caimán Barbudo*, Havana, n. 31, junho de 1969, p. 22.

22   "Para empezar". *El Caimán Barbudo*, Havana, n. 19, março de 1968, p. 20.

23   O real maravilhoso foi o termo cunhado por Alejo Carpentier, no prólogo de seu romance *El reino de este mundo*, em que definiu-o como uma "inesperada alteração da realidade", "uma revelação privilegiada da realidade", uma "iluminação" "favorecedora das inadvertidas riquezas da realidade", patrimônio da toda a América. Ver: CARPENTIER (1977, p. 9, 11).

Barbudo, em que listava as mais de cento e cinquenta colaborações enviadas ao suplemento durante a primeira época (poesias, contos, teatro, fragmento de romances e artigos de ensaios, reportagens e entrevistas), que não haviam sido editadas até aquele momento. Tratava-se indiretamente de uma crítica aos editores da primeira fase do suplemento, que, como vimos, foram acusados de abrir espaço para um grupo restrito de escritores:

> Queridos companheiros: A constituição de um amplo movimento de jovens organizados nos grupos de *El Caimán Barbudo* traduziu-se em algo mais de um mês, no envio a esta publicação de mais de quatrocentas colaborações de distinto gênero. (...) Em vista disto decidimos publicar neste número de *El Caimán Barbudo*, a relação das colaborações encontradas nos arquivos. É nosso interesse reativar o contato perdido com alguns de vocês, identificar por esse meio alguns originais sem nome ou parcialmente identificados, facilitar a recuperação de originais a quem possa interessar e, de passagem, acusar-lhes recebimento coletivamente. A redação[24].

Além dessa definição da nova linha editorial da publicação, de dar maior abertura aos iniciantes nas letras, os temas dos artigos publicados nesse início da segunda época do suplemento (sob a direção de Sautié) representaram muitas vezes uma continuação de questões já abordadas na fase anterior: a guerra do Vietnã, as guerrilhas na América Latina, artigos de crítica literária e artística e informações sobre concursos[25]. A

---

24 "Carta a los antiguos colaboradores de El Caimán Barbudo". *El Caimán Barbudo*, Havana, n. 21, junho de 1968, p. 9-10.

25 Os vencedores do concurso Casa de las Américas em 1968, os escritores cubanos Pablo Armando Fernández (romance), Virgilio Piñera (teatro), Norberto Fuentes (conto), o poeta peruano Antonio Cisneros (poesia) e o ensaísta equatoriano Manuel Medina Castro, selecionaram fragmentos das obras premiadas para a publicação no suplemento. Ver: CISNEROS, Antonio. "Karl Marx Died 1883, aged 65"; FUENTES, Norberto. "Belisario el aura"; MEDINA CASTRO, Manuel. "Estados Unidos América Latina siglo XIX"; PIÑERA, Virgilio. "Dos viejos pánicos (primer acto)"; FERNÁNDEZ, Pablo Armando. "Los niños se despiden". *El Caimán Barbudo*, Havana, n. 21, junho de

maior diferença em relação à primeira fase estava na sua nova definição de não abrir as páginas da publicação para o embate de idéias e discussões ideológicas, além de vetar também as reflexões teóricas, limitando as fronteiras do suplemento a centrar-se cada vez mais nas apresentações das produções literárias, artísticas e nas questões internas não conflituosas do meio cultural cubano.

O importante papel que os meios de comunicação de massa cumpriram na sociedade cubana, por meio da transmissão de idéias e conceitos, relacionava-se com sua utilização pelo governo como veículo de propaganda política[26]. *El Caimán Barbudo* foi estudado como parte da imprensa cubana que se tornou cada vez mais um instrumento de propaganda política do governo, sobretudo na segunda época[27]. A

1968, p. 11-15. Nenhuma menção foi feita em *El Caimán Barbudo* quanto à repercussão polêmica à premiação da peça *Dos viejos pánicos*, de Virgilio Piñera, e do livros *Condenados de condado*, de Norberto Fuentes. Os dois prêmios foram concedidos por decisão da maioria dos jurados e não por unanimidade. A peça de Piñera casou incômodo, pois tratava de problemas existenciais, como o medo de dois velhos diante da morte. Ver: ESPINOSA (1992, p. 39); ESPINOSA (2003, p. 198-201); BARRETO (1996, p. 158). Já os contos de Fuentes abordaram a luta contra as bandas contra-revolucionárias nas montanhas de *Escambray*, que ficou conhecida como "luta contra bandidos". Ver: FUENTES (1968, p. 8); FUENTES (1999); EDWARDS (1991, p. 155).

26 A pesquisa realizada por Maria Helena Capelato mostrou como a propaganda política, veiculada nos meios de comunicação de massa, foi utilizada no varguismo e no peronismo como forma de fabricação e manipulação de imaginários coletivos e para manutenção do poder. Capelato inseriu a propaganda política como parte dos estudos das representações políticas e dos imaginários sociais, ao revelar como nas sociedades contemporâneas a história do imaginário se confundia com a história da propaganda: "Em qualquer regime, a propaganda política é estratégia para o exercício do poder, mas ela adquire uma força muito maior naqueles em que o Estado, graças ao monopólio dos meios de comunicação, exerce censura rigorosa sobre o conjunto das informações e as manipula procurando bloquear toda atividade espontânea". Ver: CAPELATO (1998, p. 36).

27 Os trabalhos dos filósofos da Escola de Frankfurt também analisaram os usos dos meios de comunicação de massa para manipulação política, em uma sociedade com política de massas, conduzida por um líder carismático, como foi o caso do nazismo. Neste sentido, interessou-me as elaborações de como as produções culturais podiam

publicação foi diminuindo o seu grau de independência e autonomia perante as diretrizes da União de Jovens Comunistas e da política cultural. Conforme o suplemento divulgava mais ostensivamente a política oficial, funcionavam também mecanismos de autocontrole e autocensura, implementados por parte de seu novo diretor, que excluíam e silenciavam temas considerados impróprios. A complexa relação entre os representantes do poder político e os intelectuais, entre os homens de ação e os homens de idéias, foi ficando cada vez mais complexa no final dos anos sessenta e levou uma maior subordinação dos intelectuais às políticas formuladas pela vanguarda política, encabeçada por Fidel Castro[28].

NOVA DIREÇÃO E TEMAS NA SEGUNDA ÉPOCA DO SUPLEMENTO

A partir do número 22, em julho de 1968, Félix Sautié foi substituído na direção de *El Caimán Barbudo* por Alberto Arufe, membro da Direção Nacional da UJC[29]. A equipe estava composta também pela escritora Lina de Feria como chefe de redação, de Juan Ayús como diretor artístico, de José Luis Posada como responsável pela ilustração e Peroga como responsável pela fotografia. Esse número foi inteiramente elaborado e dedicado aos alunos da Escuela Nacional de Arte de Cubanacán, que haviam acabado

---

ser instrumentalizadas pelos Estados autoritários. Ver: MARCUSE (1997); BENJAMIN (1986).

28 Segundo Maria Helena Capelato, "O tema da relação cultura e poder político sempre suscita acalorado debate entre representantes do poder e produtores de cultura. A posição dos produtores costuma oscilar entre a recusa completa da participação do Estado, ou seja, liberdade total para a produção cultural, e a defesa da interferência do Estado para gerar recursos e distribuir os bens culturais, sem prejuízo da liberdade de produção. A posição dos representantes do poder depende do regime em vigor: nos regimes autoritários, de diferentes matizes, a intervenção do Estado se faz presente na produção cultural; já nas democracias, prevalece a liberdade de criação até o limite da interferência de interesses diversificados". Ver: CAPELATO (1998, p. 99).

29 Ver: *El Caimán Barbudo*, Havana, n. 22, julho de 1968,

de ganhar coletivamente o prêmio do Salón de Mayo 1968, pelo conjunto de suas obras. Abrindo o número, publicou-se uma carta do ministro da educação José Llanusa Gobel:

> Este número de *El Caimán Barbudo* foi idealizado, elaborado e levado a término por alunos da especialidade de plástica desta Escola, que em sua maioria estão próximos a graduar-se (quarto ano). (...) É de utilidade destacar que alguns destes alunos foram premiados pelo *Salón de Mayo 1968*, onde suas obras participaram. Este número de *Caimán* plástico foi elaborado em data anterior à ortogação deste prêmio. Sirva, pois, de reafirmação. Adjunto publicamos a carta explicativa do prêmio. Havana, 21 de maio de 1968.[30]

Notava-se que a carta do ministro da educação, datada de maio, apenas foi publicada no número de julho de 1968. O tema dos desenhos publicados girava em torno da comemoração do centenário do início das guerras de independência de Cuba, em 1868. Por isso, muitos dos desenhos e frases publicadas nesse número se relacionavam a José Martí. Na sequência, publicou-se carta de Raúl Roa, que explicava o prêmio coletivo concedido ao grupo de pintores da Escuela de Cubanacán, pelo comitê do salão de maio em Paris. O prêmio, no valor de três mil francos, foi doado aos alunos em materiais de pintura. O Salón de Mayo fora excepcionalmente realizado em Havana no ano anterior, em 1967, sob a organização de Carlos Franqui, que trouxe à ilha obras com grandes experimentações da arte moderna (VERDÈS-LEROUX, 1989, p. 497).

Os alunos premiados tiveram espaço no suplemento não apenas para publicar suas obras, como também para elaborar uma apresentação da edição, em que destacaram a importância dos poemas de José Martí e Nicolás Guillén, que também faziam parte desse número:

> Quisemos contribuir à comemoração de um século de luta histórica abordando-a como objeto estético e com a maior

---

30 LLANUSA GOBEL, José. "Duro". *El Caimán Barbudo*, Havana, n. 22, julho de 1968, p. 2.

expressão possível em nosso caso. Nos propusemos expressar, não ilustrar. Portanto, não deverá buscar-se reprodução cronológica de sucessos senão associação livre de imagens, com uma ordem confusa, como é mesmo a história. Os textos tampouco guardam relação direta com os desenhos que acompanham, ainda que escolhemos os dois maiores poetas de Cuba no século em questão, que chegaram muito adiante em nossos problemas e que por isto coincidem radicalmente com quanto temos incluído.[31]

José Martí tornou-se realmente uma presença constante na segunda época do suplemento. O número 27, de janeiro de 1969, foi uma edição quase completa dedicada a José Martí. Nesse número, agregou-se à equipe de *El Caimán Barbudo* o escritor Roberto Díaz e Maria Grant, que passaram a constar como membros da redação. No editorial, interpretou-se a história da Revolução Cubana como uma continuação das lutas pela independência de Cuba, cujo grande expoente havia sido Martí, além de ser também uma continuação das lutas travadas nos anos trinta, pela queda da ditadura de Machado:

> Detrás de cada brote de pensamento revolucionário, através de nossas lutas republicanas, imerso em nossas gerações mais combativas (a de Mella e Martínez Villena; a de Moncada) tem estado a força ideológica de José Martí como motor da ação revolucionária. (...) Haydée Santamaría, referindo-se ao Moncada, afirmou: "Ali fomos martianos, hoje somos marxistas e não temos deixado de ser martianos, porque não há contradição nisto, pelo menos para nós. Ali fomos com as idéias de Martí. E hoje seguimos com as idéias de Martí, (...) com a doutrina de Marx e com Bolívar, com o continente que Bolívar quis unir e quis fazer". (...) Recebamos a inteligência formadora de um homem [Martí] que em sua época e em seu momento "incitou o mundo". A Redação [32].

---

31 "Apresentação (sem título)". *El Caimán Barbudo*, Havana, n. 22, julho de 1968, p. 3.

32 "Editorial. Una advertencia". *El Caimán Barbudo*, Havana, n. 27, janeiro de 1969, p. 3.

Nesse editorial, retomou-se o texto de Haydée Santamaría, militante do Movimento 26 de Julho, que havia participado do assalto ao quartel Moncada, em 1953, e cujo irmão, Abel Santamaría, havia sido preso e morto nas mãos da repressão da ditadura de Batista. Haydée Santamaría fazia parte do Comitê Central do Partido Comunista Cubano em 1969 e dirigiu a instituição Casa de las Américas, desde sua fundação até seu suicídio, em 26 de julho de 1980[33].

O assalto ao quartel Moncada, em 26 de julho de 1953, também foi relembrado em um número dedicado quase inteiramente a esse episódio, que originou o Movimento 26 de Julho[34]. Outros importantes líderes da história revolucionária cubana que já haviam sido lembrados na primeira época do suplemento, voltaram às páginas na segunda época da publicação: Antonio Guiteras, Rubén Martínez Villena, Frank País, Camilo Cienfuegos e Che Guevara[35].

O número dedicado a Che Guevara foi elaborado em outubro de 1969, após dois anos de sua morte na Bolívia[36]. Nessa edição, publicou-se uma entrevista coletiva feita com Haydée Santamaría por diversos membros de *El Caimán Barbudo*. Haydée discorreu sobre sua carta escrita em homenagem

---

33   Sobre o suicídio de Haydée Santamaría, cometido pouco depois do êxodo de milhares de cubanos pelo porto de Mariel. Ver: CABRERA INFANTE (1996, p. 180-181).

34   Ver: *El Caimán Barbudo*, Havana, n. 32, julho de 1969, p. 2-17.

35   Ver: "Los jóvenes creadores y el Che". *El Caimán Barbudo*, Havana, n. 24, outubro de 1968, p. 2-5; PÉREZ VALDÉS, Fernando. "Villena y la radiografia de las contradicciones". *El Caimán Barbudo*, Havana, n. 31, junho de 1969, p. 18-19; LEIVA, Waldo. "Detalles inéditos del caracter de Frank País". *El Caimán Barbudo*, Havana, n. 32, julho de 1969, p. 12-14; APARICIO, Raúl. "El Maceo del siglo XX" (sobre Camilo Cienfuegos). *El Caimán Barbudo*, Havana, n. 35, outubro de 1969, p. 17-18; "Editorial: Un gigante con sitio (sobre Rubén Martínez Villena e José Martí)." *El Caimán Barbudo*, Havana, n. 36, dezembro de 1969, p. 3; PEDROSO, Electo. "Antonio Guiteras de La Gallinita a San Luis". *El Caimán Barbudo*, Havana, n. 36, dezembro de 1969, p. 4-6; "Declaraciones de Guiteras". *El Caimán Barbudo*, Havana, n. 36, dezembro de 1969, p. 7.

36   ROA, Raúl. "Che". *El Caimán Barbudo*, Havana, n. 35, outubro de 1969, p. 8-9; RODRÍGUEZ HERRERA, Mariano. "Un poco de esta historia" (sobre Che). *El Caimán Barbudo*, Havana, n. 35, outubro de 1969, p. 10; MENCIA, Mario. "Treinta meses de historia y una interrogación" (sobre Che). *El Caimán Barbudo*, Havana, n. 35, outubro de 1969, p. 12-15.

a Che Guevara, quando recebeu a notícia de seu assassinato, redigida sob o impacto da notícia. Apesar de ter escrito esse texto, Haydée Santamaría frisou que não era escritora e que não tinha talento para escrever[37].

O diretor de *El Caimán Barbudo*, Alberto Arufe, elaborou uma pergunta a Haydée sobre a formação dos jovens escritores e artistas que, em sua visão, não se baseavam nas raízes históricas cubanas e nas gerações anteriores de intelectuais, como foi a geração dos anos trinta de Rubén Martinez Villena, Pablo de la Torriente Brau e Julio Antonio Mella, além da própria geração do ataque ao quartel Moncada. Para Arufe, o problema dos jovens estava na sua tendência em buscar inspiração mais no exterior e no estrangeiro, do que nas raízes cubanas[38].

Para Arufe, a formação cultural dos jovens deveria valorizar mais a história nacional, sobretudo a personalidade de José Martí, que em sua opinião era muito desconhecida em Cuba. Apenas dentro desse caminho de valorização do cubano Arufe visualizava a criação de uma obra da Revolução. A concepção de cultura expressa por Alberto Arufe de inspiração da arte e defesa das raízes nacionais, poderia ser relacionada com a elaboração da cultura operária, defendida pelo *Proletcult*, na Rússia, em 1917. O *Proletcult* propunha a criação de uma cultura especial, própria do proletariado, que se contrapunha à cultura burguesa internacional. A reavaliação do passado cultural da burguesia tinha como objetivo definir os novos padrões literários e artísticos da cultura proletária, que deveria ter uma postura "progressista", caráter nacional, ser realista e engajada (VILLAÇA, 2004, p. 54) [39].

---

37 SANTAMARÍA, Haydée. "El joven escritor debe amar la vida el trabajo y el ser humano". *El Caimán Barbudo*, Havana, n. 35, outubro de 1969, p. 3.

38 ARUFE apud SANTAMARÍA, Haydée. "El joven escritor debe amar la vida el trabajo y el ser humano". *El Caimán Barbudo*, Havana, n. 35, outubro de 1969, p. 4.

39 Sob a inspiração do *Proletcult* criou-se em 1925 a Associação Pan-Russa de Escritores Proletários, um marco na subordinação dos intelectuais russos ao Partido Comunista. Tanto Lênin, como Trostki rechaçaram categoricamente a criação de uma cultura operária: "É fundamentalmente falso opor a cultura e a arte burguesas à cultura e à arte proletárias. Estas últimas, de fato, não existirão jamais, porque o regime proletário é temporário e transitório. A significação histórica e a grandeza moral da revolução proletária residem no fato de que esta planta os alicerces de uma cultura que não será de classe, mas pela primeira vez verdadeiramente humana". Ver: TROTSKI (1980, p. 25).

A resposta de Haydée Santamaría ao questionamento de Alberto Arufe foi uma forte crítica a uma concepção de cultura circunscrita às questões nacionais. Haydée acreditava que não deveria haver limitações à arte e à literatura e que não seria apropriado ler apenas a obra de José Martí, mas fazer leituras amplas. Entretanto, Santamaría esclareceu que também achava importante estudar Martí e a história cubana, mas ressaltou que muitas vezes era mais fácil para os jovens escrever sobre outros temas com menos "complicações", já que ao falar da história da ilha, sempre aparecia algum intelectual mais velho, com mais autoridade e experiência do que os jovens naquele assunto:

> Em primeiro lugar, para escrever sobre nossas raízes há que ler sobre todas as raízes. Porque eu não acredito que se possa escrever sobre nossas raízes sendo um estudioso apenas dos problemas cubanos. Porque há que partir da cultura, e a cultura não foi descoberta por Cuba. (...) E o que vai pintar pode pintar o que deseje, mas tem que conhecer os pintores e quem são os pintores. Não que vá imitar Picasso, agora, tem que saber quem é Picasso e tem que saber como surgiu e tem que saber as transformações dele e tem que saber as épocas dele e tem que saber qual ele considera que é sua melhor pintura. Agora, o que não pode é imitar Picasso.[40]

Uma outra pergunta dirigida a Haydée Santamaría foi formulada por Peroga, responsável pela fotografia na segunda época do suplemento. Sua questão era sobre a formação dos pintores, vinculados às correntes artísticas relacionadas aos "problemas puramente psicológicos", enquanto em sua visão seria mais importante que o jovem artista fosse capaz de "projetar a sociedade" e refletir a complexidade da "superestrutura" e da "ideologia". Para Peroga, a obra revolucionária estaria mais presente nesse segundo exemplo, de crítica social, do que na obra que expressasse somente os anseios individuais[41]. A opinião de Haydée Santamaría foi novamente bastante

---

40   SANTAMARÍA, Haydée. "El joven escritor debe amar la vida el trabajo y el ser humano". *El Caimán Barbudo*, Havana, n. 35, outubro de 1969, p. 4-5.

41   PEROGA apud SANTAMARÍA, Haydée. "El joven escritor debe amar la vida el trabajo y el ser humano". *El Caimán Barbudo*, Havana, n. 35, outubro de 1969, p. 7.

aberta, já que declarou que nisso era "liberal", pois em sua visão toda boa pintura era revolucionária e desde que o criador pintasse com qualidade, deveria pintar o que tivesse vontade[42].

Como representante da redação de *El Caimán Barbudo*, a concepção de Peroga estava mais próxima da elaboração de "cultura operária" e do realismo socialista, que acabou por desprezar na União Soviética as obras das vanguardas artísticas, por não serem consideradas a "legítima expressão da realidade nacional" e não refletirem a realidade revolucionária por meio de uma forma realista. Já a concepção defendida por Haydée Santamaría, diretora de Casa de las Américas, propunha a obra literária e artística mais aberta às inovações e experimentações formais e de linguagem e não limitava a obra revolucionária à forma realista. Esse debate esteve presente no meio cultural cubano em vários momentos e publicações ao longo dos anos sessenta, não foi por acaso que também apareceu na primeira e segunda época de *El Caimán Barbudo*. Essa discussão será cada vez mais silenciada nos anos setenta em Cuba, quando predominarão normas e parâmetros mais rígidos para a criação artística, com a adoção de um "realismo socialista cubano", como mostrarei no próximo capítulo.

Além dos temas de história cubana, sob a direção de Alberto Arufe, o suplemento dedicou vários números à literatura cubana, como já era de praxe na fase anterior da publicação: uma edição dedicada à ficção científica[43]; um número dedicado aos escritores de Camaguey[44], outro a Santiago de Cuba[45] e outro a Matanzas[46]. Temas culturais como a história do livro em Cuba[47] ou o *boom* literário da América Latina também

---

42   SANTAMARÍA, Haydée. *Op. Cit.*, p.7.

43   "Editorial. De la Tierra a Julio Verne". *El Caimán Barbudo*, Havana, n. 28, fevereiro de 1969, p. 2-3; *El Caimán Barbudo*, Havana, n. 28, fevereiro de 1969, p. 4-25. Segundo Jesús Barquet, a ficção científica não terá continuidade na literatura cubana nos anos setenta, com o endurecimento da política cultural.

44   Ver: *El Caimán Barbudo*, Havana, n. 29, abril de 1969, p. 8-29.

45   Ver: *El Caimán Barbudo*, Havana, n. 32, julho de 1969, p. 18-28.

46   Ver: *El Caimán Barbudo*, Havana, n. 37, janeiro de 1970, p. 2-23.

47   "Editorial. Un libro es un libro". *El Caimán Barbudo*, Havana, n. 33, agosto de 1969, p. 2. Ver também a edição: *El Caimán Barbudo*, Havana, n. 33, agosto de 1969, p. 3-17.

estiveram presentes em várias edições na segunda época[48]. O número sobre a história do livro destacou o trabalho editorial da Imprenta Nacional, de 1960, e da Editora Nacional de Cuba, criada em 1962. Relatou também a criação da Edición Revolucionária, organizada em 1965 para publicar livros universitários, e o surgimento em 1967 do Instituto del Libro, dirigido por Rolando Rodríguez, professor de filosofia da Universidade de Havana[49]. Quanto às temáticas internacionais, artigos sobre as guerrilhas e o Terceiro Mundo[50] continuaram a aparecer, mas agora dividiam seu espaço com ensaios sobre marxistas soviéticos, como Lênin[51].

Alguns silêncios foram notáveis na segunda época de *El Caimán Barbudo*. Os escritores Heberto Padilla e Antón Arrufat ganharam o IV Concurso Literário da *Uneac* em 1968, com as obras *Fuera del Juego* (poesia)[52] e *Los siete contra*

---

[48] Sobre o *boom* ver: *El Caimán Barbudo*, Havana, n. 38 (apêndice), abril de 1970, p. 2-24; *El Caimán Barbudo*, Havana, n. 39, junho de 1970, p. 3-12. Sobre a relação entre o *boom* da literatura hispano-americana e a projeção internacional da Revolução Cubana ver: MOREJÓN (2004).

[49] Ver: "1959-1969. El libro en la Revolución". *El Caimán Barbudo*, Havana, n. 33, agosto de 1969, p. 7-9. As edições literárias do Instituto del Libro eram dirigidas por Ambrosio Fornet e Edmundo Desnoes.

[50] SARTRE, Jean-Paul. "De Aime Cesaire al tercer mundo". *El Caimán Barbudo*, Havana, n. 36, dezembro de 1969, p. 16-17; BEJAR, Hector. "Casa en nosotros Peru 1965: una experiencia guerrillera". *El Caimán Barbudo*, Havana, n. 28, fevereiro de 1969, p. 26.

[51] MIER FIEBLES, Juan. "Vigencia del pensamiento leninista". *El Caimán Barbudo*, Havana, n. 38, março de 1970, p. 3-6; "Cuatro opiniones sobre Lênin". *El Caimán Barbudo*, Havana, n. 38, março de 1970, p. 7-13.

[52] A direção da Uneac avaliou o livro de poemas de Padilla como "individualista" e expressão da "ideologia liberal burguesa". Padilla também foi acusado de "cético" e "reacionário", atitudes típicas dos intelectuais liberais dentro do capitalismo, além de não ter nenhuma "militância pessoal" e haver se ausentado nos momentos de dificuldade em que Cuba se enfrentou com o imperialismo. *Fuera del Juego* também foi mal visto pois sugeria "perseguições" e "climas repressivos" em Cuba, e para a direção da Uneac a Revolução sempre se havia caracterizado por sua "abertura" e "generosidade". Além disso, os poemas de Heberto demonstraram compaixão pelos "contra-revolucionários" que abandonaram o país e com aqueles que foram "fuzilados por seus crimes contra

Tebas (teatro)⁵³, respectivamente. Apesar de premiadas por um júri composto de intelectuais cubanos e estrangeiros, as obras foram consideradas pela direção da Uneac como "politicamente conflituosas": "os prêmios recaíram em obras construídas sobre elementos ideológicos francamente opostos ao pensamento da Revolução"⁵⁴. As obras premiadas foram publicadas, mas continham na introdução notas da direção da Uneac, que esclarecia sua discordância com o prêmio outorgado pelo júri. *El Caimán Barbudo* silenciou completamente sobre as premiações de Padilla e Arrufat nesse concurso e publicou apenas o prêmio outorgado pela Uneac à obra *Vivir es eso*, de Manuel Díaz Martínez⁵⁵. O silêncio do suplemento se relacionava diretamente com a intenção explícita da segunda época da publicação, de não publicar confrontos no suplemento⁵⁶.

---

o povo", na visão da Uneac. Ver: "Declaración de la Uneac". In: PADILLA (1998, p. 117-118). Na autobiografia de Padilla, encontra-se a versão relatada pelo autor. Ver: PADILLA (1989, p. 128-147).

53 A peça de Arrufat baseava-se na obra de Ésquilo, em que abordou as guerras fratricidas entre os irmãos Etéocles e Polinice, na cidade de Tebas, sitiada pelo inimigo estrangeiro. A direção da Uneac fez uma leitura cuja referência seria a situação de Cuba, sitiada pelos Estados Unidos. Ver: "Declaración de la Uneac". In: ARRUFAT (1968, p.14). Na análise de Jesús Barquet, a declaração da Uneac interpretava de seu modo a obra, dirigia a leitura do público ao relacioná-la com o contexto cubano e advertia antecipadamente sobre seu caráter "contestatório". A Uneac, ao interpretar a luta fratricida, indicava aos leitores que Etéocles seria a representação de Fidel Castro e Polinice dos cubanos exilados. Ver: BARQUET (2002, p. 59).

54 "Declaración de la Uneac". In: ARRUFAT (1968, p. 7-9).

55 DESQUIRÓN, Antonio. "El El primer primer Julian Julian". *El Caimán Barbudo*, Havana, n. 24, outubro de 1968, p. 22.

56 Estas obras de Heberto Padilla, Antón Arrufat, além de outras de Virgilio Piñera, José Rodríguez Feo, Guillermo Cabrera Infante e René Ariza foram criticadas em artigos publicados em 1968 na revista *Verde Olivo*, órgão das Forças Armadas Revolucionárias, com o pseudônimo de Leopoldo Ávila. Para Pío Serrano, Leopoldo Ávila seria o pseudônimo do crítico literário José Antonio Portuondo, antigo militante do PSP. Ver: SERRANO (1999, p. 46). Já na visão de Carlos Espinosa, Leopoldo Ávila seria o pseudônimo de Luis Pavon Tamayo, diretor do Consejo Nacional de Cultura. Ver: ESPINOSA (1992, p. 43). As críticas de Leopoldo Ávila a Antón Arrufat recaíram sobre sua "conduta imprópria" (homossexualidade) e que sua peça *Los siete contra Tebas* utili-

Os intelectuais cubanos e a política cultural da Revolução   205

Ao ocultar esses conflitos em torno às obras premiadas no Concurso da Uneac, *El Caimán Barbudo* introjetava a autocensura de temas indesejáveis ao governo e assumia cada vez mais um perfil de publicação característico de um veículo de propaganda política oficial.

Outra grande ausência foi o tema das manifestações juvenis ao redor do mundo, que tiveram seu ápice ao longo do ano de 1968[57]. Apenas a entrevista com André Gorz mencionou os protestos estudantis na França, e nada se publicou sobre a Primavera de Praga na Checoslováquia. Este último episódio foi um marco na política cubana, uma vez que Fidel Castro apoiou a invasão soviética a Praga, em agosto de 1968, o que significou um giro na política externa e uma aproximação entre Cuba e a União Soviética[58]. A entrevista com o filósofo André Gorz foi realizada durante

zava o tema de uma tragédia grega para mostrar uma tese "contra-revolucionária". Ver: ÁVILA apud BARQUET (2002, p. 17-18). A conduta de Heberto Padilla também foi duramente atacada em artigo de Leopoldo Ávila na revista *Verde Olivo*. O artigo de Leopoldo Ávila acusou *Fuera del Juego* de conter declarações "contra-revolucionárias" e de fazer o jogo do "imperialismo". Para Ávila, Padilla escreveu o livro para "fazer cartaz no exterior", satisfazer a sua "vaidade", por isso, passou sua imagem como "conflituoso" e "perseguido". Ver: ÁVILA, Leopoldo. "Las provocaciones de Padilla". *Verde Olivo*, ano IX, n. 45, 10 de novembro de 1968, p. 17-18. In: PADILLA (1998, p. 113-114).

57 Para uma análise dos movimentos juvenis de contestação nos anos sessenta, ver: DREYFUS-ARMAND (2000); FRANK (2000).

58 A Primavera de Praga, movimento que reivindicou "um socialismo com rosto mais humano", foi duramente reprimido pelos tanques da União Soviética, em 21 de agosto de 1968. Nos primeiros dias da repressão, a imprensa cubana noticiou o episódio, solidarizando-se com os manifestantes em Praga, já que havia uma simpatia na ilha com relação ao movimento checo. O discurso de Fidel Castro, em 23 de agosto de 1968, acabou por definir a posição oficial do governo cubano e seu apoio à invasão soviética a Praga surpreendeu não só muitos cubanos, como também grande parte da intelectualidade de esquerda internacional, que era simpática a Cuba e à "nova esquerda". Ver: FORNÉS-BONAVÍA DOLZ (2003, p. 242); FORNÉS-BONAVÍA DOLZ, Leopoldo. *Entrevista*. Entrevistadora Sílvia Cezar Miskulin. Madri, 3 e 7 de junho de 2004. Do ponto de vista da política internacional, a aproximação entre Cuba e os soviéticos foi acompanhada de uma diminuição do estímulo aos grupos guerrilheiros latino-americanos e de uma política externa mais moderada. Dentro de Cuba, o apoio à União Soviética representou um marco na "institucionalização" da Revolução Cubana

sua participação no Congresso Cultural de Havana, em janeiro de 1968, mas foi publicada no suplemento apenas no número 24, em outubro de 1968[59]. André Gorz analisou os movimentos de protesto que estavam em curso nos Estados Unidos e Europa como um processo que extrapolava as questões humanitárias relacionadas à guerra do Vietnã e se unia aos protestos estudantis e à rebeldia dos negros, no caso estadunidense. Para Gorz, estes setores questionavam do ponto de vista cultural, humanitário e ideológico o processo de produção capitalista e sua relação com o expansionismo exterior dos Estados Unidos na guerra do Vietnã.

Cuba havia se tornado um modelo de sociedade para os jovens dos países mais avançados, que não estavam satisfeitos com a "decadência moral" em que se encontravam seus países, conforme havia constatado André Gorz. Além disso, outro fenômeno que estava ocorrendo nesses anos era o surgimento de uma "nova esquerda" em vários países da Europa Ocidental, como na Suécia, Grã-Bretanha, França e Alemanha. A "nova esquerda" apresentava-se como alternativa à "deformação stalinista", que havia impregnado os partidos comunistas europeus. Em alguns países como Grã-Bretanha, Alemanha e Suécia, a "nova esquerda" significou uma reação contra a social democracia, contra o "oportunismo" e "reformismo" do Partido Social Democrata. A ausência da "nova esquerda" na Itália explicava-se devido ao fato de que o Partido Comunista Italiano não sofreu diretamente a influência stalinista, por encontrar-se na clandestinidade durante o fascismo[60].

---

e sua aproximação cada vez maior do modelo soviético. Iniciou-se em Cuba a "grande ofensiva revolucionária", que visava estimular a criação do "homem novo", estatizar massivamente o setor privado, por meio da centralização econômica. Paralelamente, a União Soviética aumentou sua ajuda econômica à ilha, incluindo também um incremento no fornecimento de petróleo. Ver: ROLLEMBERG (2001); MESA-LAGO (2003); MESA-LAGO (1979).

59 Os entrevistadores foram Ramón López, representando *El Caimán Barbudo*, Thalia Fung, da revista *Pensamiento Crítico* e professora no departamento de filosofia na Universidade de Havana e Isabel Monal, também professora nesse mesmo departamento.

60 Sobre o PCI, André Gorz analisou: "A massa de seus partidários e de seus quadros médios não foram influenciados pelos processos de Moscou, de Karkof e de Leningrado, pelas depurações stalinianas e por tudo o que este período significou de repressão e de

A "nova esquerda" representava, na visão de André Gorz, uma reação à cisão entre a classe operária e os intelectuais, promovida pelo stalinismo nos partidos comunistas[61]. Na França, a "nova esquerda" foi formada por intelectuais, militantes que romperam com o Partido Comunista Francês e com o Partido Socialista, jovens católicos de esquerda, socialistas e marxistas independentes, que promoveram manifestações de massa em apoio ao povo argelino, além de organizar uma coleta de apoio material em dinheiro e armas para a luta de independência da Argélia. André Gorz manifestou como Jean-Paul Sartre foi uma figura exponencial da "nova esquerda" francesa, com seu engajamento favorável à independência da Argélia e sua defesa da validade da luta armada nos países subdesenvolvidos.

A importância de Sartre também se revelou, segundo Gorz, ao mostrar, por meios de seus textos, que o marxismo poderia ser distinto do que se praticava no PCF, na União Soviética e nos países do Leste Europeu. Em suas elaborações, Sartre criticou Stálin e suas execuções, questionou as

---

burocratização interna, de submissão interna dos movimentos operários revolucionários da Europa à política staliniana. Além do mais, este partido tinha a vantagem extraordinária de ter sido fundado por um teórico de grande qualidade, desde um ponto de vista teórico tão importante como Lênin, que era Antonio Gramsci. Este havia teorizado o papel preponderante dos intelectuais, que chamou "intelectuales orgânicos", na formação de uma consciência política da classe operária. Para Antonio Gramsci não havia de um lado os intelectuais e de outro os operários, senão que para ele havia a possibilidade que o indivíduo de qualquer classe que fosse, tanto por convicção como por trabalho político ou ideológico, aderisse à classe operária e se entregasse a ela completamente, com todas suas capacidades intelectuais como um intelectual orgânico ligado a esta classe, não à pequena burguesia da qual era originário". Ver: "Entrevista con André Gorz". *El Caimán Barbudo*, Havana, n. 24, outubro de 1968, p. 8. Para a elaboração do conceito de "intelectual orgânico" de Gramsci ver: GRAMSCI (1981).

61 Para Gorz, no caso do Partido Comunista Francês, seu "primitivismo operário" o afastava dos intelectuais franceses, por influência da política stalinista difundida a partir da União Soviética. Outro grande problema para o PCF foi seu posicionamento durante a guerra na Argélia, uma vez que consideraram que a luta dos argelinos não era revolucionária e que não tinha um conteúdo socialista. A visão do PCF sobre a Argélia também gerou uma reação da "nova esquerda", que via na luta do povo argelino não só uma guerra de liberação nacional, mas também uma guerra revolucionária. Ver: "Entrevista con André Gorz". *El Caimán Barbudo*, Havana, n. 24, outubro de 1968, p. 9.

atitudes sectárias e ponto de vista dogmático e mecânico do PCF. Muitos setores da "nova esquerda" européia viam em Cuba uma alternativa ao modelo soviético, o que ficou claro nessa entrevista realizada com André Gorz, ocorrida anteriormente à Primavera de Praga. Entretanto, após o apoio do governo cubano à repressão soviética na Checoslováquia, a "nova esquerda" via abalada sua esperança de Cuba representar uma esperança de um socialismo mais democrático e humano.

Além dessas mudanças de direção apresentadas na segunda época de *El Caimán Barbudo*, muitos outros diretores e escritores se sucederiam na coordenação e redação do suplemento, como veremos no próximo capítulo, o que mostrava uma incerteza e indefinição em sua direção, mas também a ausência de um grupo forte e de agentes consolidados para conduzir com segurança as diretrizes na publicação da União de Jovens Comunistas e da política cultural oficial. Essas mudanças na equipe de direção buscavam adequar *El Caimán Barbudo* da segunda época às diretrizes da política cultural. O suplemento deixava de ser uma publicação relativamente autônoma, para tornar-se cada vez mais um instrumento de propaganda da UJC e um divulgador acrítico das políticas oficiais. A cultura e a intelectualidade iam aos poucos se submetendo às políticas ditadas pelos "homens de ação" do governo cubano.

HEBERTO PADILLA NO CENTRO DO TURBILHÃO

Os editores de *El Caimán Barbudo* decidiram abrir novamente um espaço de debates para encerrar a polêmica em torno de Padilla, iniciada no capítulo anterior, na primeira fase do suplemento. Publicaram um novo artigo de Padilla sobre o romance de Otero, e a resposta de Lisandro Otero e dos editores da primeira fase do suplemento. A direção da segunda época da publicação havia deixado explícito sua recusa em abrir suas páginas para artigos conflituosos, por isso chamou a atenção a incongruência em publicar novamente textos de confrontos.

A polêmica foi retomada com a publicação da carta de Jaime Crombet, secretário-geral da UJC, abrindo uma exceção para concluir a polêmica que levou justamente ao fim da primeira fase do suplemento:

Estava pendente de publicar uma polêmica entre Jesús Díaz e Heberto Padilla, que o Birô Nacional da Juventude considerou positivo que se publique, o que constituiría uma exceção dentro da política que traça *El Caimán Barbudo* e que, desde logo, deve se manter. Por outra parte, no próprio editorial fala-se que "se inicia uma etapa de rebeldia com causas e de rebeldia revolucionária..." Isto, também é inteiramente justo. Não obstante, foi interpretado por alguns companheiros de que anteriormente *El Caimán Barbudo* não era revolucionário nem tinha intenção de servir à Revolução. Sabemos que não era esta nem remotamente a idéia, nem muito menos a intenção, que se expressou no editorial. Mas como deu lugar a esta interpretação, o Birô Nacional da Juventude estimou correto que se deixe claro este problema. *El Caimán Barbudo*, em sua etapa anterior teve acertos e erros. A nova política foi definida, o problema agora é levá-la em prática.[62]

O artigo de Heberto Padilla reafirmava suas críticas ao escritor Lisandro Otero, apontado como um exemplo de vulgaridade, e continuou a louvar o talento literário de Guillermo Cabrera Infante. Em seu artigo, criticou a atuação de Lisandro Otero, como funcionário, "burocrata cultural" e vice-presidente do Consejo Nacional de Cultura, que censurou e suspendeu duas obras, *La cuadratura del círculo* e *María Antonia*[63]. Questionou também a atitude da primeira direção do suplemento, que publicou seu primeiro

---

62 CROMBET, Jaime. "Carta del secretario general de la UJC a *El Caimán Barbudo*". *El Caimán Barbudo*, Havana, n. 19, março de 1968, p. 2.

63 A peça *María Antonia*, de Eugenio Hernández Espinosa, estreou em 29 de setembro de 1967, sob a direção de Roberto Blanco, com o grupo Taller Dramático y el Conjunto Folklórico Nacional. Obteve um enorme êxito junto ao público, com cerca de vinte mil expectadores nas primeiras dezoito apresentações. A obra preenchia um grande vazio na história da dramaturgia cubana, pois tratava de uma mulata desafiadora e mostrava o universo da *santería* e da cultura popular e *yorubá*. Entretanto, a peça causou também polêmica e escândalo por abordar o universo da cultura negra. Ver: MARTIATU (1992, p. 935-936). O jornal *Granma* realizou uma pesquisa, em janeiro de 1968, sobre a peça *María Antonia*. Virgilio Piñera foi um dos que responderam a enquete. Ver: BARRETO (1996, p. 158).

texto polêmico e depois, sem lhe dizer nada, declarou que seu texto "não se ajustava ao que eles haviam pedido" para Padilla escrever no suplemento. Reconheceu que com a publicação da nota, abriu-se uma polêmica, mas Padilla declarou que sua publicação provaria a "existência de nossas liberdades", de uma "prática democrática"[64].

Para se defender, Padilla declarou sua crença de que em Cuba, em todos os centros de trabalho, permitia-se a crítica aberta, com liberdade e sem nenhum temor. Padilla deixou claro que não aceitava se calar e suportar "humilhações em nome da Revolução", além de aproveitar para criticar os métodos utilizados por aqueles que defendiam uma visão dogmática do marxismo. Também esclareceu que não caía no erro de julgar a sociedade cubana com esquemas. Entretanto, Padilla ressaltou que em Cuba haviam se repetido erros de "outros tempos e de outras situações históricas", que o deixaram alarmado:

> Muitos desses erros já foram repetidos e se reconheceram publicamente. Em tão curta vida revolucionária tivemos, inclusive, nosso stalinismo em miniatura, nosso Guanahacabibes, nossa *dolce vita*, nossa UMAP. Se estes erros foram superados – deixando por suposto, suas marcas – é porque a natureza de nossa Revolução os rechaça organicamente. (...) Nenhuma adesão, nenhuma ortodoxia de Estado por muito espontânea e juvenil que seja, pode ignorar estes perigos.[65]

Neste ponto de seu artigo, Padilla não só comparou certos desvios da Revolução Cubana com o stalinismo, como citou explicitamente a existência dos campos de internação e trabalho forçados, como as UMAPs e os campos de Guanahacabibes, que foram comparados com os *gulags* soviéticos[66]. Para finalizar seu artigo polêmico, Heberto Padilla apontou

---

64 PADILLA, Heberto. "Respuesta a la redacción saliente". *El Caimán Barbudo*, Havana, n. 19, março de 1968, p. 3.

65 PADILLA, Heberto. "Respuesta a la redacción saliente". *El Caimán Barbudo*, Havana, n. 19, março de 1968, p. 5.

66 Segundo Carlos Franqui, Che Guevara organizou em 1960 campos de castigos co-

como o desenvolvimento de oito anos de Revolução trazia novas tarefas, mais difíceis, aos escritores e citou o exemplo de Soljenítzin[67] e sua concepção de literatura (que deveria "captar o ambiente da sociedade, suas penas, temores, seus perigos morais e sociais") como modelo para o escritor cubano participar ativamente na construção da nova sociedade, dentro da Revolução.

A resposta ao artigo de Padilla apareceu dois números depois em *El Caimán Barbudo*, com a publicação de uma nota do diretor da segunda época, ao explicar que a polêmica seria encerrada com dois artigos: a resposta da redação dos primeiros editores do suplemento, além de um artigo de Lisandro Otero. O diretor do suplemento Félix Sautié esclareceu que a publicação desses artigos para fechar a polêmica havia sido mais uma vez autorizada por Jaime Crombet, secretário-geral da UJC[68].

Os editores fundadores do suplemento escreveram sua resposta a Padilla em 26 de outubro de 1967, mas o texto foi publicado apenas em

---

letivos para revolucionários, funcionários ou dirigentes que cometiam faltas ou erros, na inóspita península de Guanahacabibes: "Segundo o comandante Ramiro Valdés, nomeado nessa época ministro de *Seguridad*, 'o erro é contra-revolucionário'. Esses campos de trabalho forçados estenderam-se rapidamente por toda a ilha e ainda existem. Nos últimos tempos enviaram a esses *gulags* tropicais quase todos os ministros e responsáveis econômicos que tentaram reformas nos últimos anos e os administradores estatais que, para cumprir as consignas ordenadas, intercambiavam produtos com outros centros (sapato por comida)". Ver: FRANQUI (1988, p. 387-388).

67 Heberto Padilla havia lido *Un día en la vida de Ivan Denisovich* de Soljenítzin em 1963, com ajuda de seu tradutor, quando trabalhava como redator do jornal *Novedades de Moscú*, na União Soviética. Na ocasião, Padilla escreveu um artigo sobre a obra, baseada na experiência e testemunho do autor nos campos de trabalho forçados instituídos por Stálin, e o enviou à ilha, para "evitar que aqueles erros se repetissem em Cuba". Ver: PADILLA (1989, p. 76). Segundo Boris Schnaiderman, essa obra rompeu o silêncio forçado que existia sobre a obra de Soljenítzin. Foi publicada na revista *Nóvi Mir* com o consentimento de Kruschov e foi o limite máximo durante os anos sessenta para a divulgação dos campos de reclusão na União Soviética Ver: SCHNAIDERMAN (1997, p. 100). O livro de Soljenítzin foi publicado em Cuba pelo Instituto do Livro, nos anos sessenta.

68 La Redación. Nota sem título. *El Caimán Barbudo*, Havana, n. 21, junho de 1968, p. 2.

junho de 1968[69]. Afirmaram que Heberto Padilla, um "polemista notável", mentia em seu texto, pois sua nota tratava de profundas questões ideológicas e não apenas de uma simples crítica ao "escritor e vice-presidente" Lisandro Otero. Para a antiga redação, o problema não era a crítica que Padilla fazia ao romance de Otero, mas a "confusão" e as questões de princípio que estavam presentes em seu artigo. Os editores da primeira época criticaram a defesa que Padilla fez de Guillermo Cabrera Infante, uma vez que o escritor exilado havia declarado que abandonava seu país à "erosão histórica", ao emigrar. A conduta de Cabrera Infante também foi questionada nesse artigo, por haver publicado em maio de 1967, no número 11 da na revista *Mundo Nuevo*[70], três capítulos de seu romance *Tres Tristes Tigres*, além de ter se integrado como correspondente dessa revista em Londres, a partir do número 14, de agosto de 1967[71].

Os primeiros editores de *El Caimán Barbudo* entraram também no debate sobre o papel do intelectual na Revolução, ao esclarecer que Padilla havia caído em um "equívoco teórico de significação reacionária", ao ver uma "oposição maniqueísta" entre as funções do escritor revolucionário e, de outro lado, as do funcionário e dirigente. Para os editores, estas não eram

---

69 O artigo foi assinado por Víctor Casaus, Jesús Díaz, Luis Rogelio Nogueras e Guillermo Rodríguez Rivero.

70 A revista *Mundo Nuevo* publicou no número 11, de maio de 1967, editorial no qual explicava a independência e o diálogo de sua política editorial, além de relatar a origem dos fundos recebidos pelo ILARI por meio da Fundação Ford. Já no número 13, de julho de 1967, a revista publicou uma declaração do ILARI, em que definia as características de suas publicações (*Mundo Nuevo, Aportes* e *Cadernos Brasileiros*): o "caráter de militância" de suas atividades, a integração cultural da América Latina e a autonomia de seus animadores. No número 14, publicou-se editorial assinado pelo editor da revista, Emir Rodríguez Monegal, em que avaliou os vínculos entre o Congresso pela Liberdade da Cultura e a CIA, como algo datado no passado histórico do pós-Segunda Guerra Mundial. O objetivo de Rodríguez Monegal era "desvincular a revista de qualquer filiação duvidosa" e reafirmar o espaço do intelectual independente. Ver: MOREJÓN (2004, p. 293-295).

71 CASAUS, Víctor; DÍAZ, Jesús; NOGUERAS, Luis Rogelio; RODRÍGUEZ RIVERA, Guillermo. "¿El yogi y el comisario?". *El Caimán Barbudo*, Havana, n. 21, junho de 1968, p. 3-4.

as duas únicas opções possíveis e a solução não-reacionária era lutar por uma terceira possibilidade, com o exercício da coragem intelectual:

> Reside também em entender – se é revolucionário – que funcionário não tem necessariamente que ser sinônimo de burocrata, não tem que ser sinônimo de silêncio, não tem que ser sinônimo de "opiniões oficiais", no sentido em que o preconceito e a ignorância entendem esta expressão. A luta neste terreno é decisiva. A Revolução Cubana, que tem se proposto uma tarefa sem precedentes na história com a eliminação da burocracia e a conversão do Estado em um complexo de equipes efetivas (...) de um novo tipo de funcionário no qual coexistem o oficial e o rebelde, o que constrói e está descontente com o que faz; o que constrói e com este direito e essa autoridade é capaz de criticar e decidir. Na figura deste funcionário pode ou não concorrer a figura do criador artístico.[72]

Os editores fundadores do suplemento deixaram explícito que a função do intelectual revolucionário seria lutar, "levar adiante uma tarefa realmente revolucionária" e não delegar suas responsabilidades de "direção efetiva da cultura". O trabalho político seria parte vital do trabalho intelectual, permitindo participar das decisões políticas, e o exercício da crítica era o centro da tarefa dos escritores e artistas revolucionários[73].

Para encerrar a polêmica, publicou-se em *El Caimán Barbudo* artigo de Lisandro Otero, em resposta ao artigo de Heberto Padilla. Otero criticou Padilla, que em vez de fazer um debate literário, passou a discussão para o plano político. Em seu artigo, defendeu os trabalhadores do Estado e funcionários em Cuba, que não eram agentes "oficiais", mas trabalhavam pela Revolução. Lisandro Otero refutou que tivesse censurado certas obras, como vice-presidente do CNC:

> Padilla, em um novo desdobramento de sua desinformação, fala de não sei que memorando e da suspensão das obras teatrais

---

72 Idem, ibidem, p. 4-5.
73 Idem, ibidem, p. 5.

> *María Antonia* e *La Cuadratura del Círculo*. Em torno da obra *María Antonia* houve uma discussão ideológica. Direito que a Revolução não cede é o de analisar e discutir a concepção de uma obra de arte se entende que pode ser deformadora. (...) Em quanto a *La Cuadratura* não sei de que falam. Nunca tive nada que ver com seu espetáculo. Que Padilla mostre um só memorando no qual suspenda ou proíba obra alguma.[74]

Na visão de Lisandro Otero, Padilla afirmou a existência de apenas dois caminhos para o escritor em Cuba: emigrar ou se converter em um "burocrata da cultura", o que para Otero era uma alternativa "falsa" e "rudimentar". Reconheceu que historicamente muitos escritores cubanos haviam se exilado nos Estados Unidos ou Europa, mas que depois do triunfo da Revolução, não havia mais justificativa para o escritor residir fora da ilha. Isto porque a Revolução havia acabado com o divórcio entre o escritor e a sociedade, havia se erradicado a comercialização das obras nos meios de comunicação de massa, surgia um público cada vez mais informado e com maior interesse pelas produções culturais, além dos intelectuais contribuírem com suas criações para transformar a sociedade em que viviam. Em seu artigo, Otero esclareceu que a saída de Guillermo Cabrera Infante de seu cargo no Ministério do Exterior e posteriormente de Cuba, era um assunto extraliterário, que Padilla fez questão de mencionar em seus textos. Na concepção de Otero, escritores como Guillermo Cabrera Infante trabalhavam "objetivamente contra a Revolução", sobretudo após sua colaboração na revista *Mundo Nuevo*, que em sua visão era um "organismo da CIA"[75].

Ao reafirmar o importante papel do intelectual revolucionário, que por meio de sua "palavra" e "ação" era imprescindível para a transformação da sociedade, Lisandro Otero revelou que o escritor podia ser "crítico" e "anticonformista", desde que atuasse dentro da Revolução, contribuindo com seu talento e entusiasmo para conformar a obra criativa da nova sociedade.

---

74 OTERO, Lisandro. "Del otro lado del Atlantico: una actitud". *El Caimán Barbudo*, Havana, n. 21, junho de 1968, p. 7.

75 OTERO, Lisandro. "Del otro lado del Atlantico: una actitud". *El Caimán Barbudo*, Havana, n. 21, junho de 1968, p. 8.

Nesse caso, os intelectuais podiam com sua obra auxiliar a "reparar os erros" e ser "intolerante com as negligências", desde que não apenas falassem dos erros, mas trabalhassem para superá-los[76].

Observa-se que todos os artigos publicados em relação a esta polêmica questionaram a posição de Padilla e se posicionaram explicitamente contrários às suas idéias. Outro fato relevante foi a exceção aberta no suplemento para o aparecimento desses artigos conflituosos, que contradizia os novos critérios adotados pela direção de *El Caimán Barbudo* a partir da segunda época da publicação e demonstrava as incongruências dessas novas diretrizes. Destaca-se também a ausência de uma tomada de posição explícita do diretor, Félix Sautié, diante da polêmica. Como membro da direção da UJC, Sautié contentou-se em seguir as ordens expressas na carta de Jaime Crombet, secretário-geral da UJC, que autorizava a retomada das polêmicas sobre o livro de Lisandro Otero com o objetivo de encerrá-las.

Como desdobramento dessa polêmica, Heberto Padilla foi cada vez mais marginalizado no meio cultural cubano, o que culminou com o episódio de sua prisão alguns anos depois. A prisão e autoconfissão do escritor Heberto Padilla, em 1971, ficou conhecida como "caso Padilla" e marcou o fim da "lua-de-mel" entre o governo cubano e a intelectualidade de esquerda internacional. Padilla e sua esposa Belkis Cuza Malé foram presos em 20 de março de 1971[77].

O escritor Heberto Padilla permaneceu preso até 27 de abril, quando foi obrigado a redigir uma autocrítica[78], em que confessou ter "conspirado

---

76 Idem, ibidem.

77 Segundo versão de César Leante, Fidel Castro anunciou a prisão de Padilla naquele mesmo dia, durante conversa com um grupo de estudantes na Universidade de Havana. Fidel declarou que ele pessoalmente havia ordenado sua detenção, por tratar-se de "contra-revolucionário". Belkis Cuza Malé teria permanecido presa durante três dias. Ver: LEANTE (1999, p. 212-213). Logo após sua prisão, o livro *Juego de Damas* de Belkis Cuza, que se encontrava no prelo da Editora Unión foi confiscado e destruído. Ver: CUZA MALÉ (2002).

78 Em seu livro de memórias, Heberto Padilla relatou sua prisão na Seguridad del Estado, na Villa Marista, e no Hospital Militar de Marianao, os interrogatórios conduzidos pelo tenente Alvarez, as torturas físicas e psicológicas, a autoconfissão que foi obrigado a escrever, além de concordar em memorizá-la para fazer sua *mea culpa* na Uneac, para ver-se novamente em liberdade. Ver: PADILLA (1989, p. 149-199).

contra a Revolução", envolvendo sua esposa Belkis Cuza Malé e os escritores Manuel Díaz Martínez, César López, Norberto Fuentes, Pablo Armando Fernández, José Yanes, David Buzzi e José Lezama Lima[79]. Padilla acusou os intelectuais estrangeiros René Dumont e K. S. Karol de "contra-revolucionários", além de atacar também Hans Magnus Enzensberger, por ter escrito um ensaio "injusto" e "mal-intencionado" sobre a Revolução. Sua autocrítica foi feita publicamente no salão de atos da Uneac, no dia 27 de abril de 1971, em sessão presidida por José Antonio Portuondo, quando Padilla fez sua confissão, diante de muitos agentes de segurança do Estado, que filmaram o episódio (EDWARDS, 1991; BARRETO, GIANERA, SAMOILOVICH, 2000) [80]. Padilla foi utilizado como bode expiatório pelo governo cubano para provar o alinhamento de Cuba com a política cultural soviética, além de abafar qualquer pretensão de uma política cultural mais aberta e eclética na ilha.

Em sua confissão, Padilla esclareceu que a reunião na Uneac estava se realizando "por sua solicitação, sem a imposição de ninguém" e que sua prisão pela Seguridad del Estado motivou-se por ter sido

---

[79] Manuel Díaz Martínez e José Lezama Lima haviam sido membros do júri que premiou seu livro *Fuera del Juego*. Este seria talvez um dos motivos que explicaria serem citados no discurso de Padilla. Já o caso de Norberto Fuentes ele havia desagradado diretamente a polícia política com seu livro *Condenados de Condado*, já que Padilla revelou em sua autocrítica que a própria Seguridad del Estado havia fornecido documentos, que o escritor consultou para escrever seu livro premiado. Ver: PADILLA (1998, p. 146). Pablo Armando Fernández foi acusado na confissão de Padilla de "desafeto" e "contra-revolucionário", César López, de escrever poesias de "épica derrotista", além de enviar um livro à Espanha antes que fosse publicado em Cuba e José Yanes, de produzir uma poesia "doente" e "derrotista". Ver: PADILLA (1998, p. 144-145). David Buzzi havia estado preso na Seguridad del Estado por tentar sair ilegalmente de Cuba, em 1964. Depois de cumprir sua pena, obteve menção no concurso Casa de las Américas, em 1966, por seu romance *Los desnudos*, além de ganhar o Prêmio Nacional de Romance e viajar à União Soviética. Entretanto, segundo a confissão de Padilla, Buzzi continuava com suas atitudes e conversas inapropriadas ao ânimo revolucionário. Ver: PADILLA (1998, p. 149).

[80] Segundo Padilla, sua autoconfissão teria sido filmada pelo Icaic. A agência Prensa Latina, ao divulgar seu discurso, suprimiu algumas passagens, além da intervenção de René Depreste. Ver: PADILLA (1989, p. 195).

acusado de "contra-revolucionário", já que havia pronunciado uma série de "injúrias" e "difamações" contra a Revolução. Fez também uma autocrítica por haver ocupado o espaço oferecido por *El Caimán Barbudo* para atacar Lisandro Otero, de quem era amigo há vários anos. Padilla questionou-se por haver defendido Cabrera Infante em nome de "valores artísticos", já que ele era um "ressentido social", um "agente da CIA", um "traidor", um "contra-revolucionário", que desde o princípio fora "inimigo irreconciliável da Revolução". O *mea culpa* de Padilla também se estendeu aos organismos que ele atacou nos artigos no suplemento, como a Uneac, o Ministério de Relações Exteriores e um agente da Seguridad del Estado[81].

Ao reconhecer que havia realizado "atividades inimigas", que resultaram em "danos à Revolução", Padilla afirmou que seus erros eram imperdoáveis e não merecia estar livre. Declarou ter levado posições equivocadas ao terreno da poesia, com seu livro *Fuera del Juego* (que comentei neste capítulo), ao inaugurar em Cuba uma poética cheia de "ressentimento", "amargura", "pessimismo", sinônimos da "contra-revolução" na literatura. Na autocrítica, Padilla avaliou o livro como uma forma de "colonialismo", pois "importava estados de ânimos alheios", "experiências históricas alheias", e não "interiorizava a experiência cubana", já que manifestava "desencanto", "ceticismo", espírito "derrotista" e levava à "contra-revolução".

O objetivo da autocrítica de Padilla era advertir a seus amigos escritores, que tinham uma atitude parecida com a sua, de que o governo cubano não iria mais tolerar que a frente cultural fosse "débil" na ilha. Seu discurso serviria de alerta para os intelectuais, indicando que os dirigentes estavam dispostos a fazer mais detenções, se fosse preciso:

> Eu estou seguro de que eles estarão muito preocupados, de que estiveram muito preocupados, ademais, pelo meu destino durante todo este tempo, do que ocorreria comigo. E de que ao ouvir estas palavras agora ditas por mim pensaram que com igual razão a Revolução poderia detê-los. Porque a Revolução não podia seguir tolerando uma situação de conspiração venenosa de

---

81 "Intervención en la Unión de Escritores y Artistas de Cuba, el martes 27 de abril de 1971". In: PADILLA (1998, p. 129).

todos os grupos de desafetos das zonas intelectuais e artísticas. (...) E se digo isto diante de vocês é porque vejo em muitos dos companheiros que estão aqui, cujas caras estão aqui, erros muito similares a erros que eu cometi. E se estes companheiros não chegaram ao grau de deterioração moral a que eu cheguei, isso não os exime de nenhum modo de sua culpa.[82]

A conclusão da confissão de Padilla era que o setor da cultura e da arte "estavam à reboque" e "não se portavam a altura" da Revolução Cubana. Os intelectuais não haviam participado da colheita de açúcar para a safra dos 10 milhões, em 1970, além de não se mobilizarem para o trabalho voluntário. Padilla pediu aos escritores presentes que revissem suas posições como ele já havia feito, para estarem à altura da "responsabilidade de viver em uma trincheira extraordinária e exemplar no mundo contemporâneo", como era Cuba.

O caso ganhou repercussão internacional. A primeira carta de protesto dirigida a Fidel Castro contra a prisão de Padilla, assinada pelos escritores mexicanos do Pen Club do México, foi publicada em 2 de abril de 1971, no jornal *Excelsior* [83]. Escritores de esquerda europeus e latino-americanos, simpatizantes da Revolução Cubana, assinaram outra carta enviada a Fidel Castro, publicada no jornal *Le Monde*, em 9 de abril de 1971, em que declararam seu desacordo em relação a prisão de Padilla e ao uso de "medidas repressivas" contra intelectuais que exerceram "o direito de crítica dentro da Revolução"[84]. Uma outra carta dirigida a Fidel Castro foi publicada em 21

---

82 "Intervención en la Unión de Escritores y Artistas de Cuba, el martes 27 de abril de 1971". In: PADILLA (1998, p. 141).

83 Os intelectuais mexicanos Carlos Fuentes, Octavio Paz e Juan Rulfo, entre outros, assinaram esta carta. Ver: "Carta del Pen Club de México a Fidel Castro". *Excelsior*, México, 2 de abril de 1971. In: PADILLA (1998, p. 122).

84 A carta, conhecida como *Declaración de los 54*, foi assinada por Jean-Paul Sartre, Simone de Beauvoir, Italo Calvino, Marguerite Duras, Carlos Franqui, Juan Goytisolo, Alberto Moravia, Octavio Paz, Hans Magnus Enzensberger, Julio Cortázar, Carlos Fuentes, Gabriel García Márquez, Mario Vargas Llosa, Jorge Semprún, Carlos Barral, Maurice Nadeau, Rossana Rossanda, entre outros. Ver: "Primera carta de los intelectuales europeos y latinoamericanos a Fidel Castro". *Le Monde*, Paris, 9 de abril de 1971. In: PADILLA (1998, p. 123).

de maio no jornal *Madrid* e também em Paris, em que sessenta intelectuais protestaram enfaticamente diante da confissão pública de Padilla, que se redimia de crimes políticos que tinham sido "forjados":

> Cremos no dever de comunicar-lhe nossa vergonha e nossa cólera. O lastimoso texto da confissão que assinou Heberto Padilla só pode ter-se obtido por meio de métodos que são a negação da legalidade e a justiça revolucionárias. O conteúdo e a forma de dita confissão, com suas acusações absurdas e afirmações delirantes, asssim como o ato celebrado na Uneac, na qual o próprio Padilla e os companheiros Belkis Cuza, Díaz Martínez, César López e Pablo Armando Fernández se submeteram a uma penosa mascarada de autocrítica, recorda os momentos mais sórdidos da época stalinista, seus juízos pré-fabricados e suas caças às bruxas. Com a mesma veemência com que temos defendido desde o primeiro dia a Revolução Cubana, que nos parecia exemplar em seu respeito ao ser humano e em sua luta por sua liberação, exortamos Cuba evitar o obscurantismo dogmático, a xenofobia cultural e o sistema repressivo que impulsionou o stalinismo nos países socialistas, e de que foram manifestações flagrantes sucessos similares aos que estão sucedendo em Cuba. (...) Quiséramos que a Revolução Cubana voltasse a ser o que em um momento nos fez considerá-la um modelo dentro do socialismo.[85]

A autoconfissão de Heberto Padilla ao invés de atenuar o escândalo internacional desencadeado com sua prisão, acabou por acentuar e abrir uma ruptura entre a política repressiva do governo cubano e a atitude dos intelectuais de várias partes do mundo, que até aquele momento, não

---

85 Assinaram esta carta, a *Declaración de los 62*, Nathalie Sarroute, Susan Sontag, Pier Paolo Pasolini, Alain Resnais, André Gorz, Rodolfo Hinostroza, Juan Rulfo, José Agustín Goytisolo, entre outros, além da maioria dos intelectuais que subscreverem a carta anterior, publicada no *Le Monde*. Ver: "Segunda carta de los intelectuales europeos y latinoamericanos a Fidel Castro". *Madrid*, 21 de maio de 1971. In: PADILLA (1998, p. 160-161).

acreditavam que o governo reproduzia em Cuba os métodos de Stálin[86]. Padilla ao ter se submetido às exigências da Seguridad del Estado e realizado a "farsa" de sua autocrítica, evidenciou o caráter autoritário do governo cubano. Sua confissão não me pareceu ter sido sincera, mas produto da imposição dos órgãos de repressão do governo, pois continha muitas passagens com duplo sentido, que beiravam a "hipocrisia"[87]. As restrições aos intelectuais em Cuba foram explicitadas, não só quanto à liberdade de criação e de expressão, mas também em relação ao controle de sua conduta pública e privada. O "caso Padilla" significou uma quebra de confiança entre grande parte dos escritores e artistas e o governo cubano. No plano internacional, o "caso Padilla" representou o fim da "lua-de-mel" entre os intelectuais de esquerda e a Revolução, já que muitos escritores e artistas retiraram definitivamente o seu apoio ao processo revolucionário cubano.

---

86 Stálin comandou uma campanha ostensiva contra os dirigentes do *bureau* político da época de Lênin. Bukharin, Zinoviev, Kamenev, Rykov, Radek, entre outros, foram afastados da direção, presos e mortos. O ápice dos expurgos e das autoconfissões ocorreram durante os Processos de Moscou, entre 1936 e 1938, quando cinco milhões de soviéticos foram condenados à prisão, à morte, ou aos campos de trabalhos forçados. Ver: TROTSKI (1977); FERRO (1984).

87 Para Juan Goytisolo, a confissão de Padilla era "caricaturesca" e seu tom era "burlesco", ou seja, tratava-se de uma mensagem codificada, que deveria ser interpretada, com leitura nas entrelinhas. Padilla havia feito suas "auto-inculpações abjetas", exagerando ao absurdo as fórmulas e os clichês, com um aparente "servilismo sem limites", que escondiam a farsa que ele foi obrigado a representar. Ver: GOYTISOLO, Juan apud LEANTE (1999, p. 220-221). Na interpretação de Roger Reed, a autocrítica de Padilla utilizou uma "linguagem dupla" e foi pronunciada para ser entendida de duas maneiras. Padilla queria transmitir que sua autoconfissão não era sincera e que havia sido forçado a fazer aquela declaração, segundo Reed. Ao declarar desde o princípio que seu discurso não era imposto pela Revolução, Padilla queria manifestar exatamente o contrário e que toda sua fala seria "pura hipocrisia". Ver: REED, Roger apud LEANTE (1999, p. 213).
Já na reedição de seu livro *Fuera del Juego*, em 1998, Padilla avaliou que sua confissão havia sido uma "burla", pois repetiu de memória um texto previamente redigido na prisão pelos órgãos da Seguridad del Estado. Ver: PADILLA (1998, p. 9).

5
Controle estatal e endurecimento cultural

A SOBREVIVÊNCIA DE *EL CAIMÁN BARBUDO*

A década de 1970 em Cuba foi marcada por um período de endurecimento e fechamento no campo cultural. Ao acentuar-se o controle estatal sobre o meio intelectual, para sobreviver, *El Caimán Barbudo* teve de adaptar-se às diretrizes da política cultural oficial definida no Primeiro Congresso Nacional de Educação e Cultura, em 1971, como mostrarei neste capítulo.

Desde outubro de 1970, a partir do número 41, a publicação passou a ser elaborada por uma nova equipe de colaboradores: como diretor, Armando Quesada, chefe de redação, a escritora Lina de Feria e diretor artístico, Carlos Suárez. Nessa edição, o suplemento declarou que o novo conselho de redação fora constituído em reunião no Icaic, em 23 de setembro de 1970:

> O novo diretor, Armando Quesada, foi apresentado pelo secretário de Cultura do Comitê Nacional da UJC, Alberto Arufe. O conselho foi integrado da seguinte maneira: Adolfo Cruz, Alejandro G. Alonso, Daniel Díaz Torres, Excilia Saldaña, Eduardo López, Eduardo Heras, Enrique Cirules, Lina de Feria, Guillermo Cabrera, Mario Mencía, Nilda Miranda, Roberto Díaz, Salvador Morales, Sergio Chaple e Waldo Leyva. Encontravam-se na apresentação, o primeiro secretário da União de Jovens Comunistas, Jaime Crombet, o presidente do Icaic Alfredo Guevara, e o diretor do periódico *Juventud Rebelde*, Angel Guerra.[1]

Apenas Eduardo López Morales, colaborador na primeira época de *El Caimán Barbudo*, também fazia parte desse novo conselho de redação. A edição seguinte de *El Caimán Barbudo*, número 42, de novembro de 1970, não trazia mais na ficha técnica a indicação de que se tratava de um suplemento cultural do jornal *Juventud Rebelde*. Tudo parece indicar que a partir desse momento, a publicação tornou-se independente, apesar de que

---

1 "Nuevo Consejo de Redacción". *El Caimán Barbudo*, Havana, n. 41, outubro de 1970, p. 28.

no *Diccionario de la literatura cubana* consta que *El Caimán Barbudo* deixou de ser suplemento mensal a partir do número 41, sob a direção de Armando Quesada[2].

Entretanto, rapidamente a redação sofreu alterações. Eduardo Heras León foi excluído do conselho já no número 46, em maio de 1971, devido à polêmica causada por seu livro de contos *Los pasos en la hierba*, que ganhou menção honrosa no concurso Casa de las Américas, em 1970. Uma crítica contundente à obra foi publicada por Roberto Díaz no número 45, de março de 1971, em *El Caimán Barbudo*. Já no resumo do artigo, a redação destacou que *Los pasos en la hierba* ultrapassava os limites da literatura, para cair no terreno da "crítica ideológica" e da "confrontação revolucionária". A capa do livro trazia um texto de Reynaldo González, que explicava a obra como um relato das experiências pessoais de Eduardo Heras León, que participou das milícias e dos combates na Sierra de Escambray. Segundo a chamada da capa, o autor não tinha como objetivo "historiar ou apoiar a Revolução", nem tampouco realizar uma "simples propaganda".

A resenha de Roberto Díaz sobre *Los pasos en la hierba* começou por atacar o texto da capa, visto como um juízo reacionário, pois não definia os conteúdos essenciais do livro. Para Díaz, o autor Eduardo Heras tomava partido, ao afirmar a sua visão dos fatos a partir de suas lembranças. Muitos contos da obra desagradaram Roberto Díaz, como o relato sobre um tenente que se suicida, ou a narrativa de um tenente oportunista, descrito por Eduardo Heras León como um "fenômeno criado pelo próprio aparato", ou seja, pelo exército[3]. A resenha de Díaz também criticou como Heras León narrou a experiência da caminhada de 62 kilômetros, que foi obrigatória para a organização de todos os milicianos. Em seu livro, o autor dividiu os jovens em "fortes" e "débeis", sendo que os tenentes e capitães eram sempre apresentados com muitas debilidades. Roberto Díaz questionou ainda o personagem miliciano *el chino*, muito "auto-suficiente", que representava Heras León e "julgava com olhos críticos as situações e os atos alheios".

Inserido no livro, o conto "La noche del capitán" foi alvo de duros questionamentos de Roberto Díaz, pois em sua interpretação, o texto de

---

2 *Diccionario de la literatura cubana* (1980, verbete *El Caimán Barbudo*).

3 DÍAZ, Roberto. "Otra mención a los pasos". *El Caimán Barbudo*, Havana, n. 45, março de 1971, p. 16.

ficção narrava a história do capitão Octavio Toranzo Alberteriz, falecido em acidente de automóvel em 1969. No conto de Heras León o capitão aparecia como um covarde, não tinha a simpatia e o respeito de seus recrutas, o que na visão de Díaz era uma maneira de "aniquilar moralmente" o personagem, ao situá-lo como desprestigiado e sempre em situações desvantajosas: "Toranzo não foi assim. E como a ambiguidade do conto no tocante a sua identidade, deixa uma margem ampla para afirmar, quase com certeza, que dele se trata, pode se dizer que, amparado na dúvida, o autor faz ficção com uma figura real, acumulando ao seu redor elementos falsos"[4].

Ao evitar fazer apologia ou panfleto político, *Los pasos en la hierba* deu espaço aos anti-heróis e baseou-se nas exceções mais negativas, o que na opinião de Roberto Díaz não era "moral e politicamente revolucionário". Para Díaz, a posição de Heras León era de um intelectual "rebelde" e não era própria das circunstâncias cubanas, pois ele enfatizou em seu livro fugas massivas de recrutas, bebedeiras, jogos proibidos nos acampamentos de milicianos, entre outras situações negativas e de falta de disciplina:

> Esta visão da disciplina militar que Heras nos oferece não é representativa de um processo cujo personagem central é a massa, porque a massa não atuou assim. A exceção, que não é representativa, não pode ser considerada como história quando é a massa quem atua. Neste sentido, na literatura, o testemunho da exceção negativa, cujos fundamentos reais ninguém nega, deve ser apresentado como tal, ou pertencerá ao terreno da ficção, onde, por seus conteúdos ideológicos dados na mesma negatividade da mensagem, constituirá uma das múltiplas e variadas formas da propaganda.[5]

Na resenha de Roberto Díaz, o livro de Eduardo Heras León foi avaliado como "literatura de ressentimento", uma "antiapologia" comparável a um "câncer", que poderia "corroer a inteligência do autor", um "mitificador

---

4 DÍAZ, Roberto. "Otra mención a los pasos". *El Caimán Barbudo*, Havana, n. 45, março de 1971, p. 19.

5 Idem, ibidem, p. 21.

injusto". Além disso, tratava-se, na visão de Díaz, de contos cheios de "personagens negativos". Roberto Díaz recorreu a sua experiência como miliciano para declarar que os revolucionários participantes das milícias não eram movidos pela alienação e pelo caos, mas que eles haviam se armado para defender as conquistas da Revolução e do povo cubano. Díaz reconheceu que houve alguns "covardes, desertores e traidores", como em toda a revolução profunda, mas que nunca houve a divisão entre "débeis" e "fortes", criada por Heras León em seus contos.

El Caimán Barbudo publicou logo após a resenha, uma biografia do capitão Octavio Toranzo Alberteriz, para provar sua grande coragem como combatente revolucionário desde sua adesão à guerrilha do Movimento 26 de Julho até sua participação na "luta contra bandidos" na Sierra de Escambray[6]. Os dois artigos significaram uma tomada de posição da direção a favor das críticas que se faziam ao livro *Los pasos en la hierba*, de Eduardo Heras León e preparavam sua expulsão do conselho de redação no número seguinte da publicação. Com essa decisão, a direção de *El Caimán Barbudo* demonstrava que só aceitaria entre seus membros colaboradores que estivessem totalmente enquadrados nos parâmetros e normas da política cultural oficial.

A resenha de Roberto Díaz sobre *Los pasos en la hierba* foi reproduzida na revista *Verde Olivo* (MORELLI, 2001, p. 7), o que demonstrava claramente que críticas ao desempenho das milícias e do exército na Sierra de Escambray não seriam toleradas pelas Forças Armadas, ainda que fossem realizadas no âmbito literário. Isso já havia ficado evidente com os problemas que Norberto Fuentes tivera alguns anos antes com seu livro premiado *Condenados de Condado*, que também trabalhou com a mesma temática, como foi mostrado no capítulo anterior.

Logo após essa polêmica, ocorreu o Primeiro Congresso Nacional de Educação e Cultura, em abril de 1971. Nesse mês, a publicação não foi editada, mas em maio de 1971, *El Caimán Barbudo* publicou a declaração do Congresso[7], no mesmo número em que afastou Eduardo Heras León

---

6 "Primer capitan Octavio Toranzo Alberteriz". *El Caimán Barbudo*, Havana, n. 45, março de 1971, p. 23.

7 "Declaración del Primer Congreso de Educación y Cultura". *El Caimán Barbudo*, Havana, n. 46, maio de 1971, p. 27-32.

da sua redação. A direção da publicação deixou explícita sua adesão às resoluções do Congresso no editorial em que também justificou a expulsão de Heras León:

> O conselho de redação de *El Caimán Barbudo*, movido pela necessidade de definir um critério de conjunto frente às alternativas que ficaram explicitadas no trabalho de análise sobre o livro de contos *Los pasos en la hierba*, de Eduardo Heras, optou pelo que considera a única posição de acerto revolucionário e de defesa dos interesses da Revolução neste campo: separar-lhe da responsabilidade de membro deste Conselho Redator pelas conotações de criticismo tendencioso, que, amparado em pretendidas posições revolucionárias, se evidenciam em seu livro. (...) *El Caimán Barbudo* considera que a máxima responsabilidade de seus componentes e colaboradores é pensar ao calor destes exemplos, contrapor estas posições diversionistas (...) Apoiamos e saudamos a Declaração do Primeiro Congresso Nacional de Educação e Cultura e as palavras orientadoras de nosso Comandante em chefe, no fechamento do Congresso.[8]

Considerado um marco na política cultural oficial da Revolução, o Primeiro Congresso Nacional de Educação e Cultura realizou-se entre 23 a 30 de abril de 1971, com a presença de 1.800 delegados. Os objetivos iniciais do Congresso se relacionavam à formulação de propostas para a elaboração de uma política educacional. Entretanto, seus debates se ampliaram e as resoluções do Congresso abarcaram também definições sobre a política cultural cubana e sobre normas que guiariam o comportamento da intelectualidade e juventude. Como acabei de mencionar, as resoluções do Congresso foram publicadas no número 46 de *El Caimán Barbudo*, de maio de 1971. Entretanto, as citações neste livro foram feitas a partir da versão traduzida e publicada em português.

O comportamento da juventude foi alvo de normatização por parte das resoluções do Congresso. Algumas manifestações de "extravagância", "aberrações" e "exibicionismo," restritas a uma parcela "minoritária e

---

8 "Editorial Aclaración". *El Caimán Barbudo*, Havana, n. 46, maio de 1971, p. 2.

marginal" da juventude, eram "desvios" que deveriam ser "combatidos" e "erradicados", uma vez que se contrapunham a "unidade ideológica do povo cubano". Muitas vezes essas atitudes revelariam uma "assimilação acrítica de atitudes de grupos estrangeiros", que em seus países eram antagônicos ao sistema capitalista, mas que em Cuba eram hábitos que não deveriam ser exemplos para os jovens, pois significariam uma atitude "contra-revolucionária de contestação à Revolução" (RESOLUÇÕES, 1980, p. 21). Sobre este tema, foram adotadas as seguintes resoluções:

> Ao estudar o fenômeno da moda, dos costumes, das extravagâncias, etc., ratificamos a necessidade de manter a unidade monolítica e ideológica de nosso povo e o combate a qualquer forma de desvio entre os jovens. É necessário o confronto direto, para eliminar as aberrações extravagantes. A Revolução deve orientar uma política consequente, em relação à moda, que, por meio de uma ação positiva, neutralize ou impeça a entrada de tendências da moda originárias de países capitalistas desenvolvidos, cuja base econômica, mercantil e ideológica deve ser levada em conta, uma vez que sua aceitação indiscriminada converte-se em fator de dependência cultural. Que, a partir da influência de determinadas modas, às quais se atribui a representação da revolta juvenil, deve-se fazer um trabalho de divulgação e explicação sobre a origem, desenvolvimento, assimilação e exportação do fenômeno pelas sociedades decadentes, que o transmitem, deformam e comercializam, com a finalidade última de colonização cultural (RESOLUÇÕES, 1980, p. 22).

A religião foi outro tema debatido no Congresso. Em relação à atividade religiosa, o Congresso deliberou que em Cuba deveria haver uma "separação absoluta" entre a Igreja e o Estado e entre escola e Igreja. As religiões afro-cubanas, como as *nhánhigas* ou *abakuás*, foram criticadas por serem um dos elementos que levaria à delinquência juvenil[9]. Outros

---

9   Segundo analisou Jesús Barquet, as religiões afro-cubanas foram criminalizadas e foram reprimidas todas as tentativas de "demarcar uma especificidade étnica negra dentro da cultura e sociedade cubanas". Como exemplo, Barquet citou a censura contra o

fatores foram apontados como causa para a delinquência dos jovens, como problemas "mentais", "atraso escolar", "evasão escolar", condições "econômicas, sociais e habitacionais da família", carências na assistência social e a "falta de repressão às atividades delituosas" (RESOLUÇÕES, 1980, p. 25). Para esses jovens, o Congresso propunha a atenção por meio de um ensino especializado, escolas-oficinas, instituições de reeducação, além de maior capacitação dos profissionais que atuariam na reeducação desses jovens com "conduta anti-social" (RESOLUÇÕES, 1980, p. 26).

A sexualidade foi um ponto abordado durante o Congresso e a educação sexual na adolescência e juventude foi recomendada, não só na escola, dentro das disciplinas já existentes, mas também no lar. A importância do papel da família também foi ressaltada nesse Congresso, já que o núcleo familiar era essencial para a formação integral do homem e a construção do socialismo, sendo um veículo para a inserção da infância e da juventude no meio social (RESOLUÇÕES, 1980, p. 18) [10].

Já a homossexualidade foi considerada um "desvio", uma "patologia social", que deveria ser "rechaçada" e não seria "admitida", já que se tratava de uma atividade de caráter "anti-social". Uma linguagem médica e sanitarista foi largamente utilizada nas resoluções em relação aos homossexuais: "Devem-se sanear os focos, bem como providenciar o controle e encaminhamento de casos isolados, sempre com interesse educativo e

---

etnólogo e historiador negro Walterio Carbonell, em 1961, a proibição da moda afro em 1967, e a repressão aos intelectuais que assinaram o "manifesto negro", em janeiro de 1968. Ver: BARQUET (2002, p. 49). Em sua visita a ilha em 1969, Allen Young afirmou conhecer vários negros cubanos descontentes com a proibição de grupos de investigação sobre a temática negra em Cuba, além das manifestações exteriores de identidade negra, como os penteados afros. Por outro lado, o governo cubano dava asilo em 1969 a Eldrige Cleaver, líder dos Panteras Negras, e sempre manifestou seu apoio ao movimento negro nos Estados Unidos. Ver: YOUNG (1984, p. 111). Conforme relatou Leopoldo Fornés-Bonavía Dolz, em janeiro de 1962, proibiu-se oficialmente as religiões afro-cubanas e perseguiu-se os intelectuais negros que manifestassem suas raízes étnicas. Ver: FORNÉS-BONAVÍA (2003, p. 248).

10 A valorização da família heterossexual com filhos era evidente para Ron Rodosh, que publicou em 1974 um artigo na revista *Liberatión*, em que explicava como as novas moradias em construção eram destinadas prioritariamente aos casais com filhos, com boa frequência e atitude no trabalho. Ver: RODOSH apud YOUNG (1984, p. 108).

preventivo" (RESOLUÇÕES, 1980, p. 28). As resoluções do Congresso intensificaram a repressão aos intelectuais homossexuais, impedindo-os de exercerem qualquer função educacional ou cultural em Cuba:

> Não se pode permitir que por seus "méritos artísticos", reconhecidos homossexuais influenciem a formação de nossa juventude. Consequentemente, é necessário analisar como se deverá encarar a presença de homossexuais nos diversos organismos da frente cultural. Sugeriu-se o estudo de medidas que permitam o encaminhamento para outros organismos daqueles que, sendo homossexuais, não devam ter participação direta na formação de nossa juventude a partir de atividades artísticas ou culturais. Deve-se evitar que nosso país seja representado artisticamente no estrangeiro por pessoas cuja moral não corresponda ao prestígio de nossa Revolução (RESOLUÇÕES, 1980, p. 29).

As resoluções de afastamento dos homossexuais de qualquer atividade educacional e cultural, e sua proibição de representar Cuba no exterior eram elementos de uma política homofóbica e repressiva do governo cubano, que já havia emergido durante o período das UMAPs e que nos anos setenta se configurava na forma de ostracismo e silenciamento em relação aos intelectuais homossexuais. A visão da homossexualidade como "doença" ou "desvio" que deveria ser extirpado em Cuba, complementada com a valorização da família heterossexual, estava na contramão dos movimentos de afirmação e orgulho *gay* que nesse mesmo período despontavam nos Estados Unidos[11]. As reivindicações da revolução cultural que eclodiam nas rebeliões de juventude, não apenas nos Estados Unidos, mas também na Europa e na América Latina (FRANK, 2000; DREYFUS-ARMAND,

---

11 No fim dos anos sessenta e início dos setenta, surgiu o movimento em defesa da homossexualidade como expressão de uma orientação sexual legítima, que não deveria ser criminalizada nem medicalizada, mas aceita pela sociedade. O movimento homossexual, que se espalhou por diversos países ocidentais, estava precedido pelas fortes lutas dos movimentos dos negros e das mulheres, que tiveram um papel importante nos Estados Unidos, nas batalhas pela igualdade dos direitos civis. Ver: QUIROGA (2000).

2000), foram completamente abafadas e reprimidas em Cuba, sobretudo após o Primeiro Congresso de Educação e Cultura, em abril de 1971. Os meios de comunicação de massa também foram analisados no Congresso, já que foram considerados "poderosos instrumentos de formação ideológica e criadores da consciência coletiva". A orientação política cultural para os meios de comunicação de massa deveria ser "única" e voltada às necessidades da "educação em grande escala", para a formação das crianças, dos jovens e da "consciência do homem novo" (RESOLUÇÕES, 1980, p. 29-30). Afirmava-se o marxismo-leninismo como base de sustentação da Revolução Cubana, além das tradições históricas cubanas, que deveriam ser abordadas pelos meios de comunicação de massa e pelas manifestações artísticas. Com isso, "incentiva-se o povo a conhecer melhor a história cubana", as "raízes de sua cultura" e de sua "identidade como nação" (RESOLUÇÕES, 1980, p. 31).

As atividades culturais também foram regulamentadas pelas resoluções do Congresso. As manifestações artísticas e literárias deveriam ser desenvolvidas pelas massas e não se restringirem a uma "elite" intelectual. Os trabalhadores das instituições literárias, artísticas, meios de comunicação e universidades deveriam possuir condições "políticas e ideológicas" para levarem adiante a aplicação da política cultural da Revolução. A existência da liberdade de criação foi reafirmada, entretanto sem permitir obras que caíssem na libertinagem:

> O socialismo cria as condições objetivas e subjetivas para a autêntica liberdade de criação. Por isso, são condenáveis e inadmissíveis as tendências que, baseadas num critério de libertinagem, buscam mascarar o veneno contra-revolucionário de obras que conspiram contra a ideologia revolucionária. (...) É inadiável a revisão das bases dos concursos literários nacionais e internacionais promovidos por nossas instituições culturais, assim como a análise das condições revolucionárias dos integrantes dos júris e dos critérios de premiação. Ao mesmo tempo, é necessário estabelecer um rigoroso sistema para o convite dos escritores e intelectuais estrangeiros, a fim de evitar a presença de pessoas cuja obra e ideologia sejam contrárias aos interesses da

Revolução quanto à formação das novas gerações ou que hajam desenvolvido atividades de franco diversionismo ideológico. Os meios culturais não podem servir de ambiente à proliferação de falsos intelectuais que pretendem converter o esnobismo, a extravagância, o homossexualismo e outras aberrações sociais em expressões da arte revolucionária, distantes das massas e do espírito de nossa Revolução (RESOLUÇÕES, 1980, p. 33).

A declaração da existência de liberdade de criação em Cuba nas resoluções adotadas no Congresso contradizia-se, por exemplo, com os episódios relacionados ao "caso Padilla". Nesse Congresso, criticou-se abertamente setores da intelectualidade internacional que eram "pseudo-esquerdistas do mundo capitalista" e que utilizaram a Revolução para "ganhar prestígio entre os povos subdesenvolvidos". Nas resoluções do Congresso, esses intelectuais foram acusados de serem "porta-vozes de uma nova colonização" e encontraram em Cuba um "grupelho de colonizados mentais", parte de uma corrente "obscurantista e colonizante", que agiu como eco de suas idéias (RESOLUÇÕES, 1980, p. 36). O Congresso questionou também os "falsos escritores latino-americanos", que ao conseguirem sucesso com suas obras baseadas na realidade do continente, acabavam por transferir-se para as "decadentes sociedades da Europa Ocidental e dos Estados Unidos". Parecia um ataque direto aos escritores que haviam tido êxito com o *boom* literário latino-americano, uma vez que muitos deles haviam assinado os manifestos contra o "caso Padilla".

O papel do intelectual revolucionário foi muito bem delimitado, respondendo política e ideologicamente aos compromissos exigidos pela Revolução, além de "dirigir sua obra no sentido de erradicar os vestígios da velha sociedade que subsistem no período de transição do capitalismo para o socialismo" (RESOLUÇÕES, 1980, p. 34). O modelo de José Martí foi evocado como "o mais alto expoente da cultura cubana, exemplo da identificação do intelectual com a causa da sua pátria e de seu povo, até sua própria morte." (RESOLUÇÕES, 1980, p. 35). A visão do intelectual como "consciência crítica da sociedade" foi descartada, uma vez que esse papel caberia ao próprio povo e à classe operária, que com sua experiência histórica e ideologia revolucionária era o "melhor setor social para entender e julgar os atos da Revolução". A condição de intelectual não outorgava nenhum privilégio, segundo as resoluções do Congresso.

A função da obra de arte também foi definida como uma "arma da Revolução" e um "instrumento contra a infiltração do inimigo", além de ser um meio fundamental para a formação da juventude e da moral revolucionária. A Revolução havia tirado a arte dos domínios e mecanismos da oferta e da procura, presentes na sociedade burguesa. Por isso, a arte e a literatura tinham em Cuba "mais possibilidades para sua expressão e experimentação", sempre baseadas no "rigor ideológico" e na "alta qualidade técnica". As obras de arte revolucionárias se referenciavam nas "raízes nacionais cubanas", mas sem perder de vista seu aspecto internacionalista, de contribuir para a luta dos povos pela libertação nacional. Frisou-se muito que a cultura não deveria ser monopólio de uma elite, mas sim uma atividade desenvolvida pelas massas (RESOLUÇÕES, 1980, p. 37). Por último, criticou-se a pornografia, "manifestação da decadência do imperialismo", "imundice do capitalismo" e reafirmou-se que em Cuba as obras artísticas criariam uma "consciência coletivista", que não daria espaço para as formas de "diversionismo do inimigo".

No discurso de encerramento desse Congresso, pronunciado em 30 de abril de 1971, Fidel Castro reconheceu a importância do evento, que havia definido um programa educacional e a política cultural para Cuba. Como já mostrei, o editorial do número 46 de *El Caimán Barbudo*, de maio de 1971, apoiou explicitamente esse pronunciamento de Castro[12]. Fidel reafirmou em sua fala as diretrizes das resoluções do Congresso, enfatizou a necessidade de priorizar a educação na ilha e advertiu que havia "determinados livros que, por questões de princípios, não deveriam ter um só exemplar publicado, nem um capítulo, nem uma página, nem uma letra sequer!" (CASTRO apud RESOLUÇÕES, 1980, p. 48). A crítica aos livros indesejáveis claramente se relacionava com os livros polêmicos premiados e publicados no final dos anos sessenta, entre eles o de Padilla, além de afirmar a necessidade de censura, já que em sua concepção alguns livros não poderiam ser publicados em Cuba.

Em seu discurso, Fidel também questionou os intelectuais estrangeiros, que se apresentavam como "simpatizantes da Revolução" e depois se revelariam

---

12 "Editorial Aclaración". *El Caimán Barbudo*, Havana, n. 46, maio de 1971, p. 2.

como "verdadeiras raposas". Em sua visão, "os intelectuais burgueses" eram "agentes da CIA", a serviço da espionagem do imperialismo. Fidel atacava os intelectuais que se pronunciaram criticamente contra Cuba e declarou que eles ficariam impedidos de entrar na ilha novamente (CASTRO apud RESOLUÇÕES, 1980, p. 51). Esse ato de Fidel chegou a ser comparado com uma "bula de excomunhão" em relação à intelectualidade internacional (VERDÈS-LEROUX, 1989, p. 510).

Nesse momento, essas palavras de Fidel foram interpretadas como uma ruptura na frente única antiimperialista e revolucionária que existia entre os intelectuais estrangeiros e a Revolução Cubana (OTERO apud RAMA, 1971, p. 51), que atingiu seu ápice alguns anos antes, em 1968, durante o Congresso Cultural de Havana. Castro enfatizava que qualquer crítica pública ou discrepância não seria tolerada pelo governo, já que seria transformada como uma fala de "agente do inimigo e do imperialismo" (RAMA, 1971, p. 50). Seu discurso enquadrava-se numa visão reducionista e maniqueísta a respeito da intelectualidade: ou se estava a favor da Revolução e não se criticava nenhum ponto de sua política, ou se estava com a CIA e o imperialismo e contra a Revolução Cubana.

Fidel Castro frisou a necessidade de maior controle sobre os jurados ao participar de concursos literários nacionais e internacionais, pois deveriam ser "intelectuais de verdade" e "combatentes de verdade". Já os escritores premiados também deveriam ser "revolucionários de verdade" e "escritores de verdade". Além disso, definiu também quem poderia publicar nas revistas cubanas, já que estas não eram para "farsantes". Nesse ponto e em muitos outros de seu discurso, Fidel Castro deixou transparecer o caráter vigilante e autoritário da nova política cultural e de sua posição perante os intelectuais como principal líder político em Cuba. Quanto às criações culturais e artísticas, em seu discurso Fidel enfatizou a concepção que já fora adotada pelas resoluções: as obras seriam avaliadas em função de sua "utilidade para o povo", da "libertação do homem", uma vez que haveria uma avaliação política das mesmas e o valor estético ficaria condicionado a essa determinação política. Ao exigir do intelectual revolucionário que ele dirigisse sua obra para "erradicar os vestígios da velha sociedade", que persistia no período de transição ao socialismo, Fidel Castro reduzia o espaço para a livre criatividade cultural em Cuba, uma vez que a obra de arte deveria trazer um explícito conteúdo político, além de "erradicar" os aspectos "decadentes" das manifestações culturais burguesas (RAMA, 1971, p. 54).

As manifestações artísticas defendidas por Fidel em seu discurso deviam ser didáticas e "refletir o momento de construção do socialismo em Cuba". As produções artísticas e literárias cubanas pautariam-se por escolher temas épicos e demonstrar uma orientação política rígida. Essa proposta aproximava-se muito da fórmula do realismo socialista soviético, que também possuía uma forte conotação política, já que as obras eram didaticamente voltadas para a maioria da população. Esses novos parâmetros para as criações culturais cubanas eram bem semelhantes ao realismo socialista, política cultural aplicada por Jdanov na União Soviética nos anos trinta e quarenta, sob o governo de Stálin, que buscou enquadrar as produções intelectuais dentro de normas patrióticas, otimistas, populares, com uma linguagem que fosse acessível ao povo[13].

Não foi por acaso que ao finalizar seu discurso, Fidel Castro citou o apoio dos países socialistas, em especial da União Soviética, que discutia planos de cooperação econômica com Cuba, como a montagem de instalações elétricas industriais, o auxílio para o desenvolvimento da indústria têxtil, de papel, da mineração, da mecanização da cana-de-açúcar e de oficinas automotrizes. Esse movimento tanto econômico como cultural, respondia a uma aproximação política de Cuba em relação à União Soviética, que veio a acentuar-se ao longo dos anos setenta, com a entrada de Cuba no Conselho de Ayuda Mutua Econômica (Came)[14]. Dez anos depois de *Palabras a los intelectuales*, os discursos de Fidel ainda eram peças fundamentais no

---

13   Conforme analisou criticamente Boris Schnaiderman, o realismo socialista foi definido como "a representação verídica da realidade em seu desenvolvimento". Ver: SCHNAIDERMAN (1997, p. 176).

14   Formado pela União Soviética e países do Leste Europeu, o Came garantiu a Cuba o acesso a empréstimos adicionais, além de aumentar o comércio com os países do bloco. A União Soviética passou também a pagar pelo açúcar e níquel cubanos preços bem mais elevados do que os praticado no mercado mundial. Ver: MESA-LAGO (2003, p. 25-26). O Came também ficou conhecido como Comecon. Ver: MESA-LAGO (1979, p. 34). Como bem analisou Angel Rama, existia uma relação estreita entre a política cultural dos anos setenta e a nova política econômica, baseada sobretudo nos acordos açucareiros com a União Soviética. Ver: RAMA (1971, p. 49-50).

estabelecimento da política cultural em Cuba. As resoluções do Primeiro Congresso Nacional de Educação e Cultura também foram importantes na normatização dos estritos padrões morais, ideológicos e sexuais que deveriam guiar os intelectuais e educadores a partir daquele momento. Por isso, esse Congresso tornou-se um marco na política cultural da Revolução e inaugurou o período que ficou conhecido posteriormente como "*década gris*" na cultura cubana[15].

A nova política cultural foi fundamentada na *parametrización* da cultura cubana, fenômeno que estabelecia parâmetros ideológicos e morais, que deveriam direcionar a conduta dos intelectuais. O diretor do Consejo Nacional de Cultura, Luis Pavón Tamayo, passou a impulsionar uma "campanha de saneamento", na qual muitos intelectuais e artistas foram expulsos de seus postos de trabalho, ou caíram no ostracismo, foram silenciados, acusados de terem "conduta imprópria" ou de "diversionismo ideológico", ao se aplicar as resoluções do Primeiro Congresso Nacional de Educação e Cultura.

Acusado de "diversionismo ideológico", Eduardo Heras León foi alvo da campanha de *parametraje* resultante das resoluções do Congresso. Foi afastado da equipe de redação de *El Caimán Barbudo*, em maio de 1971, e viu-se obrigado a trabalhar durante quatro anos numa fábrica de aço. Entretanto, Heras León não foi um caso isolado. Diversos escritores e artistas homossexuais, alvos da campanha de *parametraje*, receberam telegramas nos quais lhe informavam não possuírem os parâmetros morais e políticos para o desempenho de seus cargos, viam-se desempregados de

---

15   O endurecimento no campo cultural fez que os anos setenta ficassem posteriormente conhecidos como a "*década gris*" da cultura cubana. Ver: CANCIO ISLA apud BARQUET (1998b, p. 72). Os intelectuais mais oficiais, como o crítico literário Ambrosio Fornet reconheceu apenas nos anos oitenta que em 1971 iniciou-se o período conhecido como "*quinquenio gris*". Ver: FORNET apud ESPINOSA (1992, p. 103). Já para os intelectuais mais críticos, o período de autoritarismo e dogmatismo cultural em Cuba tinha compreendido aproximadamente quinze anos, de 1968 a 1983. Na opinião de Desiderio Navarro, esse período caracterizou-se por uma "verdadeira cruzada contra a intervenção crítica da intelectualidade", cujo ponto culminante fora o Primeiro Congresso Nacional de Educação e Cultura, em 1971, mas que se estendeu até o início dos anos oitenta. Ver: NAVARRO (2002, p. 694-703).

uma hora para outra e, em muitos casos, eram obrigados a trabalhar em campos de trabalhos forçados[16].

Provavelmente fruto da reorganização da intelectualidade promovida logo após o Primeiro Congresso Nacional de Educação e Cultura, a publicação passou por mudanças em sua equipe no número 47, em junho de 1971, quando se constituiu a redação formada por Roberto Díaz, Nilda Miranda e Excilia Saldaña e os membros do conselho de redação foram deslocados para o comitê de colaboração[17]. Entretanto, nada foi alterado em relação ao diretor, chefe de redação e diretor artístico.

Outro desdobramento das resoluções do Primeiro Congresso Nacional de Educação e Cultura foi a publicação em *El Caimán Barbudo* de uma carta de Haydée Santamaría, diretora de Casa de las Américas, em resposta a Mario Vargas Llosa. O escritor peruano havia escrito uma correspondência a Haydée em cinco de abril de 1971, no qual renunciava ao comitê de colaboração da revista *Casa*, como forma de contestação à

---

16 ARENAS (1995, p. 171). Segundo entrevista que realizei com Raúl Rivero, após o Congresso de Educação e Cultura inúmeros escritores da primeira época de *El Caimán Barbudo* foram alvos da campanha de *parametraje*, como Luis Rogelio Nogueras, obrigado a trabalhar dois anos como auxiliar de linotipista na Imprenta Nacional de Cuba. Ver: RIVERO, Raúl. *Entrevista*. Entrevistadora Sílvia Cezar Miskulin. Havana, 2 de maio de 2002; BÁEZ (2003, p. 165). Pouco depois do Primeiro Congresso de Educação e Cultura, em junho de 1971, o fechamento da revista *Pensamiento crítico* (que publicava textos marxistas pluralistas e heterogêneos), além de todo o departamento de filosofia da Universidade de Havana, foi mais um ato de endurecimento do governo. Participaram da revista alguns intelectuais que também haviam colaborado na primeira época de *El Caimán Barbudo*: Fernando Martínez, Jesús Díaz, Aurélio Alonso, Hugo Azcuy, entre outros. Muitos de seus membros foram impedidos de continuar como professores na Universidade. Ver: DÍAZ (2000, p. 112-118). Os intelectuais de *Lunes* também foram *parametrados*: Antón Arrufat foi obrigado a trabalhar numa pequena biblioteca de bairro, enquanto que Virgilio Piñera e Heberto Padilla, foram impedidos de publicar e passaram a fazer traduções para a editorial Arte y Literatura. Ver: ESPINOSA (2003), PADILLA (1989).

17 Os participantes do antigo conselho de redação Alejandro G. Alonso, Daniel Díaz Torres, Eduardo López, Enrique Cirules, Guillermo Cabrera, Mario Mencía, Salvador Morales, Sergio Chaple e Waldo Leyva permaneceram no comitê de colaboração, enquanto Adolfo Cruz foi excluído da publicação. Além disso, Max Figueroa e Mirtha Yáñez passaram a integrar o novo comitê de colaboração.

repressão a Heberto Padilla, que naquele momento se encontrava preso. A carta de Haydée Santamaría, datada de 14 de maio de 1971, tratou do "caso" Padilla, sem em nenhum momento mencionar seu nome:

> Por isto foi detido um escritor, não por ser escritor, desde logo, mas por atividades contrárias à Revolução que ele mesmo diz ter cometido. (...) Esse escritor reconheceu suas atividades contra-revolucionárias, apesar do qual está livre, integrado normalmente ao seu trabalho. Outros escritores também têm reconhecido seus erros, o que não os impede de estar igualmente livres e trabalhando. Mas você não vê em tudo isto senão "um lastimoso espetáculo" que não foi espontâneo senão pré-fabricado, produto de supostas torturas e pressões .[18].

Ao introduzir o texto, *El Caimán Barbudo* relembrava que Mario Vargas Llosa havia assinado outra carta dirigida a Fidel Castro, juntamente com intelectuais latino-americanos e europeus, em que protestava contra a prisão do "escritor contra-revolucionário", segundo a versão da publicação[19]. Também nessa apresentação, alusões eram feitas a Padilla, sem mencionar seu nome diretamente. Para os editores, Vargas Llosa fazia o jogo dos "inimigos da Revolução", da "propaganda anticomunista internacional" e das "atividades da CIA", ao buscar ser "juiz" do processo revolucionário e censurar a "autocrítica" de Padilla na Uneac, ao denominá-la de "espetáculo lastimável". Tanto para os editores de *El Caimán Barbudo*, como para Haydée Santamaría, Mario Vargas Llosa era um "escritor colonizado" a serviço dos interesses do imperialismo. Esses mesmos termos já haviam sido usados para atacar os intelectuais estrangeiros, solidários a Padilla, nas resoluções e intervenções do Primeiro Congresso Nacional de Educação e Cultura.

---

18 SANTAMARÍA, Haydée. "Imagen de un escritor colonizado". *El Caimán Barbudo*, Havana, n. 47, junho de 1971, p. 16-17.

19 No capítulo quatro, mencionei essa carta ao relatar o "caso Padilla". Ver: "Primera carta de los intelectuales europeos y latinoamericanos a Fidel Castro". *Le Monde*, Paris, 9 de abril de 1971. In: PADILLA (1998, p. 123).

Por fim, os editores declaravam seu reconhecimento a "fraterna" revista *Casa de las Américas*, com a publicação dessa carta.

Em editorial bastante significativo, ao demonstrar mais uma vez uma grande concordância com as resoluções do Primeiro Congresso, os diretores da publicação saudaram no número 49, de agosto de 1971, os prêmios dos concursos 26 de Julho e David, promovidos respectivamente pelas Forças Armadas e pela Uneac. Os editores ressaltavam que as obras premiadas nesses concursos demonstravam um maior "alcance revolucionário" e "qualitativo" dos escritores cubanos nos últimos anos. Os participantes dos concursos também revelaram uma grande preocupação em elaborar obras que refletissem a "complexa dinâmica dos dias revolucionários", com temas "justos" e da maior "grandeza", desenvolvendo uma "arte genuína" cubana, sem "custódias exteriores" [20].

Em outubro de 1971, no número 50, *El Caimán Barbudo* passou por mais alterações em sua direção. O diretor Armando Quesada foi substituído por Roberto Díaz, que até então fazia parte da redação e havia atacado duramente Eduardo Heras León. Lina de Feria continuou como chefe de redação[21], assim como Excilia Saldaña e Nilma Miranda também permaneceram na redação, na qual Enrique Cirules foi incorporado. Os membros do comitê de colaboração também permaneceram os mesmos e receberam a participação adicional de Frank Fernández[22]. Já na edição seguinte, número 51, Francisco Garzón Céspedes e Armando Oleaga foram incluídos na redação[23].

Apesar da alteração da direção, a publicação continuou a guiar-se pelas diretrizes culturais estabelecidas pelo Primeiro Congresso Nacional de Educação

---

20   "Editorial". *El Caimán Barbudo*, Havana, n. 49, agosto de 1971, p. 3.

21   Lina de Feria foi chefe de redação até o número 51, de novembro de 1971, ou seja, apenas por dois números após a entrada de Roberto Díaz na direção de *El Caimán Barbudo*.

22   O novo conselho de redação, a partir do número 50, foi conformado por Alejandro G. Alonso, Daniel Díaz Torres, Eduardo López, Guillermo Cabrera, Mario Mencía, Salvador Morales, Sergio Chaple, Waldo Leyva, Max Figueroa e Mirtha Yáñez e Frank Fernández. Rostagard foi designado responsável pelo desenho, e Andrés Ugaldes e Isabel Gimeno constituíram a equipe de desenho.

23   Armando Oleaga permaneceu na redação até o número 56, de maio de 1972.

e Cultura. Livros como *La última mujer y el próximo combate*, de Manuel Cofiño, considerado um representante do realismo socialista cubano, foi resenhado com elogios nas páginas de *El Caimán Barbudo*[24]. Premiado no concurso Casa de las Américas em 1971, o romance relatava a história de um grupo de combatentes, deslocados para uma região desolada de Cuba, com o objetivo de construir e levar adiante as obras da Revolução, numa área agrícola e de reflorestamento[25].

Segundo a resenha de Armando Oleaga, a obra possuía um grande rigor ideológico, já que os jovens construtores revolucionários lutavam por realizar suas tarefas em um meio onde florescia a mitologia popular, com suas superstições, milagres, curandeirismos e violências. Cofiño utilizou-se de elementos do maravilhoso para mostrar a situação social daquela região, sem cair em formalismos excessivos, na visão de Oleaga. Tratava-se de um "excelente romance", com um "profundo significado humano e revolucionário", segundo a resenha publicada em *El Caimán Barbudo*[26]. Em outro número da publicação, revelou-se a receptividade do romance *La última mujer y el próximo combate*, publicado em diversos países, com grandes tiragens: na Eslováquia, pela editorial Bratislava (14 mil exemplares); na União Soviética, na editora Nova Gaceta (1 milhão, 550 mil exemplares), na editora Joven Guardia, (100 mil exemplares) e na editora Literatura Extranjera (600 mil exemplares); no México, Argentina e Espanha, com a editorial Siglo XXI (3 mil exemplares em

---

24 Em Cuba, os intelectuais não só foram estimulados a seguirem em suas obras parâmetros e normas prévias que em muito se assemelhavam com o realismo socialista, como também passaram a dispor de muitas obras literárias soviéticas, que eram bons exemplos da tendência mais ortodoxa do realismo socialista. Alguns romances do realismo socialista que circularam em Cuba foram: *Somos hombres soviéticos*, *Así se templo el acero*, *El pueblo es inmortal*. Ver: BARQUET (1993, p. 121).

25 *La última mujer y el próximo combate* (1972), de Manuel Cofiño, fez um contraste gritante entre os mitos populares dos camponeses e o personagem principal, ao ilustrar os tópicos do discurso ideológico socialista: a "ética do sacrifício", a "épica do trabalho", a luta da sociedade dividida em classes e o futuro redentor. A finalidade propagandística e a linguagem do discurso oficial da época eram evidentes na obra. Ver: ZARAGOZA (2002, p. 4-5).

26 OLEAGA, Armando. "La última mujer y el próximo combate". *El Caimán Barbudo*, Havana, n. 51, novembro de 1971, p. 29.

cada país), além de outras editoras, de diversos países, que elaboravam sua tradução e publicação[27].

Outra mostra de continuação da mesma linha editorial da publicação, sob a direção de Roberto Díaz, foi o editorial do número 52, dedicado a José Martí, que saudava o Seminario Juvenil Nacional de Estudios Martianos, a ser realizado de 25 a 28 de janeiro de 1972. Nesse editorial, citou-se o discurso de Fidel Castro no Primeiro Congresso Nacional de Educação e Cultura: "Não pode haver valor estético contra a justiça, contra a liberação, contra a felicidade do homem"[28]. Para os editores, a literatura de José Martí estava imbuída desse "alto conteúdo humano", que, somada a sua prática revolucionária, faziam dele um "exemplo mais significativo do intelectual revolucionário". Além de Martí, outros homens de idéia e de ação foram relembrados como continuadores de sua luta: Julio Antonio Mella, Rubén Martínez Villena, Antonio Guiteras (estes da geração de trinta), Fidel Castro, Raúl Castro, Abel Santamaría, Frank País e tantos outros que "resgataram a dignidade nacional com sua enérgica postura insurgente" e, os que sobreviveram, trabalhavam na construção da sociedade socialista. A valorização dos elementos e personagens da história nacional cubana foi estabelecida como prioridade no Primeiro Congresso Nacional de Educação e Cultura e fazia parte da estratégia de sobrevivência e de adequação às normas culturais adotadas pelos editores de *El Caimán Barbudo*.

O Segundo Congresso da União de Jovens Comunistas realizado em abril de 1972, contou com ampla divulgação em *El Caimán Barbudo*. Desde o número 53, de fevereiro de 1972, um editorial saudava os preparativos do Congresso, além dessa edição trazer diversos artigos fazendo um balanço da existência dos dez anos da UJC, criada em 1962[29]. Provavelmente relacionado com a organização da UJC, surgiu nesse número uma nova seção

---

27   COFIÑO LOPEZ, Manuel. "Andando por ahi, por estas calles". *El Caimán Barbudo*, Havana, n. 78, maio de 1974, p. 23-25.

28   CASTRO, Fidel apud "Editorial". *El Caimán Barbudo*, Havana, n. 52, janeiro de 1972, p. 2.

29   "Editorial" *El Caimán Barbudo*, Havana, n. 53, fevereiro de 1972, p. 2; DOMIN-GUEZ, Luis Orlando. "Un Congreso de la Juventud Cubana". *El Caimán Barbudo*, Havana, n. 53, fevereiro de 1972, p. 3-5; GARCIA GALLO, Jorge. "Porque Mella Camilo y Che son símbolos de la juventud cubana". *El Caimán Barbudo*, Havana, n. 53, fevereiro de 1972, p. 29-31.

na publicação: *Material crítico para círculos de lectura de la UJC*. Esta seção consistia na edição de textos literários e de ensaios a serem estudados pela juventude comunista, como esse primeiro artigo sobre o escritor espanhol Benito Pérez Galdós (1843-1920), cujos romances *Tristana* e *Misericordia* acabavam de ser publicados em Cuba[30]. Em maio de 1972, *El Caimán Barbudo* publicou as resoluções do Segundo Congresso da UJC, de 4 de abril de 1972, sobretudo quanto às questões relacionadas com o movimento cultural. Nessas resoluções, o Congresso explicitava sua concordância com as decisões do Primeiro Congresso Nacional de Educação e Cultura:

> É uma responsabilidade da organização a incorporação massiva dos jovens à atividade literária e artística, assim como a atenção política aos jovens escritores e artistas, cuidando para que o desenvolvimento técnico esteja em estreita relação com a firmeza ideológica, com a profundização nas concepções da Revolução e com o exercício diário de uma conduta de abnegação, esforço e entusiasmo de acordo com as mesmas.[31]

Conforme as resoluções desse Congresso, a postura do jovem escritor revolucionário devia se basear no "sacrifício" e na realização das "tarefas da Revolução", além de buscar desenvolver as "formas e valores culturais revolucionários", o conhecimento da cultura latino-americana e assimilar as melhores criações da cultura universal, sem ceder a nenhuma "imposição do exterior". A UJC incentivava também a formação dos instrutores das escolas de artes, para fomentar o movimento cultural de massas, além de aumentar os eventos que mobilizassem os estudantes e as massas para as atividades culturais. Outro ponto importante para a UJC era o estímulo à juventude para estudar a obra de José Martí, por meio dos Seminarios Juveniles de Estudios Martianos. Especificamente sobre *El Caimán Barbudo*, o Congresso decidiu melhorar a circulação da publicação na própria UJC e em diversos setores da juventude

---

30 "Tristana y Misericórdia". Material crítico para círculos de lectura de la UJC. *El Caimán Barbudo*, Havana, n. 53, fevereiro de 1972, p. 24-25.

31 "Resolución sobre el trabajo de la UJC en el desarrollo del movimiento cultural". *El Caimán Barbudo*, Havana, n. 56, maio de 1972, p. 5.

cubana. Por último, a UJC deliberou seu apoio ao Ministério da Educação e ao Conselho Nacional de Cultura no sentido de estimular a educação artística e literária da juventude nos institutos docentes e do movimento juvenil[32]. Essas resoluções estavam muito afinadas e seguiam as grandes diretrizes culturais estabelecidas no Primeiro Congresso Nacional de Educação e Cultura.

Algumas mudanças na equipe de colaboradores ocorreram a partir de outubro de 1972. Na edição número 61, em outubro de 1972, a redação ficou reduzida a Francisco Garzón Céspedes e Enrique Cirules, com a saída de Nilma Miranda e Excilia Saldaña, além da equipe de desenho composta por René Negrin, Andrés Ugalde e Isavel Gimeno. Já no número 65, fevereiro/março de 1973, Zaida Inerárity incorporou-se à redação. No número 67, em maio de 1973, Omar González Jiménez também entrou na redação de *El Caimán Barbudo*. Em junho de 1973, no número 68, o comitê de colaboração que trabalhava desde outubro de 1970 foi dissolvido, e a publicação passou a contar apenas com o diretor Roberto Díaz e a redação de Zaida Inerárity, Omar González Jiménez e Osvaldo Navarro. Porém, no número 71, em outubro de 1973, Francisco Noa assumiu a direção da publicação[33], mas a redação seguiu quase igual, houve apenas o acréscimo neste número de Victor Martín e no número 83, outubro de 1974, de Adolfo Suárez. Por fim, no número 86, de janeiro de 1975, Osvaldo Navarro passou a ser chefe de redação e no número 87, fevereiro de 1975, Carlos Suárez tornou-se diretor artístico de *El Caimán Barbudo*.

As sucessivas alterações na equipe de redação e na direção de *El Caimán Barbudo* demonstravam a falta de um grupo de intelectuais coesos que levassem adiante a tarefa de editar a publicação nos anos setenta. Entretanto, apesar de todas essas mudanças na direção e na equipe de colaboradores, a linha editorial se manteve a mesma. Um tema que

---

32 "Resolución sobre el trabajo de la UJC en el desarrollo del movimiento cultural". *El Caimán Barbudo*, Havana, n. 56, maio de 1972, p. 5.

33 Durante a direção de Francisco Noa, a partir do número 74, em janeiro de 1974, os editoriais passaram a ser intitulados com o nome do mês em que saía a publicação e traziam menção a importantes fatos históricos cubanos ocorridos naquele mês, mas em outras épocas. Como exemplo ver: "Editorial. Enero". *El Caimán Barbudo*, Havana, n. 74, janeiro de 1974, p. 2; "Editorial. Febrero". *El Caimán Barbudo*, Havana, n. 75, fevereiro de 1974, p. 2.

permaneceu vigente por muitos anos na linha editorial da publicação foram os inúmeros ensaios sobre a obra e o pensamento de José Martí, além da divulgação dos Seminarios de Estudios Martianos[34]. Outro aspecto foi a divulgação das decisões de encontros e congressos relacionados com as questões culturais e estudantis, como exemplo, de 24 a 27 de dezembro de 1973, o Terceiro Congresso da FEEM – Federação de estudantes do ensino médio[35]; ou ainda, em março de 1974, o Primer Activo Nacional de la Brigada Hermano Saiz de escritores y artistas jóvenes de la Uneac[36].

Outro ponto constante ao longo dessa fase da publicação foi o incentivo à literatura e ao desenvolvimento artístico dos jovens criadores, com a publicação dos resultados de diversos concursos. Surgiram novos concursos literários nos anos setenta. O Ministério das Forças Armadas instituiu o concurso literário 26 de Julho. O Ministério do Interior passou a promover e incentivar concursos de literatura policial em meados dessa década[37]. Os concursos promovidos por esses ministérios buscavam massificar uma literatura com fins pedagógicos, por meio da promoção de romances que auxiliassem a combater a "delinquência" e criticassem posturas "anti-sociais". O incentivo ao gênero de literatura policial também foi efetivado nas páginas

---

34 Como exemplo, publicou-se o discurso de abertura do Segundo Seminario Nacional de Estudios Martianos (24 a 28 de janeiro de 1974), pronunciado pelo presidente do Consejo Nacional de Cultura. Ver: PAVÓN TAMAYO, Luis. "Contra la falsificación de nuestra historia y la adulteración del pensamiento martiano". *El Caimán Barbudo*, Havana, n. 65, fevereiro/março de 1973, p. 2-5.

35 "Editorial". *El Caimán Barbudo*, Havana, n. 73, dezembro de 1973, p. 2-3; "Resolución del III Congreso de la FEEM, sobre la conducta social de los estudiantes de la enseñanza media". *El Caimán Barbudo*, Havana, n. 74, janeiro de 1974, p. 29-30.

36 Ver o discurso de fechamento do evento, proferido pelo presidente da Uneac: GUILLÉN, Nicolas. "La busqueda y ejercicio de la cultura requiere armas culturales". *El Caimán Barbudo*, Havana, n. 77, abril de 1974, p. 3-4.

37 Os escritores da primeira época de *El Caimán Barbudo*, Luis Rogelio Nogueras e Guillermo Rodríguez Rivero, foram premiados em 1976, com seu romance policial *El cuarto círculo*, no concurso de aniversário do triunfo da Revolução, promovido pelo Ministério do Interior. Em 1977, Luis Rogelio Nogueras obteve o prêmio no Concurso da Uneac, com seu romance de espionagem *Y si muero mañana*.

de *El Caimán Barbudo*[38]. Essas iniciativas faziam parte da militarização da sociedade, que se tornou mais visível nesses anos (RAMA, 1971, p. 65) [39].

Uma nova seção surgiu no número 84 de *El Caimán Barbudo*, em novembro de 1974. Intitulada de *Noticiero*, era um espaço para a divulgação de notícias culturais como concursos, debates, festivais, prêmios e lançamentos na ilha e também em outros países, em que se estimulava o desenvolvimento da cultura cubana. Além das temáticas diretamente relacionadas com a ilha, a publicação abriu seu espaço às produções artísticas dos países latino-americanos, principalmente o Chile desse período, que passava pela experiência do governo de Salvador Allende; além de editar diversos artigos sobre literatura, cinema, teatro, artes plásticas da União Soviética e demais países do Leste Europeu, e divulgar textos do marxismo. Nessa fase da publicação, houve uma diminuição de artigos sobre os países da África e da Ásia e de suas lutas pela libertação contra o imperialismo e o colonialismo, que havia sido bastante divulgada na primeira época de *El Caimán Barbudo*.

Nos anos setenta, a publicação deixou explícito seu objetivo de "trabalhar para a cultura" e os artigos ou ensaios de temas políticos e sociais diminuíram significativamente em comparação com a primeira época[40]. A função estritamente cultural de *El Caimán Barbudo* foi demonstrada

---

38 Ver: CRISTOBAL, Armando. "La novela policiaca, ¿el género de nuestra época?". *El Caimán Barbudo*, Havana, n. 82, setembro de 1974, p. 25-26.

39 O papel do exército destacou-se inclusive no meio cultural, com a promoção da revista *Verde Olivo*, dirigida por Luis Pavón Tamayo.

40 As restrições impostas pela política cultural oficial relacionaram-se com o perfil temático das publicações cubanas, que se restringiram às questões artísticas e culturais, e na maioria das vezes silenciaram os temas sociais, como ecologia, educação, moral, modo de vida, religião, etnia e gênero. As restrições à função crítica dos escritores e artistas levaram a maioria da intelectualidade a não se voltar aos problemas sociais e se restringir ao temas culturais ou da política cultural. Problemas como prostituição ou descriminação racial, por exemplo, foram temas tabus na ilha até os anos noventa. O discurso oficial afirmava que os intelectuais não eram "competentes" para realizar análises sociais, que careciam de referencial "teórico e empírico da realidade social concreta" e que esse terreno deveria ser palco para os políticos e especialistas. Ver: NAVARRO (2002, p. 698).

com a comemoração do nono aniversário da publicação. Entretanto, o perfil cultural da publicação não significava falta de compromisso político com a Revolução, pelo contrário, a publicação afirmava mais do que nunca seu engajamento ideológico diante de todas as tarefas e organismos revolucionários cubanos:

> Ao se cumprir neste mês de maio nove anos da aparição de *El Caimán Barbudo*, o coletivo de trabalho que todos os meses lhe dá forma, quer fazer patente sua adesão à União de Jovens Comunistas, ao Partido e ao povo cubano nesta honrosa tarefa de construir o socialismo. Reconhecer o trabalho esforçado e o desprendimento de quem contribuiu com suas colaborações, edição após edição, a este nobre fim. Agradecer aos nossos leitores sua acolhida e suas sugestões.[41]

Em suas páginas, *El Caimán Barbudo* pôs em prática as principais diretrizes culturais oficiais estabelecidas nos anos setenta pelo Primeiro Congresso Nacional de Educação e Cultura, e confirmadas pelo Primeiro Congresso do PCC. A prioridade foi estimular o desenvolvimento artístico e cultural voltado para o povo, baseado nas tradições nacionais e com um definido critério político. O Primeiro Congresso do Partido Comunista Cubano foi realizado entre 17 e 22 de dezembro de 1975 e ditou resoluções sobre cultura, ao reafirmar que as obras de arte deveriam estar em consonância com "os interesses da sociedade socialista" e auxiliar na formação do "homem novo". Na resolução "Sobre la cultura artística y literaria", o Primeiro Congresso do PCC reafirmava a existência da "plena liberdade de criação artística" em Cuba, mas por outro lado se contradizia ao defender que a obra de arte deveria ser um "instrumento" para combater "posições ideológicas adversas ao socialismo"[42]. As resoluções também fizeram um balanço das atividades culturais e do alcance das produções artísticas e literárias, que ao longo da Revolução adquiriram maior amplitude,

---

41 "Un aniversario más de El Caimán Barbudo". *El Caimán Barbudo*, Havana, n. 90, maio de 1975, p. 19.

42 "Resolución sobre la cultura artística y literaria". In: *La lucha ideológica y la cultura artística y literaria*. Havana: Ed. Política, 1982, p. 95.

ao destinarem-se ao "povo cubano" e ao incrementarem a "participação das massas no processo de criação cultural".

Os delegados do PCC reafirmaram também nesse Congresso o importante papel das manifestações culturais no intercâmbio com escritores e artistas da América Latina e dos países socialistas, que contribuíam em muito para divulgar a "mensagem da Revolução" nesses países e criar vínculos fraternais com Cuba. Tanto a crítica literária como o estudo da "herança cultural cubana", que impulsionavam a arte e literatura, deveriam, segundo as orientações do Congresso, concordar com os "princípios marxista-leninistas" do PCC[43]. As tradições culturais nacionais, como o pensamento de José Martí, seriam enriquecidas com as tradições universais, com a finalidade de desenvolver a cultura cubana, dentro do "humanismo socialista" e da "vontade internacionalista do proletariado". Entretanto, essa abertura à cultura universal tinha limite, uma vez que as resoluções do Congresso recomendavam "manter a maior vigilância na seleção dos filmes de importação, assim como na seleção de obras estrangeiras em todos os gêneros"[44].

O Primeiro Congresso do Partido Comunista Cubano também recomendava que as obras de arte "não ignorassem as realidades da sociedade cubana" e a "história combativa do povo", em um apelo explícito a vários elementos do realismo socialista:

---

43 Ao interpretar as resoluções do Primeiro Congresso do PCC, a profesora da Universidade de Havana e crítica literária Mirta Aguirre declarou que não se cobrava dos escritores e artistas uma filiação direta ao marxismo-leninismo e que sua filiação filosófica ou religiosa não representavam barreiras que separassem os escritores em Cuba. Ver: AGUIRRE (1987, p. 323). Entretanto, essa interpretação de Aguirre contradizia as "Tesis sobre la cultura artística y literaria", debatidas e confirmadas pelas resoluções do Congresso: "A nova situação de nossa cultura, tão rica em firmes perspectivas promissoras, reclama a fixação de normas orientadoras assentadas nos princípios marxista-leninistas e enraizadas nas nossas realidades nacionais". Ver: "Tesis sobre la cultura artística y literaria". In: *La lucha ideológica y la cultura artística y literaria*. Havana: Ed. Política, 1982, p. 71.

44 "Resolución sobre la cultura artística y literaria". In: *La lucha ideológica y la cultura artística y literaria*. Havana: Ed. Política, 1982, p. 98.

O nexo da arte socialista com a realidade reside na apreensão de suas essências e em sua expressão estética através das estruturas formais mais propícias. Em tal virtude, o que importa não é a simples cópia da realidade, senão que a qualidade do reflexo vivo e dinâmico de que falara Lênin ao caracterizar o conhecimento, conduza, na arte, o descobrimento da íntima verdade dos processos objetivos mediante as peculiares linguagens estéticas.[45]

A concepção da obra de arte como reflexo da realidade, a crença no otimismo e no futuro melhor com o desenvolvimento do socialismo eram alguns dos elementos constitutivos do realismo socialista soviético, cuja aplicação foi explicitamente defendida em Cuba por Mirta Aguirre, entre outros intelectuais[46]. O que ficava evidente é que as resoluções sobre cultura do Primeiro Congresso do PCC, em 1975, reafirmavam as diretrizes da política cultural, aplicadas pelo governo desde 1971, o que sugeria uma grande coincidência entre as decisões do governo e do PCC.

Nesse contexto, os intelectuais que não eram considerados "revolucionários" dentro desses parâmetros foram excluídos e/ou não tiveram espaço em *El Caimán Barbudo*. As manifestações culturais se politizaram ao máximo nessa época, com o incentivo do realismo socialista, o que ficou bem demarcado nesse periódico da juventude comunista. A arte

---

45 "Resolución sobre la cultura artística y literaria". In: *La lucha ideológica y la cultura artística y literaria*. Havana: Ed. Política, 1982, p.97.

46 Mirta Aguirre defendeu o "realismo socialista cubano" em artigo de 1977, que para ela se aproximava dos cânones do modelo soviético. Em sua visão, as obras de arte no socialismo deveriam desenvolver temáticas relacionadas com a construção do mundo novo, além de auxiliar também a combater os resquícios e sobrevivências do passado e da sociedade burguesa. O "realismo socialista cubano" acompanharia a construção do socialismo na ilha e seria assimilado paulatinamente na sociedade e nas criações culturais, ao superar erros e dificuldades. Entretanto, Aguirre reconheceu erros na aplicação do realismo socialista soviético, uma vez que em alguns casos se produziu obras "esteticamente inaceitáveis", ao mesmo tempo em que se condenaram ao ostracismo obras e autores de "indiscutível superioridade", por serem consideradas contraditórias com o realismo socialista. Apesar desses erros, a crítica literária defendeu a validade da obra realista socialista em Cuba. Ver: AGUIRRE (1987, p. 306-307).

e a literatura assumiram uma função pedagógica e transformaram-se na maioria dos casos em veículo de propaganda do governo, com o objetivo de educar as massas na construção do socialismo e do "homem novo". Dentro dessa lógica, condenava-se a produção crítica que revelava os aspectos negativos da sociedade e se incentivava as intervenções não críticas ou mesmo apologéticas, ao mostrarem apenas o lado positivo da realidade.

Entretanto, havia uma diferença com a política cultural soviética, uma vez que em Cuba os intelectuais considerados dissidentes sofriam uma "morte literária e civil", mas não a morte física como foi o caso de muitos escritores no período do realismo socialista impulsionado por Stálin, na União Soviética (SCHNAIDERMAN, 1997)[47]. Em Cuba, diversos intelectuais caíram no ostracismo, ou seja, foram silenciados e impedidos de publicar[48]. Este fenômeno ficou conhecido como "morte pública" ou ainda a "morte em vida" – como foi o caso do ocorrido com importantes intelectuais como Virgilio Piñera e José Lezama Lima, que morreram em pleno ostracismo[49] –, e relacionava-se com a aplicação das normas rígidas da política cultural nos anos setenta. A existência da censura se efetivava não

---

47 Para Rafael Hernández, a partir de 1972, houve em Cuba uma imitação do modelo soviético, em que a transposição de sistemas soviéticos para a ilha acabou por se introduzir na cultura e pensamento cubanos. Entretanto, Hernández advertiu que, em sua opinião, não poderia se reduzir todo o processo cubano nos anos setenta a esse modelo. Ver: HERNÁNDEZ (1999, p. 62).

48 Muitos foram os escritores censurados ou sancionados em Cuba nesse período: José Lezama Lima, Virgilio Piñera, Heberto Padilla, Antón Arrufat, Humberto Arenal, César López, Pablo Armando Fernández, José Triana, René Ariza, Reinaldo García Ramos, Delfin Prats, Belkis Cuza Malé, José Milián, Victor Casaus, Luis Rogelio Nogueras, Guillermo Rodríguez Rivera, Norberto Fuentes, Eduardo Heras León, Manuel Díaz Martínez, Lina de Feria, Tomás González, Carilda Oliver, Vicente Echerri, Esteban Luis Cárdenas, Rogelio Moya, Renato Recio, entre outros. Ver: BARQUET (2002, p. 51); BARQUET (1998a, p. 114); BARQUET (1994, p. 26); MARTÍNEZ PÉREZ (2001, p. 383-385). Como podemos observar, os escritores proscritos nos anos setenta haviam pertencido a distintas publicações culturais: *Orígenes*, *Lunes de Revolución*, El Puente, *El Caimán Barbudo* (primeira e segunda época).

49 José Lezama Lima morreu em 9 de agosto de 1976 e Virgilio Piñera em 19 de outubro de 1979.

por meio de uma lei, mas por certas práticas, como a retirada de circulação de determinadas obras das livrarias e bibliotecas públicas; a ausência de certos intelectuais das atividades culturais oficiais, como jurados literários, bem como a impossibilidade de escrever em revistas, ser citado em publicações ou editar livros (BARQUET, 2002, p. 50)[50].

Nesse sentido, tornou-se quase impossível a defesa de uma arte revolucionária, mas livre e independente de normas prévias e os que acreditavam nessas idéias foram obrigados a silenciar ou exilar-se[51]. Muitos escritores foram levados a autocensura, outros passaram a escrever suas obras e as deixaram ocultas, pois não tinham nenhuma possibilidade de viabilizar sua publicação. A liberdade de expressão e criação foi bastante cerceada, já que as manifestações artísticas e seus criadores deveriam explicitar sempre seu engajamento e compromisso político com a Revolução para poderem ser publicadas ou expostas com o aval das instituições culturais. Os intelectuais

---

50 Alguns intelectuais e artistas acabaram presos nos anos setenta, como Manuel Ballagas, René Ariza, José Lorenzo Fuentes, Roberto Blanco, Esteban Luis Cárdenas, Pío Serrano e Reinaldo Arenas. Sobre Manuel Ballagas e José Lorenzo Fuentes, este último condenado a 30 anos, ver: SERRANO (1999b, p. 48); ARENAS (1995, p. 172). Pío Serrano passou quatro anos em campos de trabalho forçado, em Matanzas, enquanto aguardava a permissão para sair do país. Ver: SERRANO (1999a, p. 110). O dramaturgo Roberto Blanco foi julgado publicamente, no teatro onde havia sido diretor, por sua homossexualidade. René Ariza foi condenado a oito anos de cadeia por "diversionismo ideológico". Esteban Luis Cárdenas tentou refugiar-se na embaixada argentina e acabou preso. Ver: ARENAS (1995, p. 171-172). A prisão de Reinaldo Arenas no *Castillo del Moro* foi narrada pelo próprio autor no seu livro autobiográfico *Antes que anoiteça*. Ver: ARENAS (1995).

51 A defesa da arte revolucionária livre e independente foi realizada por André Breton, Leon Trotski e Diego Rivera, no "Manifesto por uma arte revolucionária independente", de 1938. O manifesto defendia a oposição artística frente ao stalinismo e ao nazismo, cujos regimes totalitários e repressivos impunham normas à atividade intelectual e à criação artística, elaboradas pelos Estados. Não se tratava de afirmar a "arte pura", que negava qualquer vínculo com a sociedade, mas pelo contrário, o manifesto pregava que arte tinha uma função de participar socialmente em prol da Revolução, mas que os escritores e artistas deveriam desenvolvê-la livremente, da maneira que achassem mais conveniente. Em Cuba, o manifesto havia sido publicado em *Lunes de Revolución*, em 1959 e fez parte das discussões do meio cultural. Ver: (BRETON, TROTSKI, 1985).

teriam de demonstrar "combatividade revolucionária", ou seja, participar como um militante das tarefas da Revolução, para continuar a exercer sua atividade nas universidades ou instituições culturais. Os escritores e artistas tinham de demonstrar "integração revolucionária", com uma participação ativa e pública nos trabalhos voluntários e coletivos e nas organizações políticas revolucionárias (BARQUET, 1998b, p. 71).

Da mesma forma, a autonomia e liberdade de decidir o que fazer com o próprio corpo também não existiram plenamente, como ficou claro com as resoluções dos Congressos e com a aplicação de leis que buscavam regulamentar o comportamento, o vestuário, a religião, a identidade étnica e a orientação sexual da juventude cubana[52]. O controle do modo de vida dos jovens, que buscava coibir a homossexualidade e práticas estéticas alternativas, tornou-se a prática oficial do governo cubano, que se formalizou num "biopoder"[53]. Em certa medida, *El Caimán Barbudo*,

---

52 A vigilância da vida cotidiana da população em geral aumentou e foi realizada por meio de dispositivos legais. A promulgação da lei contra a vagância, no início dos setenta, significou um endurecimento do controle do governo sobre os desempregados e sobre os trabalhadores que faltavam ao trabalho, além de determinar o uso obrigatório pela população de documento de identificação. Essa lei foi uma tentativa repressiva do governo de integrar os marginais, desempregados e trabalhadores ausentes ao sistema produtivo, e caso não a cumprissem estariam sujeitos à prisão. A proclamação da lei 1.249 em 1973, que previa de três a nove anos de prisão em relação à ostentação pública da homossexualidade, foi outro ato jurídico que marcou a tentativa de controle da sexualidade, da vida cotidiana e de repressão aos homossexuais. Ver: BARRETO (1996, p. 164-165). A lei contra "propaganda inimiga" foi aprovada em 1974 e estabelecia aos que atentassem contra a ordem socialista oralmente ou por escrito, de três a doze anos de prisão. Essas leis atingiam amplos setores sociais, entre eles os intelectuais, que poderiam ser presos e condenados por estarem desempregados, por serem homossexuais ou ainda caso suas obras fossem consideradas "contra-revolucionárias". Ver: SERRANO (1999b, p. 49).

53 Para Michel Foucault, o conceito de "biopoder" referia-se ao controle dos corpos e da vida exercido pelo Estado Moderno não apenas por meio de leis, mas por normas aplicadas pela pedagogia, pela medicina e pela economia, que regulariam a sexualidade e o modo de vida dos indivíduos e das populações. A condenação da sodomia, da homossexualidade, e a valorização da heterossexualidade eram elementos que faziam parte do "biopoder". Ver: FOUCAULT (1977).

como órgão da juventude comunista, contribuiu também para a aplicação da censura, da repressão comportamental e do "biopoder" em Cuba ao longo dos anos setenta.

O papel do intelectual revolucionário nesse contexto também perdeu sua autonomia e sua função de crítica pública, ao se subordinar às decisões políticas e diretrizes formuladas pelos líderes políticos. Os dirigentes culturais e políticos passaram a priorizar o conteúdo revolucionário e deixaram de lado os aspectos formais e artísticos da obras, mesmo que isso significasse sacrificar "gêneros, escolas, estilos e estéticas" (como o teatro do absurdo, o teatro da crueldade, a ficção científica), em função da coesão ideológica (RAMA, 1971, p. 64). Nesse contexto, houve uma perda de autonomia da obra de arte e do trabalho do intelectual, que se viram subordinados às decisões dos líderes políticos e obrigados a deixar de lado seu "espírito crítico" para assumir uma postura militante. A criatividade, a liberdade de criação e expressão foram cerceadas diante das normas vigentes no campo cultural. Ao concluir, nota-se que o meio cultural cubano acabou por se orientar e se colocar a serviço dos parâmetros e normas ditadas na esfera política, pelo governo e pela direção do Partido Comunista Cubano. *El Caimán Barbudo* sobreviveu esses tempos duros em Cuba por enquadrar-se nas diretrizes da política cultural e assumir seu papel de veículo de propaganda oficial da juventude comunista e do governo cubano.

Considerações finais

Neste trabalho, pretendi analisar os diálogos, embates e confrontos políticos, culturais e ideológicos entre os inquietos e jovens intelectuais de El Puente e de *El Caimán Barbudo* e a política oficial do governo de Fidel Castro.

Muitos intelectuais não queriam ver repetidas em Cuba as limitações e deformações geradas pelo realismo socialista soviético e lutaram para que a política cultural da ilha fosse aberta, flexível e permitisse a livre expressão, a criatividade, as inovações e as experimentações no meio cultural. Os dilemas entre a aceitação das normas da política cultural do Estado cubano e a defesa de uma arte revolucionária, livre e independente de direcionamentos rígidos pré-estabelecidos puderam ser acompanhados nas publicações de El Puente e nos debates em *El Caimán Barbudo*.

Ficava cada vez mais claro que, já nos anos sessenta, a política cultural oficial não ia tolerar em Cuba as rebeldias juvenis, a diversidade de comportamentos e a livre orientação sexual, marca registrada dos movimentos estudantis em muitos países do mundo ocidental. Nesse sentido, a Revolução Cubana colocou-se na contramão desses movimentos de contestação. Os novos comportamentos e ideários da juventude também estiveram presentes na ilha, pois Cuba não estava isolada do resto do mundo nos anos sessenta, mas a política repressora do governo buscou coibir e eliminar os focos de resistência crítica cultural, de práticas libertárias relacionadas com a orientação sexual e de comportamentos inovadores da juventude, entre eles os dos escritores e artistas das publicações analisadas.

A autonomia e liberdade do indivíduo foram limitadas em Cuba por meio de resoluções de Congressos oficiais e da aplicação de leis que buscavam regulamentar o comportamento, o vestuário, a religião, a identidade étnica e a orientação sexual da juventude. Ao fiscalizar e normatizar o modo de vida dos jovens e buscar coibir a homossexualidade e práticas estéticas alternativas, o governo cubano acabou por formalizar na ilha uma expressão refinada daquilo que Michel Foucault conceituou como "biopoder".

Podemos afirmar que se a Revolução Cubana trouxe benefícios e conquistas para a maioria da população, minimizando as desigualdades sociais existentes na ilha, não conseguiu garantir os direitos civis, ou seja, a liberdade dos indivíduos, tanto no âmbito da esfera privada como da pública. Nos anos setenta, acentuou-se a política repressiva, com um controle cada vez mais rígido das "condutas impróprias", como era considerada, por exemplo, a homossexualidade. No meio cultural, a liberdade de criação e expressão foi bastante cerceada e muitos intelectuais que não se adequaram às normas estabelecidas pela política oficial foram expulsos de seus trabalhos, impedidos de publicar e silenciados. Em *El Caimán Barbudo*, os escritores não enquadrados nesses parâmetros não puderam mais colaborar ou foram demitidos da redação. Muitos permaneceram nesse ostracismo durante toda a década, até meados dos anos oitenta, quando surgiu em Cuba uma relativa abertura no meio intelectual. Entretanto, nem todos aguentaram esperar tanto tempo e em 1980, com o êxodo pelo porto de Mariel, cerca de cento e vinte mil pessoas deixaram a ilha, entre elas muitos escritores, artistas e homossexuais. Alguns escritores que haviam participado da editora El Puente exilaram-se nessa ocasião. Tanto o fundador da editora, José Mario, como o primeiro diretor do suplemento, Jesús Díaz, morreram no exílio em Madri, em 2002. As ricas experiências fomentadas por El Puente e pela primeira época de *El Caimán Barbudo* fizeram parte da grande agitação cultural que Cuba viveu nos anos sessenta e que não puderam mais se repetir, devido à diáspora dos intelectuais e aos parâmetros estabelecidos pela política cultural oficial.

Fontes

ABASCAL LÓPEZ, Jesús. "El paseo". *Lunes de Revolución*, Havana, n. 62, 06/06/1960, p. 4-6.

_____ *Soroche y otros*. Havana: El Puente, 1963.

ABDO, Ada. "La isla". *Lunes de Revolución*, Havana, n. 73, 22/08/1960, p. 23.

_____ *Mateo y las sirenas*. Havana: El Puente, 1964.

APRESENTAÇÃO (sem título). *El Caimán Barbudo*, Havana, n.1, abril de 1966, p. 1-2.

_____ *El Caimán Barbudo*, Havana, n. 17, 1967, p. 8.

_____ *El Caimán Barbudo*, Havana, n. 22, julho de 1968, p. 3.

ALOMÁ, Orlando. "El angel militante", "Si uma mujer no viene"(poemas). *El Caimán Barbudo*, Havana, n. 11 especial, 20 de janeiro de 1967, p. 5.

_____ "El nuevo Nuevo Trato". *El Caimán Barbudo*, Havana, n. 10, janeiro 1967, p. 3-4.

_____ "Una sola oración" a Roberto Fernández Retamar (poema). *El Caimán Barbudo*, Havana, n. 3, junho de 1966, p. 20.

ÁLVAREZ CONESA, Sigifredo. "Poema". *El Caimán Barbudo*, Havana, n.3, junho de 1966, p. 21.

ANAYANSI. "Adiós al compañero." *El Caimán Barbudo*, Havana, n. 14, maio de 1967, p. 3.

UN ANIVERSARIO más de El Caimán Barbudo. *El Caimán Barbudo*, Havana, n. 90, maio de 1975, p. 19.

APARICIO, Raúl. "El Maceo del siglo XX" (sobre Camilo Cienfuegos). *El Caimán Barbudo*, Havana, n. 35, outubro de 1969, p. 17-18.

ARENAS, Reinaldo. "Los desiertos y los premios. Hablan 5". *El Caimán Barbudo*, Havana, n. 8, novembro de 1966, p. 18.

ARIAS, Salvador. "Duros, pero inmensamente alentadores". *El Caimán Barbudo*, Havana, n. 7, outubro de 1966, p. 15.

------ "El machismo en el teatro de Abelardo Estorino." *El Caimán Barbudo*, Havana, n. 9, 1 de dezembro de 1966, p. 9-11.

------; LOPEZ, Eduardo; MACHADO, Ricardo J. "Historia de uma actitud." *El Caimán Barbudo*, Havana, n. 3, junho de 1966, p. 14-16.

LOS balletomanos y el gato (La carabina de Ambrosio). *El Caimán Barbudo*, Havana, n. 15, junho de 1967, p. 24.

ARIZA, René. "El biombo". *Lunes de Revolución*, Havana, n. 44, 25/01/1960, p. 11.

AZCUY, Hugo. "Ideales y teoria". *El Caimán Barbudo*, Havana, n. 13, abril de 1967, p. 2-4.

BARNET, Miguel. *Isla de guijes*. Havana: El Puente, 1964.

BEJAR, Hector. "Casa en nosotros Peru 1965: una experiencia guerrillera". *El Caimán Barbudo*, Havana, n. 28, fevereiro de 1969, p. 26.

BENVENUTO, Sergio. "¿Cultura pequeño burguesa hay una sola?" *La Gaceta de Cuba*, Havana, n. 33, 20 de março de 1964, p. 14-15.

BRECHT, Bertold. "Más deporte y mejor"; "¿Puede ser dado el mundo de hoy por el teatro?". *El Caimán Barbudo*, Havana, n. 6, 1966, p. 10-12.

BRENE, José R. *Pasado a la criola*. Havana: El Puente, 1963.

CABRERA, Ana Justina. *Silencio*. Havana: El Puente, 1962.

EL CAIMÁN Barbudo. *El Caimán Barbudo*, Havana, n. 18, janeiro de 1968, p. 3-10.

El CAIMÁN Barbudo: de sus objetivos y fines, de los requisitos para el ingreso, del funcionamento". *El Caimán Barbudo*, Havana, n. 18, janeiro de 1968, p. 29.

CARTA a los antiguos colaboradores de El Caimán Barbudo. *El Caimán Barbudo*, Havana, n. 21, junho de 1968, p. 9-10.

CASAUS, Víctor. "Ahora aprendo (poema)". *El Caimán Barbudo*, Havana, n. 3, junho de 1966, p. 19.

------ "Creo que hay cosas que yo debo contar" (entrevista com Roque Dalton). *El Caimán Barbudo*, Havana, n. 8, 1966, p. 12-13.

------ "La más joven poesia: seis comentarios y un prologo". *Unión*, Havana, n.3, ano 6, julho – setembro de 1967, p. 5-14.

------ "Una opinión", Sem título (poemas). *El Caimán Barbudo*, Havana, n. 11 especial, 20 de janeiro de 1967, p. 7.

------ "Presentar credenciales". *El Caimán Barbudo*, Havana, n. 3, junho de 1966, p. 18.

------; CONTE, Antonio. "VI Festival de Teatro Latinoamericano, Casa de las Américas 1966" (entrevitas com Juan Manuel Tenuta, Antonio Eceiza, Bich Lam e Juan Larco). *El Caimán Barbudo*, Havana, n. 9, 1 de dezembro de 1966, p. 6-8.

------; NOGUERAS, Luis Rogelio. "Acto de Presencia". *El Caimán Barbudo*, Havana, n. 11 especial, 20 de janeiro de 1967, p. 2-3.

------; DÍAZ, Jesús; NOGUERAS, Luis Rogelio; RODRÍGUEZ RIVERA, Guillermo. "¿El yogi y el comisario?". *El Caimán Barbudo*, Havana, n. 21, junho de 1968, p. 2-5.

CASTILLEJO, Jorge. "Literatura, violencia y compromiso social en Colombia". *El Caimán Barbudo*, Havana, n. 16, 1967, p. 2-4.

CASTILLO, Otto René. "Intelectuales apolíticos". *El Caimán Barbudo*, Havana, n. 16, 1967, p. 24.

CASTRO, Fidel. *Palabras a los intelectuales*. Havana, Ediciones del Consejo Nacional de Cultura, 1961.

------ "Palabras de Fidel Castro". *Lunes de Revolución*, Havana, n. 120, 28/8/1961, p. 38-9.

CAMBIO un mono por un libro (La carabina de Ambrosio). *El Caimán Barbudo*, Havana, n. 15, junho de 1967, p. 24.

CAMPANIONI, Ivan Gerardo. "Noticia" (poema). *El Caimán Barbudo*, Havana, n. 3, junho de 1966, p. 20.

CAMPUZANO, Luisa. "Al cabo de un siglo de silencio biografía de un cimarrón". *El Caimán Barbudo*, Havana, n. 8, 1966, p. 20-21.

CISNEROS, Antonio. "Karl Marx Died 1883, aged 65" (poesia). *El Caimán Barbudo*, Havana, n. 21, junho de 1968, p. 11.

COFIÑO LOPEZ, Manuel. "Andando por ahi, por estas calles". *El Caimán Barbudo*, Havana, n. 78, maio de 1974, p. 23-25.

CONTE, Antonio. "Armando", "Virgen?" (poemas). *El Caimán Barbudo*, Havana, n. 11 especial, 20 de janeiro de 1967, p. 7.

CONTRERAS, Félix. "A Ustedes, sí" (poema). *El Caimán Barbudo*, Havana, n. 3, junho de 1966, p. 18.

------ "El otro cortés" (entrevista com Bernardo Cortés). *El Caimán Barbudo*, Havana, n. 10, janeiro de 1967, p. 5.

------ *Entrevista não gravada (a pedido do entrevistado)*. Entrevistadora Sílvia Cezar Miskulin. São Paulo, 8 de maio de 2003.

COOKE, John William. "Argentina, situación y guerra revolucionaria". *El Caimán Barbudo*, Havana, n. 16, 1967, p. 17- 21.

CORTÁZAR, Mercedes. "Viaje a Camaguey". *Lunes de Revolución,* Havana, n. 85, 5/121960, p. 7.

------ *El Largo Canto.* Havana: El Puente, 1960.

COSSIO, Nicolas. "Buñuel: analisis de un mito". *El Caimán Barbudo*, Havana, n. 13, abril de 1967, p. 20.

COSSIO azota México (La carabina de Ambrosio). *El Caimán Barbudo*, Havana, n. 15, junho de 1967, p. 24.

CRISTOBAL, Armando. "La novela policiaca, ¿el género de nuestra época?". *El Caimán Barbudo*, Havana, n. 82, setembro de 1974, p. 25-26.

CROMBET, Jaime. "Carta del secretario general de la UJC a El Caimán Barbudo". *El Caimán Barbudo*, Havana, n. 19, março de 1968, p. 2.

CUATRO opiniones sobre Lenin. *El Caimán Barbudo*, Havana, n. 38, março de 1970, p. 7-13.

CUZA MALÉ, Belkis. "Góngora..."; "Yo, Virginia Woolf, desbocada en la muerte"; "Prolifera"; "Los ríos..." (poemas). *El Caimán Barbudo*, Havana, n. 6, setembro de 1966, p. 4.

------ "El moro de La Habana". *El Caimán Barbudo*, Havana, n. 14, maio de 1967, p. 20.

------ "Poefanía 1" (poema). *El Caimán Barbudo*, Havana, n. 3, junho de 1966, p. 6.

------ *Tiempos del Sol*. Havana: El Puente, 1963.

------ "Voy a inventar la poesía", "Extrañas amarguras" (poemas). *El Caimán Barbudo*, Havana, n. 11 especial, 20 de janeiro de 1967, p. 9.

A DECLARAÇÃO da OLAS. In: LÖWY, Michael (org.). *O marxismo na América Latina. Uma antologia de 1909 aos dias atuais*. Trad. de Cláudia Schilling e Luís Carlos Borges. São Paulo: Fundação Perseu Abramo, 1999, p. 303-314.

DECLARACIÓN final del Primer Congreso Nacional de Escritores y Artistas de Cuba. *Lunes de Revolución*, Havana, n. 120, 28/8/1961, p. 32-33.

"Declaración del Primer Congreso Nacional de Educación y Cultura".*El Caimán Barbudo*, Havana, n. 46, maio de 1971, p. 27-32.

DECLARACIONES de Guiteras. *El Caimán Barbudo*, Havana, n. 36, dezembro de 1969, p. 7.

DEPRESTE, René. "André Breton y la emancipación de la poesía". Tradução de Luis Rogelio Nogueras. *El Caimán Barbudo*, Havana, n. 8, 1966, p. 10-11.

"10, 10 y 10 (La carabina de Ambrosio)". *El Caimán Barbudo*, Havana, n. 15, junho de 1967, p. 24.

DESQUIRÓN, Antonio. "El El primer primer Julian Julian". *El Caimán Barbudo*, Havana, n. 24, outubro de 1968, p. 22.

DÍAZ, Jesús. *Los años duros*. Havana, Casa de las Américas, 1966.

------ "Encuesta generacional". *La Gaceta de Cuba*, Havana, n. 50, abril/maio de 1966, p. 9.

------ "Encuesta generacional III. Jesús Díaz responde a Ana María Simo. El ultimo Puente". *La Gaceta de Cuba*, Havana, n. 52, agosto/septembro de 1966, p. 4.

------"Nota sobre la vitalidad de la cultura". *El Caimán Barbudo*, Havana, n.15, junho de 1967, p. 2.

DÍAZ, Roberto. "Otra mención a los pasos". *El Caimán Barbudo*, Havana, n.45, março de 1971, p. 16-22.

DÍAZ de la NUEZ, Berta. "Mujer de Venezuela". *El Caimán Barbudo*, Havana, n. 14, maio de 1967, p. 2-3.

EL Diaz de nuestra angustia (La carabina de Ambrosio). *El Caimán Barbudo*, Havana, n. 15, junho de 1967, p. 24.

DOCE. *El Caimán Barbudo*, Havana, n. 3, junho de 1966, p. 18.

DOMINGUEZ, Luis Orlando. "Un Congreso de la Juventud Cubana". *El Caimán Barbudo*, Havana, n. 53, fevereiro de 1972, p. 3-5.

DORR, Nicolás. "Algo sobre el teatro de Nicolás Dorr". *Lunes de Revolución*, Havana, n. 128, 23/10/1961, p. 21.

------ "Los desiertos y los premios. Hablan 5". *El Caimán Barbudo*, Havana, n. 8, novembro de 1966, p. 17-18.

------ "Encuesta generacional". *La Gaceta de Cuba*, Havana, n. 50, abril/maio de 1966, p. 9.

------ "El palacio de los cartones". *Lunes de Revolución*, Havana, n. 128, 23/10/1961, p. 22-25.

------ "Las pericas". *Lunes de Revolución*, Havana, n. 110, 19/06/1961, p. 19-24.

------ *Teatro*. Havana: El Puente, 1963.

DORT, Bernard. "V de Viet Nam". *El Caimán Barbudo*, Havana, n. 15, junho de 1967, p. 7.

EDITORIAL. *El Caimán Barbudo*, Havana, n.12, março de 1967, p.2.

------ *El Caimán Barbudo*, Havana, n. 16, 1967, p. 2.

------ *El Caimán Barbudo*, Havana, n. 18, janeiro de 1968, p. 2.

------ *El Caimán Barbudo*, Havana, n. 49, agosto de 1971, p. 3.

------ *El Caimán Barbudo*, Havana, n. 52, janeiro de 1972, p. 2.

------ *El Caimán Barbudo*, Havana, n. 53, fevereiro de 1972, p. 2.

------ *El Caimán Barbudo*, Havana, n. 73, dezembro de 1973, p. 2-3.

EDITORIAL: 1967 Año del Viet Nam heroico. *El Caimán Barbudo*, Havana, n. 10, janeiro de 1967, p. 2.

EDITORIAL. Aclaración. *El Caimán Barbudo*, Havana, n. 46, maio de 1971, p. 2.

EDITORIAL. Una advertencia. *El Caimán Barbudo*, Havana, n. 27, janeiro de 1969, p. 2-3.

EDITORIAL: Del Caimán. *El Caimán Barbudo*, Havana, n. 3, extra, junho de 1966, p. 2.

EDITORIAL: Enero. *El Caimán Barbudo*, Havana, n. 74, janeiro de 1974, p. 2.

EDITORIAL: Febrero. *El Caimán Barbudo*, Havana, n. 75, fevereiro de 1974, p. 2.

EDITORIAL: Un gigante con sitio. *El Caimán Barbudo*, Havana, n. 36, dezembro de 1969, p. 3.

EDITORIAL: Un libro es un libro. *El Caimán Barbudo*, Havana, n. 33, agosto de 1969, p. 2.

EDITORIAL: Puerto Rico arte pro independencia. *El Caimán Barbudo*, Havana, n. 4, julho de 1966, p. 2.

EDITORIAL: De Santiago a Cuba. *El Caimán Barbudo*, Havana, n.5, agosto de 1966, p.2.

EDITORIAL: De la Tierra a Julio Verne. *El Caimán Barbudo*, Havana, n. 28, fevereiro de 1969, p. 2-3.

ENTREVISTA con André Gorz. *El Caimán Barbudo*, Havana, n. 24, outubro de 1968, p. 6-11.

ESCOBAR, Froilán. "Canto por primera vez a mi padre", "Por si las moscas" (poemas). *El Caimán Barbudo*, Havana, n. 11 especial, 20 de janeiro de 1967, p. 8.

------ "Cualquiera sabe más de 20 cosas" (poema). *El Caimán Barbudo*, Havana, n. 3, junho de 1966, p. 19.

------ "Poema". *El Caimán Barbudo,* Havana, n. 1, abril de 1966, p. 15.

FELIPE, Reinaldo. *Acta.* Havana: El Puente, 1962.

FELIPE, Reinaldo; SIMO, Ana María (org.). *Novísima Poesía Cubana.* Havana, El Puente, 1962.

FERIA, Lina de. "La onda de David". *El Caimán Barbudo*, Havana: n. 15, junho de 1967, p. 21, p. 23.

FERNÁNDEZ, Alfredo; ZANETTI, Oscar. "Latinoamerica: política y guerrillas". *El Caimán Barbudo*, Havana, n. 8, 1966, p. 3-4.

FERNÁNDEZ, Pablo Armando. "Los niños se despiden" (romance). *El Caimán Barbudo*, Havana, n. 21, junho de 1968, p. 15.

FERNÁNDEZ RETAMAR, Roberto. "Palabras para los jóvenes". *El Caimán Barbudo*, Havana, n. 2, 1966, p. 6.

FLO, Juan J. "¿Estética antidogmática o estética no marxista?". *La Gaceta de Cuba*, Havana, n. 31, 10 de janeiro de 1964, p. 10-11.

FORNÉS-BONAVÍA DOLZ, Leopoldo. *Entrevista.* Entrevistadora Sílvia Cezar Miskulin. Madri, 3 e 7 de junho de 2004.

FUENTES, Norberto. "Belisario el aura"(conto). *El Caimán Barbudo*, Havana, n. 21, junho de 1968, p. 12-14.

FULLEDA LEÓN, Gerardo. *Algo en la Nada.* Havana: El Puente, 1961.

------ "Regreso: Mi calle". *Lunes de Revolución*, Havana, n. 85, 5/12 1960, p. 16.

------ "La muerte diaria". *Lunes de Revolución*, Havana, n. 95, 13/2/1961, p. 9-11.

GARCIA GALLO, Jorge. "Porque Mella Camilo y Che son símbolos de la juventud cubana". *El Caimán Barbudo*, Havana, n. 53, fevereiro de 1972, p. 29-31.

GISPERT, Eduardo H. "Dos concepciones, un continente". *El Caimán Barbudo*, Havana, n. 12, março de 1967, p. 3-5.

GONZÁLEZ, Odilio. "Todo al revés. Carta abierta a Guillermo Cabrera Infante". *Lunes de Revolución*, Havana, n. 31, 19/10/1959, p. 5.

GONZALEZ, Reynaldo. "Pornografia y malas palabras (variaciones sobre el viejo tema)". *La Gaceta de Cuba*, Havana, n. 51, junho/julho de 1966, p. 9.

GUERRA, Félix. "Mc y Carmen" (poema). *El Caimán Barbudo*, Havana, n. 3, junho de 1966, p. 19.

------ "No voy a silenciarme", "Pasaron al siguiente asunto" (poemas). *El Caimán Barbudo*, Havana, n. 11 especial, 20 de janeiro de 1967, p. 8.

------ "Poesía Joven 1966". *El Caimán Barbudo*, Havana, n. 10, janeiro de 1967, p. 18-19.

GUEVARA, Ernesto Che. "Apologia de Martí". *El Caimán Barbudo*, Havana: n. 11, fevereiro de 1967, p. 12.

------ "Camilo". *El Caimán Barbudo*, Havana: n. 17, 1967, p. 22-23.

------ "Conmemoración de la muerte del General Antonio Maceo". *El Caimán Barbudo*, Havana: n. 17, 1967, p. 14-15.

------ "Mensaje a los pueblos del mundo a través de la Tricontinental". In: GUEVARA, Ernesto Che. *Obras escogidas (1957-1967)*. Havana: Editorial de Ciencias Sociales, 1991, p. 584-598.

------ "Moral y disciplina de los combatientes revolucionarios". *El Caimán Barbudo*, Havana, n. 17, 1967, p. 10-11.

------ "El socialismo y el hombre en Cuba". *Marcha*. Montevideo, 12 de março de 1965. In: GUEVARA, Ernesto Che. *Obras escogidas (1957-1967)*. Havana, Editorial de Ciencias Sociales, 1991, p. 367- 384.

GUILLÉN, Nicolas. "La busqueda y ejercicio de la cultura requiere armas culturales". *El Caimán Barbudo*, Havana, n. 77, abril de 1974, p. 3-4.

GUTIÉRREZ ALEA, Tomás. "Notas sobre una discusión de un documento sobre una discusión (de otros documentos)". *La Gaceta de Cuba*, Havana, n. 29, 5 de novembro de 1963, p. 5.

HERNÁNDEZ, Rolen. "Azoramiento del amor a tí" (poema). *El Caimán Barbudo*, Havana, n. 3, junho de 1966, p. 20.

------ "Dos que se temen", "Isla de la juventud" (poemas). *El Caimán Barbudo*, Havana, n. 11 especial, 20 de janeiro de 1967, p. 10.

HERRERA, Georgina. *G.H.* Havana: El Puente, 1962.

------ *Entrevista*. Entrevistadora Sílvia Cezar Miskulin. Havana, 26 de abril de 2002.

LA HORA de los hombres. *El Caimán Barbudo*, Havana, n. 3, extra, junho 1966, p. 3.

HURTADO, Oscar. "La lucidez en un sueño de Lisandro Otero". *El Caimán Barbudo*, Havana, n. 15, junho de 1967, p. 15.

LOS JÓVENES creadores y el Che. *El Caimán Barbudo*, Havana, n. 24, outubro de 1968, p. 2-5.

LEAL, Rine. "Palabras para los jóvenes". *El Caimán Barbudo*, Havana, n. 2, 1966, p. 7.

LEIVA, Waldo. "Detalles inéditos del caracter de Frank País". *El Caimán Barbudo*, Havana, n. 32, julho de 1969, p. 12-14.

LEZAMA LIMA, José. "Palabras para los jóvenes". *El Caimán Barbudo*, Havana, n. 2, 1966, p. 7.

------ "Sobre poesia. Ponencia de Lezama Lima presentada al Congreso Cultural de La Habana". *El Caimán Barbudo*, Havana, n. 19, março de 1968, p. 8-9.

"1959-1969. El libro en la Revolución". *El Caimán Barbudo*, Havana, n. 33, agosto de 1969, p. 7-9.

LLANUSA GOBEL, José. "Duro". *El Caimán Barbudo*, Havana, n. 22, julho de 1968, p. 2.

LOS LIBROS en 1960. *Lunes de Revolución*, Havana, n. 90, 09/01/1961, p. 12-14.

LÓPEZ, César. "Encuesta generacional". *La Gaceta de Cuba*, Havana, n. 50, abril/maio de 1966, p.9.

------ "Seis poetas que se mencionan". *El Caimán Barbudo*, Havana, n. 2, maio de 1966, p. 8.

------ "En torno a la poesía cubana actual". *Unión*, Havana, n. 4, ano 6, dezembro de 1967, p. 186-198.

LÓPEZ MORALES, Eduardo E. "De cocodrillo a maniadero, passando por Cayo Largo". *El Caimán Barbudo*, Havana, n. 14, maio de 1967, p. 8-9.

------ "Criollo" (poema). *El Caimán Barbudo*, Havana, n. 11 especial, 20 de janeiro de 1967, p. 10-11.

------ "El problema del realismo. Breves comentarios a Fischer y Garaudy". *El Caimán Barbudo*, Havana, n. 12, março de 1967, p. 7-8.

LUKÁCS, Georg. "Lênin y la actualidad de la Revolución". *El Caimán Barbudo*, Havana, n. 10, janeiro de 1967, p. 14.

MACHADO, Ricardo Jorge. "Generaciones y revolución. Meditación inconclusa sobre un problema". *El Caimán Barbudo*, Havana, n. 6, setembro de 1966, p. 2-4.

------ "La ideologia bolivariana". *El Caimán Barbudo*, Havana, n. 16, 1967, p. 6-8.

------ "¿Por qué Pablo?". *El Caimán Barbudo*, Havana, n. 1, 1966, p. 9.

------ "Regis Debray o la reinvidicación de la teoría". *El Caimán Barbudo*, Havana, n. 12, março de 1967, p. 12-13.

MARIO, José. "Allen Ginsberg en La Habana". *Mundo Nuevo*, Paris, n. 34, abril de 1969, p. 48-54.

------ *A través*. Havana: El Puente, 1962.

------ *Clamor agudo*. Havana: El Puente, 1961.

------ *La conquista*. Havana: El Puente, 1961.

------ "2279: ¿definitivamente?". *Exilio, Revista de Humanidades*, Nova York, ano 3, n. 1, primavera de 1969, p. 33-37.

------ *De la espera y el silencio*. Havana: El Puente, 1961

------ *El grito*. Havana: Imprenta CTC Revolucionaria, 1960.

------ "Novísima poesía cubana." *Mundo Nuevo*, Paris, n.38, agosto 1969, p. 63-69.

----- *15 obras para niños*. Havana: El Puente, 1ª ed., 1962.

------ "Rodolfo Hinostroza aconseja a los lobos". *Exilio, Revista de Humanidades*, Nova York, ano 6, n. 2, verão de 1972, p. 19-33.

------ "El stadium". *Mundo Nuevo*, Paris, n. 36, junho 1969, p. 46-52.

MARTÍNEZ HEREDIA, Fernando. "¿Por qué Julio Antonio?". *El Caimán Barbudo*, Havana, n. 1, 1966, p. 8.

------ "El ejercicio de pensar." *El Caimán Barbudo*, Havana, n. 11, fevereiro de 1967, p. 2-5.

MARTÍNEZ FURÉ, Rogelio. *Poesía yoruba*. Havana: El Puente, 1963.

------ "¿Que se lee en La Habana?". *Lunes de Revolución*, Havana, n. 65, 27/6/1960, p. 2-7.

MEDINA CASTRO, Manuel. "Estados Unidos América Latina siglo XIX". *El Caimán Barbudo*, Havana, n. 21, junho de 1968, p. 12.

MENCIA, Mario. "Treinta meses de historia y una interrogación" (sobre Che). *El Caimán Barbudo*, Havana, n. 35, outubro de 1969, p. 12-15.

MIER FIEBLES, Juan. "Vigencia del pensamiento leninista". *El Caimán Barbudo*, Havana, n. 38, março de 1970, p. 3-6.

MONTES HUIDOBRO, Matias. "El autor de Las Pericas cuenta su historia". *Lunes de Revolución*, Havana, n. 110, 19/6/1961, p. 18.

MOREJÓN, Nancy. *Amor, ciudad atribuida*. Havana: El Puente, 1964.

------ "Los desiertos y los premios. Hablan 5". *El Caimán Barbudo*, Havana, n. 8, novembro de 1966, p. 16.

------ "Moncada" (poema). *El Caimán Barbudo*, Havana, n. 8, novembro de 1966, p. 19.

------ *Mutismos*. Havana: El Puente, 1962.

MORO, Lilliam. *Entrevista*. Entrevistadora Sílvia Cezar Miskulin. Madrid, 7 de maio de 2004.

MUGUERCIA, Magaly. "El buen Brecht". *El Caimán Barbudo*, Havana, n. 3, 1966, p. 8.

NOGUERAS, Luis Rogelio. "Cesare Pavese", "Mujer saliendo del armario" (poemas). *El Caimán Barbudo*, Havana, n. 11 especial, 20 de janeiro de 1967, p. 12.

------ "Diario del Oeste. La escuela al campo". *El Caimán Barbudo*, Havana, n. 14, maio de 1967, p. 6-7.

------ "Es lo mismo de siempre" a Nicíforo Niepce y Ernesto Cardenal (poema). *El Caimán Barbudo*, Havana, n. 3, junho de 1966, p. 20.

------ "Historia de una pasión cubana." *El Caimán Barbudo*, Havana, n. 15, junho de 1967, p. 14.

------ "La onda de David." *El Caimán Barbudo*, Havana, n. 15, junho de 1967, p. 21-22.

NOGUERAS, Luis Rogelio; ALOMÁ, Orlando. "Tres intelectuales españoles responden" (entrevista a José Augustín Goytisolo, Alfonso Grosso e Luis Arana). *El Caimán Barbudo*, Havana, n. 7, 1966, p. 6.

NORDEN, Eric. "Estados Unidos en Viet Nam: más allá del fascismo". *El Caimán Barbudo*, Havana, n. 3, 1966, p. 2-5.

NOS pronunciamos. *El Caimán Barbudo*, Havana, n. 01, abril de 1966, p. 11.

NUEVO Consejo de Redacción. *El Caimán Barbudo*, Havana, n. 41, outubro de 1970, p. 28.

OJEDA, Fabricio. "Llamamiento de los burós universitários de la juventud comunista y del MIR". *El Caimán Barbudo*, Havana, n. 14, maio de 1967, p. 4.

OLEAGA, Armando. "La última mujer y el próximo combate". *El Caimán Barbudo*, Havana, n. 51, novembro de 1971, p. 29.

ORAÁ, Pedro de. "Promociones, no generaciones". *La Gaceta de Cuba,* Havana, n. 57, abril de 1967, p. 12.

------ "Respuesta a Rodríguez Rivera". *La Gaceta de Cuba,* Havana, n. 59, junho de 1967, p. 11, 15.

OROVIO, Helio. "Confesión" (poema). *El Caimán Barbudo*, Havana, n. 3, junho de 1966, p. 20.

------ "Contra la luna", "Aporte" (poemas). *El Caimán Barbudo*, Havana, n. 11 especial, 20 de janeiro de 1967, p. 12.

------ "Hablando con José Z". *El Caimán Barbudo*, Havana, n. 11, fevereiro de 1967, p. 18.

------ "Poema." *El Caimán Brabudo*, Havana, n. 1, abril de 1966, p. 15.

ORTEGA, Elio. "Poema". *El Caimán Barbudo*, Havana, n. 1, abril de 1966, p. 15.

OTERO, Lisandro. "Del otro lado del Atlantico: una actitud". *El Caimán Barbudo*, Havana, n. 21, junho de 1968, p. 6-8.

PADILLA, Heberto. "A proposito de Pasión de Urbino". *El Caimán Barbudo*, Havana, n. 15, junho 1967, p. 12.

------ "Las Ediciones R". *Lunes de Revolución*, Havana, n. 90, 09/01/1961, p. 18.

------ "Respuesta a la redacción saliente". *El Caimán Barbudo*, Havana, n. 19, março de 1968, p. 3-5.

PAÍS, Frank. "Última carta de Frank País a Fidel el 26 de julio de 1957, cuatro dias antes de morir". *El Caimán Barbudo*, Havana, n. 16, 1967, p. 13.

PARA empezar. *El Caimán Barbudo*, Havana, n. 19, março de 1968, p. 20.

PASOLLI, Robert. "Noticias sobre Viet Rock". Tradução de Orlando Alomá. *El Caimán Barbudo*, Havana, n. 13, abril de 1967, p. 21.

PAVÓN TAMAYO, Luis. "Contra la falsificación de nuestra historia y la adulteración del pensamiento martiano". *El Caimán Barbudo*, Havana, n. 65, fevereiro/março de 1973, p. 2-5.

PAZ, Samuel G. "El cobarde" (conto). *El Caimán Barbudo*, Havana, n. 1, abril de 1966, p.17.

PEDROSO, Electo. "Antonio Guiteras de La Gallinita a San Luis". *El Caimán Barbudo*, Havana, n. 36, dezembro de 1969, p. 4-6.

PENSAMIENTO Crítico. *El Caimán Barbudo*, Havana, n. 13, abril de 1967, p. 11.

PÉREZ SARDUY, Pedro. "El epistolario Belkis-Ana". *El Caimán Barbudo*, Havana, n. 3, junho de 1966, p. 22.

------ "Seis poetas que se mencionan". *El Caimán Barbudo*, Havana, n. 2, maio de 1966, p. 9.

PÉREZ VALDÉS, Fernando. "Villena y la radiografia de las contradicciones". *El Caimán Barbudo*, Havana, n. 31, junho de 1969, p. 18-19.

"Primer capitan Octavio Toranzo Alberteriz". *El Caimán Barbudo*, Havana, n.45, março de 1971, p. 23.

UN PERISCOPIO en ascensión. *El Caimán Barbudo*, Havana, n. 31, junho de 1969, p. 22-23.

PIÑERA, Virgilio. *A Partir de Cero*. Comentário *Lunes de Revolución*, Havana, n. 73, 22/08/1960, p. 24.

------ "En el Gato Tuerto". *La Gaceta de Cuba*, Havana, n. 57, abril de 1967, p. 16.

------ "1960 reseña de la poesía". *Lunes de Revolución*, Havana, n. 90, 09/01/1961, p. 19-20.

------ "Dos viejos panicos (primer acto)". *El Caimán Barbudo*, Havana, n. 21, junho de 1968, p. 13-14.

PORTUONDO, José Antonio. "Encuesta generacional". *La Gaceta de Cuba*, Havana, n. 50, abril/maio de 1966, p. 8.

------ "Palabras para los jóvenes". *El Caimán Barbudo*, Havana, n. 2, 1966, p. 6.

POSADA, José Luis. "Los mancos mentales". *El Caimán Barbudo*, Havana, n. 9, 1 de dezembro de 1966, p. 12-13.

PUENTE UCEDA, Luis de la. "Relatos de guerra". *El Caimán Barbudo*, Havana, n. 16, 1967, p. 9.

QUIMBAYA, Pólo. "Carta de un campesino". *El Caimán Barbudo*, Havana, n. 16, 1967, p. 5.

QUINTELA, Sixto. "Antes de morir" (conto). *El Caimán Barbudo*, Havana, n. 14, maio de 1967, p. 16-17.

RACHID. "Tercer Mundo e ideología (sobre el pensamiento de Amílcar Cabral)". Tradução de Tália Fung. *El Caimán Barbudo*, Havana, n. 2, 1966, p. 12-16.

------ "Debray: ¿liberación o recuperación?". Trad. de E. Hernández e R. Granados. *El Caimán Barbudo*, Havana, n. 17, 1967, p. 2-7.

LA REDACIÓN. Nota sem título. *El Caimán Barbudo*, Havana, n. 21, junho de 1968, p. 2.

RESCATE de la tradición nacional. Resolución del Primer Congreso Nacional de Escritores y Artistas de Cuba. *Lunes de Revolución*, Havana, n. 120, 28/8/1961, p. 32.

RESOLUCIÓN sobre el trabajo de la UJC en el desarrollo del movimiento cultural. *El Caimán Barbudo*, Havana, n. 56, maio de 1972, p. 5.

RESOLUCIÓN del III Congreso de la FEEM, sobre la conducta social de los estudiantes de la enseñanza media. *El Caimán Barbudo*, Havana, n. 74, janeiro de 1974, p. 29-30.

RESOLUÇÕES do Primeiro Congresso Nacional de Educação e Cultura, São Paulo: Livramento, 1980.

RIVERO, Isel. "Carta". *Lunes de Revolución,* Havana, n. 32, 26/10/1959, p. 15.

------ "Carta". *Lunes de Revolución,* Havana, n. 35, 16/11/1959, p. 16.

------ *Entrevista não gravada (a pedido da entrevistada).* Entrevistadora Sílvia Cezar Miskulin. Madri, 26 de abril de 2004.

------ *La marcha de los hurones.* Havana: Imprenta CTC Revolucionaria, 1960.

RIVERO, Raúl. "A mi madre", "Practica de olvido". *El Caimán Barbudo,* Havana, n. 11 especial, 20 de janeiro de 1967, p. 14.

------ *Entrevista.* Entrevistadora Sílvia Cezar Miskulin. Havana, 2 de maio de 2002.

------ ¿Y Ustedes qué?" ; "Escríbalo, no lo diga"; "Unas palabras de agradecimiento"; "Con permiso, al grupo" (poemas). *El Caimán Barbudo,* Havana, n. 7, outubro de 1966, p. 11.

ROA, Raul. "Che". *El Caimán Barbudo,* Havana, n. 35, outubro de 1969, p. 8-9.

ROCASOLANO, Alberto. "Los desiertos y los premios. Hablan 5 " *El Caimán Barbudo,* Havana, n. 8, novembro de 1966, p. 17.

RODRÍGUEZ HERRERA, Mariano. "La mutación". *Lunes de Revolución,* Havana, n. 77, 19/9/1960, p.23-24.

------ *La mutación.* Havana: El Puente, 1962.

------ "La noche tiene um nuevo color". *Lunes de Revolución,* Havana, n. 99, 13/3/1961, p. 29-30.

------ "Un poco de esta historia" (sobre Che). *El Caimán Barbudo,* Havana, n. 35, outubro de 1969, p. 10;

RODRÍGUEZ RIVERA, Guillermo. "Dicen, buen Pedro". *La Gaceta de Cuba,* Havana, n. 58, maio de 1967, p.4.

------ *Entrevista.* Entrevistadora Sílvia Cezar Miskulin. Havana, 30 de abril de 2002.

------ "Hispanoamerica: De Dario a Cardenal, la poesía". *El Caimán Barbudo,* Havana, n. 10, janeiro de 1967, p. 10-11.

------ "Un lugar llamado Río Cauto". *El Caimán Barbudo,* Havana, n. 14, maio de 1967, p. 10-11.

------ "Martí y Darío poetas". *El Caimán Barbudo,* Havana, n. 11, fevereiro de 1967, p. 6-7.

------ "¿Por qué Rubén?". *El Caimán Barbudo,* Havana, n. 1, 1966, p. 10.

------ "Respuestas y preguntas". (poema) *El Caimán Barbudo,* Havana, n. 3, junho de 1966, p. 18.

------ "Vale la pena", "Las demas". *El Caimán Barbudo,* Havana, n. 11 especial, 20 de janeiro de 1967, p. 14.

RUIZ, Santiago. *Hiroshima*. Havana: El Puente, 1961.

SANTAMARÍA, Haydée. "Imagen de un escritor colonizado". *El Caimán Barbudo*, Havana, n. 47, junho de 1971, p. 16-17.

------ "El joven escritor debe amar la vida el trabajo y el ser humano". *El Caimán Barbudo*, Havana, n. 35, outubro de 1969, p. 3-7.

SANTANA, Joaquín G. *Poemas en Santiago*. Havana: El Puente, 1962.

SARTRE, Jean-Paul. "Un análisis del teatro burgués". Tradução de J. C. Scarpati. *El Caimán Barbudo*, Havana, n. 2, 1966, p. 3-5.

------ "De Aime Cesaire al tercer mundo". *El Caimán Barbudo*, Havana, n. 36, dezembro de 1969, p. 16-17.

SERRANO, Pío E. *Entrevista*. Entrevistadora Sílvia Cezar Miskulin. Madrid, 16 de abril de 2004.

------ La historia del jazz y del negro. *El Caimán Barbudo*, Havana, n. 11, fevereiro de 1967, p. 10.

------ "Novela Teatro Cuento Joven 1966". *El Caimán Barbudo*, Havana, n. 10, janeiro de 1967, p. 19.

SERRANO, Pío E.; NOGUERAS, Luis Rogelio. "La canción protesta: historia de una tragedia americana". *El Caimán Barbudo*, Havana, n. 7, outubro de 1966, p. 8-10.

SIMO, Ana María. "Encuesta generacional (II). Respuesta a Jesús Díaz". *La Gaceta de Cuba*, Havana, n. 51, junho/julho de 1966, p. 4-5.

------ *Las fábulas*. Havana: El Puente, 1962.

------ "Igual es igual a muerte". *Lunes de Revolución*, Havana, n. 73, 22/08/1960, p. 25.

------ "El Ladrillo". *Lunes de Revolución*, Havana, n. 65, 27/06/1960, p. 17-18.

SOBRE Pasión de Urbino. Tres generaciones opinan. *El Caimán Barbudo*, Havana, n. 15, junho de 1967, p. 13-14.

SOLÁ HERNÁNDEZ, Ramón. "Bergman, todo el tiempo". *El Caimán Barbudo*, Havana, n. 3, 1966, p. 16-17.

------ "Cinco cine 66". *El Caimán Barbudo*, Havana, n. 10, janeiro 1967, p. 21.

------ "Fracaso de los transportes Icaic". *El Caimán Barbudo*, Havana, n. 15, junho de 1967, p. 10-11.

SUARDÍAZ, Luis. "Seis poetas que se mencionan". *El Caimán Barbudo*, Havana, n. 2, maio de 1966, p. 9.

TAMAYO, Évora. "Un cuento de navidad". *Lunes de Revolución*, Havana, n. 128, 23/10/1961, p. 26-28.

------ *Cuentos para abuelas enfermas*. Havana: El Puente, 1964.

TORRES, Camilo. "Camilo Torres: no dejemos de responder". *El Caimán Barbudo*, Havana, n. 10, janeiro de 1967, p. 2.

------ "De Camilo Torres a los estudiantes". *El Caimán Barbudo*, Havana, n. 8, 1966, p. 2.

TRISTANA y Misericórdia. Material crítico para círculos de lectura de la UJC. *El Caimán Barbudo*, Havana, n. 53, fevereiro de 1972, p. 24-25.

TURCIOS, el comandante. *El Caimán Barbudo*, Havana, n. 8, 1966, p. 5-8.

V de Viet Nam. *El Caimán Barbudo*, Havana, n. 14, maio de 1967, p. 15.

VICTORIA, Carlos. "Tribulaciones" (conto). *El Caimán Barbudo*, Havana, n. 1, abril de 1966, p. 16.

VIET Nam, el teatro y la guerra. *El Caimán Barbudo*, Havana, n. 13, abril de 1967, p. 21.

YANES, José. "La bienvenida" (poema). *El Caimán Barbudo*, Havana, n. 3, junho de 1966, p. 20.

------ "Los desiertos y los premios. Hablan 5". *El Caimán Barbudo*, Havana, n. 8, novembro de 1966, p. 16-17.

------ "La onda de David". *El Caimán Barbudo*, Havana, n. 15, junho de 1967, p. 21.

------ "Sobre una tumba, una rumba" (poema). *El Caimán Barbudo*, Havana, n. 11 especial, 20 de janeiro de 1967, p. 15.

WEISS, Peter. "10 notas de trabajo de un escritor en el mundo actual". *El Caimán Barbudo*, Havana, n. 15, junho de 1967, p. 3-5.

Bibliografia

ACOSTA, Leonardo. *Elige tu, que canto yo*. Havana: Letras Cubanas, 1993.

AGUIRRE, Mirta. "Realismo, realismo socialista y la posición cubana". In: ESCALONA, J. F. *Estética selección de lecturas*. Havana: Editorial Pueblo y Educación, 1987.

ALMENDROS, Néstor; JIMENEZ-LEAL, Orlando. *Conducta Impropia*. Madri: Playor, 1984.

ALONSO JÚNIOR, Odir. "A esquerda cubana antes da revolução: anarquistas, comunistas e trotskistas". In: COGGIOLA, Osvaldo (org.). *Revolução cubana. História e problemas atuais*. São Paulo: Xamã, 1998.

ANDERSON, Perry. *As origens da Pós-modernidade*. Trad. de Marcus Penchel. Rio de Janeiro: Jorge Zahar, 1999.

APPLEBAUM, Anne. *Gulag. Uma história dos campos de prisioneiros soviéticos*. Trad. de Mário Vilella e Ibraíma Dafonte. São Paulo: Ediouro, 2004.

ARCOS, Jorge Luis (org.). *Las palabras son islas. Panorama de la poesía cubana. Siglo xx.* Havana: Letras Cubanas, 1999.

ARENAS, Reinaldo. *Antes que anoiteça*. Trad. Irène Cubrie. Rio de Janeiro: Record, 1995.

------ *O mundo alucinante*. Trad. Paulo Octaviano Terra. Rio de Janeiro: Francisco Alves, 1984.

ARGUELLES, Lourdes; RICH, B. Ruby. "Homosexuality, homophobia, and revolution: notes toward an understanding of the cuban lesbian and gay male experience". In: DUBERMAN, Martin; VICINIUS, Martha; CHAUNCEY JR., George. *Hidden from History. Reclamaing the gay and lesbian past.* Nova York: Meridian, 1990, p. 441-55.

BACZO, Bronislaw. "Imaginação social". *Enciclopédia Einaudi*, vol. 5. Lisboa: Imprensa Nacional/Casa da Moeda, 1985, p. 296-332.

ARRUFAT, Antón. *Los siete contra Tebas.* Havana: Ed. Unión, 1968.

BÁEZ, Rosa. "Cronología. Luis Rogelio Rodríguez Nogueras". In: GUTIÉRREZ, Virgen. *De nube en nube. Luis Rogelio Nogueras.* Havana: Ed. La memoria/Centro Cultural Pablo de la Torriente Brau, 2003, p. 161-172.

BANDEIRA, Antônio Rangel. *Sombras do paraíso. A crise da Revolução Cubana: preservar as conquistas sociais e democratizar o regime?* Rio de Janeiro: Record, 1994.

BANDEIRA, Luiz Alberto Moniz. *De Martí a Fidel. A Revolução Cubana e a América Latina.* Rio de Janeiro: Civilização Brasileira, 1998.

BARQUET, Jesús J. "Cinco notas para el estudio de la poesía cubana contemporánea". *La crónica*, México, n. 18, 1-5 de setembro de 1994.

------ "La generación de Mariel". *Encuentro de la cultura cubana*, Madri, n. 8-9, primavera-verão de 1998a, p. 110-125.

------ *El grupo Orígenes y la eticidad cubana: recuento de un proceso.* [S.l.]: Tulane University, 1990.

------ "El socialismo en cuestión: anti-utopía en Otra vez el mar y El asalto de Reinaldo Arenas". *La palabra y el hombre*, Xalapa, n. 85, jan-março 1993, p. 119-134.

------ "Subversión desde el discurso no-verbal y verbal de Los siete contra Tebas de Antón Arrufat". *Latin American Theatre Review*, n. 2, vol. 32, 1999, p. 19-33.

------ "El teatro cubano en la encrucijada sociopolítica (1959-1990)". *La Palabra y el hombre*, México, n. 108, out-dez. 1998b, p. 63-80.

------ *Teatro y revolución cubana – Subversión y utopía en Los siete contra Tebas de Antón Arrufat.* Lewiston/Queenston/Lampeter: The Edwin Mellen Press, 2002.

------; CODINA, Norberto (org.). *Poesía cubana del siglo XX*. México: Fondo de Cultura Económica, 2002.

BARRETO, Teresa Cristófani. *A libélula, a pitonisa. Revolução, homossexualismo e literatura em Virgilio Piñera*. São Paulo: Iluminuras/ Fapesp, 1996.

BARRETO, Teresa Cristófani; GIANERA, Pablo; SAMOILOVICH, Daniel. "Virgilio Piñera. Cronologia". Trad. de Teresa Cristófani Barreto. *Revista Usp*, São Paulo, n. 45, mar/mai 2000, p. 151-4.

BEJEL, Emilio. *Gay Cuban Nation*. Chicago/Londres: The University of Chicago Press, 2001.

BENEDETTI, Mario (org.). *Literatura y arte nuevo en Cuba*. Barcelona: Ed. Laia, 1977.

BENIGNO – ALARCÓN RAMÍREZ, Daniel. *Vie et mort de la révolution cubaine*. Traducción de Jean-Baptiste Grasset. Fayard: [S. l.]: 1996.

BENJAMIN, Walter. *Magia e técnica, arte e política. Obras escolhidas*, volume I. Trad. de Sergio Paulo Rouanet. São Paulo: Brasiliense, 1986.

------; HORKHEIMER, Max; ADORNO, Theodor; HABERMAS, Jurgen. *Textos escolhidos*. Trad. de José Lino Grunnewald *et all*. São Paulo: Abril Cultural, 1983.

BLOCH, Marc. "Apologia da História ou o ofício do historiador." Trad. de André Telles. Rio de Janeiro: Jorge Zahar Editor, 2002.

BOURDIEU, Pierre. "Coisas ditas". Trad. de Cássia R. da Silveira e Denise Moreno Pegorim. São Paulo: Brasiliense, 1990.

BRETON, André. *Manifestos do surrealismo*. Trad. de Pedro Tamen. Rio de Janeiro: Moraes ed., 1969.

------; TROTSKI, Leon. *Por uma arte revolucionária independente*. Organização Valentim Facioli. São Paulo: Paz e Terra, Cemap, 1985.

CABRERA INFANTE, Guillermo. *Mea Cuba*. Trad. de Josely Vianna Baptista. São Paulo: Companhia das Letras, 1996.

CAPELATO, Maria Helena Rolim; PRADO, Maria Lígia Coelho. *O Bravo matutino. Imprensa e ideologia no jornal* "O Estado de São Paulo". São Paulo: Alfa-Omega, 1980.

CAPELATO, Maria Helena Rolim. *Os arautos do liberalismo. Imprensa paulista 1920-1945*. São Paulo: Brasiliense, 1989.

------ *Imprensa e história do Brasil*. Contexto/Edusp: São Paulo, 1988.

------ *Multidões em cena: propaganda* no varguismo e no peronismo. São Paulo: Papirus, 1998.

------; DUTRA, Eliane. "Representação política: reconhecimento de um conceito na historiografia brasileira". In: CARDOSO, Ciro Flamarion; MALERBA, Jurandir. *Representações: contribuições a um debate transdisciplinar*. São Paulo: Papirus, 2000.

CAMPUZANO, Luisa. "La revista Casa de las Américas en la década de los sesenta". *América. Cahiers du CRICCAL* (Centre de Recherches Interuniversitaire sur les Champs Culturels en Amérique Latine), *Le discours culturel dans les revues latino-américaines de 1940 à 1970*, Paris, n. 9-10, Presses de la Sorbonne Nouvelle, 1992, p. 55-63.

------ "La revista Casa de las Américas, 1960-1995". In: FORNET, Ambrosio; CAMPUZANO, Luisa. *La revista Casa de las Américas: un proyecto continental*. Havana: Centro de Investigación y Desarrollo de la Cultura Cubana Juan Marinello, 2001.

CARDENAL, Ernesto. *En Cuba*. México: Ed. Era, 1977.

CARPENTIER, Alejo. *El reino de este mundo*. Buenos Aires: Calicanto Editorial, 1977.

CASAÑAS, Inés; FORNET, Jorge. *Premio Casa de las Américas. Memoria 1960-1999*. Havana: Casa de las Américas, 1999.

CASTAÑEDA, Jorge G. *Che Guevara*: a vida em vermelho. Tradução de Bernardo Joffily. São Paulo: Companhia das Letras, 1997.

COGGIOLA, Osvaldo (org.). *Revolução cubana. História e problemas atuais*. São Paulo: Xamã, 1998.

CORNILLIE, Bert. "Revistas oficiales en la Cuba de los 60 (Unión y La Gaceta de Cuba, una multiplicidad discursiva)". *Discurso. Revista Internacional de Semiótica y Teoría literaria*, n. 12/13, Sevilha, Ed. Alfar, 1998-1999, p. 123-150.

CORTÁZAR, Julio. "Policrítica en la hora de los chacales". In: *La Maga Colección*. Buenos Aires, n. 5, novembro de 1994, p. 25.

CUZA MALÉ, Belkis. *Juego de Damas*. Cincinnati: Término editorial, 2002.

DARNTON, Robert. *Os best-sellers proibidos da França pré-revolucionária*. Trad. de Hildegard Feist. São Paulo: Companhia das Letras, 1998.

------ *O beijo de Lamourette. Mídia, cultura e revolução*. Trad. de Denise Bottmann. São Paulo: Companhia. das Letras, 1995.

DEBRAY, Régis. *Revolução na Revolução*. Trad. de Olinto Beckeman. São Paulo: Centro Editorial Latino-Americano, [s.d.].

DÍAZ, Jesús. "El fin de otra ilusión. A propósito de la quiebra de El Caimán Barbudo y la clausura de Pensamiento crítico". *Encuentro de la cultura cubana*, Madri, n. 16/17, primavera/ verão de 2000, p. 106- 119.

------ *Las iniciales de la tierra*. Havana: Letras Cubanas, 1988.

------ *Las palabras perdidas*. Barcelona: Destino Áncora y Delfin, 1992.

DÍAZ INFANTE, Duanel. "Límites del origenismo". *Encuentro de la cultura cubana*, Madri, n. 33, verão de 2004, p. 103- 117.

DICCIONARIO *de la literatura cubana. Instituto de Literatura y linguística de la Academia de Ciencias de Cuba.* Havana: Ed. Letras Cubanas, 1980.

DILL, Hans-Otto. "Cultura, literatura, política latinoamericanas en *Casa de las Américas* 1970-1990". In: *América. Cahiers du CRICCAL (Centre de Recherches Interuniversitaire sur les Champs Culturels en Amérique Latine), Le discours culturel dans les revues latino-américaines de 1970 à 1990*, Paris, n. 15, Presses de la Sorbonne Nouvelle, 1992, p. 105-118.

DREYFUS-ARMAND, Geneviève. "L'espace et le mouvements de contestation". In: DREYFUS-ARMAND, Geneviève; FRANK, Robert; LÉVY, Marie-Françoise; ZANCARINI-FOURNEL, Michelle (org.). *Les années 68. Le temps de la contestation*. Paris: Ed. Complexe/IHTP/CNRS, 2000, p. 25-30.

EDWARDS, Jorge. *Persona non grata*. Barcelona: Tusquets Editores, 1991.

ESPINOSA DOMÍNGUEZ, Carlos. "Una dramaturgia escindida. Cronología." In: ESPINOSA DOMÍNGUEZ, Carlos (org.). *Teatro cubano contemporáneo. Antología*. Madri: Fundo de Cultura Economica, 1992, p. 13-127.

------ "Un dramaturgo de obra breve". *Encuentro de la cultura cubana*, Madri, n. 25, verão de 2002, p. 34-37.

------ (org.). *La pérdida y el sueño. Antología de poetas cubanos en la Florida*. Cincinnati: Término Editorial, 2001.

------ *Virgilio Piñera en persona*. Denver: Término Editorial, 2003.

ESQUENAZI-MAYO, Roberto. *A survey of Cuban Revistas (1902-1958)*. Washington, D. C.: Library of Congress, 1993.

FAYA, Ana Julia; RODRÍGUEZ, Pedro Pablo. *El despiegle de un conflicto. La política norte-americana hacia Cuba (1959-1961)*. Havana: Ed. Ciencias Sociales, 1996.

FERNANDES, Florestan. *Da guerrilha ao socialismo: a Revolução cubana*. São Paulo: Queiros, 1979.

FERRO, Marc. *O Ocidente diante da Revolução Soviética. A História e seus mitos*. Trad. de Carlos Nelson Coutinho. São Paulo: Brasiliense, 1984.

FORNÉS-BONAVÍA DOLZ, Leopoldo. *Cuba cronología. Cinco siglos de historia, política y cultura*. Madri: Ed. Verbum, 2003.

FOUCAULT, Michel, *História da sexualidade. A vontade do saber, vol.I.* Trad. de Maria Thereza da Costa Albuquerque e J. A Guilhon Albuquerque. Rio de Janeiro: Graal, 1977.

FRANQUI, Carlos. *Retrato de família com Fidel*. Trad. de Fábio Fernandes da Silva. Rio de Janeiro: Record, 1981.

------ *Vida, aventuras y desastres de un hombre llamado Castro*. Barcelona: Planeta, 1988.

FRANK, Robert. "Imaginaire populare et figures symboliques internationales: Castro, Hô, Mao et le "Che". In: DREYFUS-ARMAND, Geneviève; FRANK, Robert; LÉVY, Marie-Françoise; ZANCARINI-FOURNEL, Michelle (org.). *Les années 68. Le temps de la contestation*. Paris: Ed. Complexe/IHTP/CNRS, 2000, p. 31-47.

FUENTES, Norberto. *Condenados de Condado*. Havana: Casa de las Américas, 1968.

------ *Dulces guerreros cubanos*. Barcelona: Seix Barral, 1999.

GARCÍA RAMOS, Reinaldo. "Ese deseo permanente de libertad. Conversación con José Mario e Isel Rivero, el 4 de octubre de 2002". *La Habana Elegante*, n. 19/20, Arlington, Outono/inverno de 2002, p. 3-10. Documento eletrônico, http://www.habanaelegante.com

GARCÍA SANTOS, Daniel. "Cabrera Infante y Cuba". In: *Boletin Librínsula*. Havana, ano 2, n. 63, 18 de março de 2005. Documento eletrônico, http://www.bnjm.cu/librinsula/2005/marzo/63/index.htm

GINSBERG, Allen. "Allen Young entrevista Allen Ginsberg". In: LEYLAND, Winston (org.). *Sexualidade & criação literária. As entrevistas do Gay sunshine*. Trad. de Raul Sá Barbosa. Rio de Janeiro: Civilização Brasileira, 1980, p. 70-124.

------ *Uivo, Kaddish e outros poemas*. Tradução, seleção e notas de Cláudio Willer. Porto Alegre: L&PM, 1999.

GOMES, Angela de Castro. *História e historiadores. A política cultural do Estado Novo*. Rio de Janeiro: Ed. Fundação Getúlio Vargas, 1999.

GRAMSCI, Antonio. *Os intelectuais e a organização da cultura*. São Paulo: Círculo do Livro, 1981.

GRANT, María. "En los sitios de Nancy Morejon". *Opus Habana*, Havana, v. VI, n. 1, 2002, p. 16-25.

GUERRERO, Gustavo. "Jesús Díaz: ilusión y desilusión". *Encuentro de la cultura cubana*, Madri, n. 25, verão de 2002, p. 10-18.

HASSON, Liliane. "Le discours sur la culture cubaine dans Mundo Nuevo (1966-1971)". *América. Cahiers du CRICCAL (Centre de Recherches Interuniversitaire sur les Champs Culturels en Amérique Latine), Le discours culturel dans les revues latino-américaines de 1940 à 1970*, Paris, n. 9-10, Presses de la Sorbonne Nouvelle, 1992, p. 65-74.

HERNÁNDEZ, Rafael. *Mirar a Cuba. Ensayos sobre cultura y sociedad civil*. Havana: Letras Cubanas, 1999.

HOBSBAWM, Eric. *Era dos extremos. O breve século XX (1914-1991)*. São Paulo: Companhia das Letras, 1999.

------ *Revolucionários. Ensaios contemporâneos.* Trad. de João Carlos Vítor Garcia e Adelângela Saggioro Garcia. São Paulo: Paz e Terra, 2003.

LA IRREVERRENCIA de *El Caimán Barbudo.* Mesa Redonda efetuada na Editora Abril com a participção de Guillermo Rodríguez Rivera, Elsa Claro, Juan Ayús, Félix Guerra, Víctor Casaus, Félix Contreras, Fernando Martínez Heredia, Silvia Freyre. Havana, 2000. Documento eletrônico, http://www.lajiribilla.cubaweb.cu

KANZEPOLSKY, Adriana. *Un dibujo del mundo: extranjeros en Orígenes.* Rosario, Beatriz Viterbo Ed., 2004.

LEANTE, César. *Revive, historia. Anatomía del castrismo.* Madri: Biblioteca Nueva, 1999.

LEARY, Timothy. *Flashbacks. LSD: a experiência que abalou o sistema.* Tradução de Luiz Antonio Chagas e Fernando Vugman. São Paulo: Brasiliense, 1989.

LE RIVERAND, Julio. *Breve Historia de Cuba.* Havana: Editorial de Ciencias Sociales, 1999.

------ *La republica. Dependencia y revolución.* Havana: Editorial de Ciencias Sociales, 1975.

LÖWY, Michael. *A estrela da manhã. Surrealismo e marxismo.* Tradução de Eliana Aguiar. Rio de Janeiro: Civilização Brasileira, 2002.

------ (org.). *O marxismo na América Latina. Uma antologia de 1909 aos dias atuais.* Trad. de Cláudia Schilling e Luís Carlos Borges. São Paulo: Fundação Perseu Abramo, 1999.

LUCA, Tania Regina de. *A Revista do Brasil: um diagnóstico para a (N)ação.* São Paulo: Ed. Unesp, 1998.

La lucha ideológica y la cultura artística y literaria. Havana: Ed. Política, 1982.

LUIS, William. "Autopsia de Lunes de Revolución: entrevista a Pablo Armando Fernández". *Revista Plural*, México, D. F., n. 126, mar. de 1982, p. 52-62.

------ *Lunes de Revolución. Literatura y cultura en los primeros años de la Revolución Cubana.* Madri: Verbum, 2003.

MARCUSE, Herbert. *Cultura e sociedade.* Trad. de Wolfgang Leo Maar, Isabel Maria Loureiro, Robespierre de Oliveira. São Paulo: Paz e Terra, v. I, 1997.

------ *A grande recusa hoje.* Organização de Isabel Loureiro. Petrópolis: Ed. Vozes, 1999.

MARIO, José. "Cabrera Infante entristece a los tigres". *Resumen literario El Puente 4*, Madri, Ed. La Gota de agua, julho de 1979, p. 1-8.

------ "El primer dia (Fragmento de una novela 'La contrapartida')". *Resumen literario El Puente 15 y 16*, Madri, Ed. La Gota de agua, julho/agosto de 1980, p. 1-8.

------ *No hablemos de la desesperación*. Madri: Ediciones El Puente, 1983.

------ "La verídica história de ediciones El Puente, La Habana, 1961-1965." *Revista Hispano Cubana*, Madri, n. 06, 2000, p. 89-100.

------ *13 poemas*. Madri, Ed. Betania, 1988.

MARTIATU, Inés María. "Una Carmen Caribeña". In: ESPINOSA, Carlos (org.). *Teatro cubano contemporáneo. Antología*. Madri: Fundo de Cultura Economica, 1992, p. 935-940.

MARTÍNEZ PÉREZ, Liliana. *Los hijos de saturno. Para una historia política y cultural de la intelectualidade cubana (1959-71)*. México D. F.: Universidade Iberoamericana, 2001. Tese de Doutorado (mimeo.).

MARX, Karl; ENGELS, Friedrich. *A ideologia alemã*. Trad. de José Carlos Bruni e Marco Aurélio Nogueira. São Paulo: Ed. Ciências Humanas, 1979.

MASEDA, Héctor. "Los trabajos forzados en Cuba". *Encuentro de la Cultura Cubana*, Madri, n. 20, primavera de 2001, p. 224-227.

MASSARI, Roberto. *Che Guevara. Pensamiento y política de la utopía*. Tafalla: Ed. Txalaparta, 2004.

MESA-LAGO, Carmelo. *Dialéctica de la Revolución Cubana: del idealismo carismático al pragmatismo institucionalista*. Madri: Ed. Playor, 1979.

------ *Economía y bienestar social en Cuba a comienzos del siglo XXI*. Madri: Ed. Colibrí, 2003.

MICELI, Sergio. *Intelectuais à brasileira*. São Paulo: Companhia das Letras, 2001.

MIRANDA, Julio E. *Nueva literatura cubana*. Madri: Taurus ed., Cuadernos Taurus n. 109/110, 1971.

MISKULIN, Sílvia Cezar. *Cultura ilhada: imprensa e Revolução Cubana*. São Paulo: Xamã/FAPESP, 2003.

------ "Os dilemas da Revolução Cubana: impasses da política cultural". In: COGGIOLA, Osvaldo (org.). *América Latina: encruzilhadas da história contemporânea*. São Paulo: Xamã, 2003, p. 165-176.

------ "Os intelectuais e a política cultural: os casos da editora *El Puente* e do periódico *El Caimán Barbudo*". *Anais eletrônicos do V Encontro da ANPHLAC*. Vitória, 2003. Documento eletrônico, http://www.anphlac.org

------ "La labor editorial de José Mario en El Puente". *La Habana Elegante*, n. 19/20, Arlington, Outono/inverno de 2002, p. 24-26. Documento eletrônico, http://www.habanaelegante.com

MONTES HUIDOBRO, Matías. "Teatro em Lunes de Revolución". *Latin American Theatre Review*, University of Hawaii at Manoa, vol. 18, n. 1, 1984, p. 17-34.

MOORE, Carlos. *Castro, the blacks and Africa*. Los Angeles: Center for Afro-American Studies, University of California, 1988.

MOREJÓN ARNAIZ, Idalia. "A legitimação do discurso histórico e político nos editoriais da revista *Casa de las Américas* (1960-1971)". *Anais eletrônicos do V Encontro da ANPHLAC*. Vitória, 2003. Documento eletrônico, http://www.anphlac.org

------ *Política e polêmica na América Latina: Casa de las Américas* e *Mundo Nuevo*. Tese de Doutorado (mimeo.). Universidade de São Paulo, Prolam, São Paulo, 2004.

MORELLI, Rolando. "Ni son todos los que están, ni están todos los que son: el ejemplar caso Padilla en su contexto". *Cuba Nueva*, 4 de março de 2001, p. 1-10.

MORENO FRAGINALS, Manuel. *Cuba/España, España/Cuba. Historia Común*. Barcelona: Grijalbo Mondadori, 1995.

MORO, Liliam. "El poeta de la camisa blanca". *La Habana Elegante*, n. 19/20, Arlington, Outono/inverno de 2002, p. 14-15. Documento eletrônico, http://www.habanaelegante.com

NAVARRO, Desiderio. "In medias res publicas. Sobre los intelectuales y la crítica social en la esfera pública cubana". In: HERNÁNDEZ, Rafel; ROJAS, Rafael (org.). *Ensayo cubano del siglo XX*. México: Fondo de Cultura Económica, 2002, p. 689-707.

OPPENHEIMER, Andrés. *La hora final de Castro. La historia secreta detras de la inminente caida del comunismo en Cuba*. Buenos Aires: Javier Vegara Editor, 1992.

OROVIO, Helio. *Diccionario de la música cubana. Biográfico y técnico*. Havana: Letras Cubanas, 1992.

OTERO, Lisandro. *Llover sobre mojado. Una reflexión personal sobre la historia*. Havana: Letras Cubanas, 1997.

------ "Réplica". *Encuentro de la Cultura Cubana*, Madri, n.18, 2000, p. 189-194.

PADILLA, Heberto. *Fuera del juego*. Miami: Ediciones Universal, 1998.

------ *La mala memoria*. Barcelona: Plaza & Janes, 1989.

PÉREZ LEÓN, Roberto. *Tiempo de ciclón*. Havana: Unión, 1995.

PERICÁS, Luis Bernardo. *Che Guevara e o debate econômico em Cuba*. São Paulo: Xamã, 2004.

PIERRE-CHARLES, Gérard. *Génesis de la Revolución Cubana*. México: Siglo Veintiuno, 1996.

PIÑERA, Virgilio. "Cada cosa en su lugar". *Lunes de Revolución*, Havana, n. 39, 14 de dezembro de 1959, p. 11-12.

------ "Autobiografía". *El Público*, n. 78, maio/junho de 1990, p. 108-115.

PINTO, Julio Pimentel. *Uma memória do mundo. Ficção, memória e história em Jorge Luis Borges.* São Paulo: Estação Liberdade/Fapesp, 1998.

PONTES, Heloisa. "Círculos de intelectuais e experiência social". *Revista Brasileira de Ciências Sociais.* ANPOCS, vol. 12., n. 34, junho de 1997, p. 57-69.

PORTUONDO, José Antonio. *La historia y las generaciones.* Havana: Letras Cubanas, 1981.

PRADO, Maria Lígia Coelho. *América Latina no século XIX. Tramas, telas e textos.* São Paulo: Edusp/Edusc, 1999.

QUINTERO HERENCIA, Juan Carlos. *Fulguración del espacio. Letras e imaginario institucional de la Revolución Cubana (1960-1971).* Rosario: Beatriz Viterbo, 2002.

QUIROGA, José. "Homosexualities in the Tropic of Revolution". In: BALDERSTON, Daniel; GUY, Donna J. *Sex and sexuality in Latin America.* Nova York, New Yorker University Press, 1997, p. 133 – 51.

------ *Tropics of desire Interventions from Queer Latino America.* Nova York/Londres: New York University Press, 2000.

RAMA, Angel. "Una nueva política cultural en Cuba". *Cuadernos de Marcha.* Montevidéu, n. 49, maio de 1971, p. 47- 68.

RÉMOND, René (org.). *Por uma história política.* Trad. de Dora Rocha. Rio de Janeiro: UFRJ/FGV, 1996.

RIVERO, Isel. "Los primeros años". *La Habana Elegante*, n. 19/20, Arlington, Outono/ inverno de 2002, p. 17-20. Documento eletrônico, http://www.habanaelegante.com

RIVERO, Raúl. "Cenizas y Caimanes". *Encuentro de la Cultura Cubana*, Madri, n. 25, 2002, p. 117-118.

RIDENTI, Marcelo. *Em busca do povo brasileiro. Artistas da revolução, do CPC à era da TV.* Rio de Janeiro/São Paulo: Record, 2000.

RIVERO, Raúl. *Provas de contato.* Trad. de José Rubens Siqueira. São Paulo: Barcarolla, 2005.

RODRÍGUEZ RIVERA, Guillermo. *Ensayos Voluntarios.* Havana: Letras Cubanas, 1984.

------ "La poesía de Luis Rogelio Nogueras". *Encuentro de la Cultura Cubana*, Madri, n. 18, 2000, p. 223-233.

ROLLEMBERG, Denise. *O apoio de Cuba à Luta armada no Brasil. O treinamento guerrilheiro.* Rio de Janeiro: Mauad, 2001.

ROSANVALLON, Pierre. "Pour une histoire conceptuelle du politique". *Revue de Synthèse Historique*, IV, n.1/2, jan-jun, 1986.

SAID, Edward W. *Representações do intelectual. As conferências Reith de 1993.* Tradução de Milton Hatoum. São Paulo: Companhia das Letras, 2005.

SANTÍ, Enrico Mario. *Bienes del siglo. Sobre cultura cubana.* México: Fondo de Cultura Económica, 2002.

------ "Duplica". *Encuentro de la Cultura Cubana*, Madri, n. 18, 2000, p. 195-196.

------ "Mi reino por el caballo: las dos memorias de Lisandro Otero". *Encuentro de la Cultura Cubana*, Madri, n. 17, 2000, p. 163-179.

SARTRE, Jean-Paul. *Que é a literatura?* Tradução de Carlos Felipe Moisés. São Paulo: Ática, 1989.

------ *Sartre visita a Cuba.* Tradução de Juan Arcocha. Havana: Ediciones R, 1960.

SAUNDERS, Frances Stonor. *La CIA y la guerra fría cultural.* Madri: Ed. Debate, 2001.

SCHNAIDERMAN, Boris. *Os escombros e o mito. A cultura e o fim da União Soviética.* São Paulo: Companhia das Letras, 1997.

SCHWARTZ, Jorge. *Vanguardas latino-americanas. Polêmicas, manifestos e textos críticos.* São Paulo: Iluminuras/Edusp/Fapesp, 1995.

SERRANO, Pío E. "Álbum familiar (sin ira)". In: VÁZQUEZ DÍAZ, René (org.). *Cuba: voces para cerrar un siglo (II).* Estocolmo: The Olof Palme International Center, 1999a, p. 98-117.

------ "José Mario, adolescente ardiente". *Revista Hispano-Cubana*, Madri, n. 15, inverno de 2003, p. 99-104.

------ "Presencia de José Mario". *La Habana Elegante*, n. 19/20, Arlington, Outono/inverno de 2002, p. 10-13. Documento eletrônico, http://www.habanaelegante.com

------ "Quatro décadas de políticas culturales". *Revista Hispano-Cubana*, Madri, n.4, maio-setembro de 1999b, p. 35-54.

SILVA, Helenice Rodrigues da. *Fragmentos da história intelectual. Entre questionamentos e perspectivas.* Campinas: Papirus, 2002.

------ "A História como 'a representação do passado': a nova abordagem da historiografia francesa". In: CARDOSO, Ciro Flamarion; MALERBA, Jurandir. *Representações: contribuições a um debate transdisciplinar.* São Paulo: Papirus, 2000.

SIRINELLI, Jean-François. "Os intelectuais". In: RÉMOND, René (org.). *Por uma história política.* Trad. de Dora Rocha. Rio de Janeiro: UFRJ/FGV, 1996, p. 242-269.

TOLEDO, Caio Navarro (org.). *1964. Visões críticas do golpe. Democracia e reformas no populismo.* Campinas: Ed. Unicamp, 1997.

TROTSKI, Leon. *Literatura e Revolução.* Trad. e apresentação de Luiz Alberto Moniz Bandeira. Rio de Janeiro: Zahar, 1980.

------ La revolución traicionada. Que és y a donde va la Unión Soviética. Barcelona: Fontamara, 1977.

VERDÈS-LEROUX, Jeannine. La lune et le caudillo. Le rêve des intellectuels et le régime cubain (1959-1971). Paris: Gallimard, 1989.

VERANI, Hugo J. Las vanguardias literarias en Hispanoamerica. México: Fondo de Cultura Económica, 1990.

VILLAÇA, Mariana Martins. O Instituto Cubano del Arte e Industria Cinematográficos (Icaic) e a política cultural em Cuba (1959-1991). Tese de Doutorado (mimeo.). Universidade de São Paulo, Faculdade de Filosofia, Letras e Ciências Humanas, São Paulo, 2006, v. 1 e 2.

------ Polifonia Tropical. Experimentalismo e engajamento na música popular (Brasil e Cuba, 1967-1972). São Paulo, Humanitas, Série Teses/História Social USP, 2004.

------ "'América Nuestra'. Glauber Rocha e o cinema cubano". Revista Brasileira de História. São Paulo, vol. 22, n. 44, ANPUH/Humanitas/FAPESP, 2002, p. 489-510.

------ "A política cultural do governo cubano e o Icaic". Anais eletrônicos do V Encontro da ANPHLAC. Vitória, 2003. Documento eletrônico, http://www.anphlac.org

WEST, Alan. Tropics of History. Cuba Imagined. Westport: Bergin & Garvey, 1997.

WILLIAMS, Raymond. Cultura. Rio de Janeiro: Paz e Terra, 1992.

YOUNG, Allen. Los gays bajo la Revolución Cubana. Madri: Ed. Playor, 1984.

ZARAGOZA, Francisco. Las palabras perdidas: la narrativa cubana en el contexto de la Revolución. São Paulo: Jornadas Cubanas, PROLAM/USP, 21 de maio de 2002 (mimeo.).

Anexos

NOTAS BIOBIBLIOGRÁFICAS DOS INTELECTUAIS ESTUDADOS DA EDITORA EL PUENTE E DO SUPLEMENTO *EL CAIMÁN BARBUDO*

ALOMÁ, Orlando
Nasceu em 1942 em Santiago de Cuba. Em 1966, licenciou-se em literatura hispânica na Universidade do Oriente. Muito amigo de Guillermo Rodríguez Rivera, em novembro de 1966, tornou-se membro do conselho de redação de *El Caimán Barbudo*. Foi secretário de redação da revista *Casa de las Américas* em 1967. Vive em Miami desde 1982 e trabalha no jornal *The Miami Herald*.

ÁLVAREZ CONESA, Sigifredo
Nasceu em 1938, em Havana. Ganhou o Prêmio Julian de Casal em 1985, com a obra de poesia *Casa de madera azul*. Foi instrutor de arte (teatro) e dirigiu o grupo teatral juvenil El Candil. Colaborou em *El Caimán Barbudo*. Publicações: *Matar el tiempo* (1969); *Como a una batalla* (1974); *Será bandera, fuego en la cumbre* (1978); *Casa de madera azul* (1987); *El tiempo es un pelicano* (1990); *Árbol incendiado es la noche* (1991); *Las puertas* (1992).

ARENAS, Reinaldo
Nasceu em Holguín, no Oriente, em 1943. Em 1965, recebeu menção de honra no concurso Cirilo Villaverde, da Uneac, por seu romance *Celestino antes del alba*. Trabalhava na Biblioteca Nacional José Martí, em 1966, quando recebeu menção especial na categoria romance, do concurso da Uneac, com *El mundo es alucinante*. Publicou o conto *Los presagios* em *El Caimán Barbudo*. Foi preso nos anos setenta em Cuba e exilou-se pelo porto

de Mariel, em 1980, nos Estados Unidos. Já no exílio, promoveu a revista *Mariel.* Portador de Aids, suicidou-se em 1990 em Nova York. Publicações: *Celestino antes del alba* (1967), *El mundo alucinante* (1968), *El color del verano, El palacio de las blanquísimas mofetas, Otra vez el mar, La vieja Rosa* (1980), *Termina el desfile* (1981), *El central* (1981), *Arturo, la estrella más brillante* (1984), *Necesidad de libertad* (1984), *El portero* (1989), *Voluntad de vivir manifestándose* (1989); *Antes que anoiteça* (1992).

ARIZA, René
Nasceu em 1940 em Havana. Obteve o prêmio de teatro da Uneac, em 1967, com a obra *La vuelta a la manzana* e foi finalista, em 1968, no concurso Casa de las Américas com sua peça *El banquete.* Era amigo de José Mario e participou das reuniões em torno das Edicions el Puente. Em 1971, foi condenado a oito anos de prisão por "diversionismo ideológico" e seus manuscritos foram destruídos. Exilou-se pelo porto de Mariel nos Estados Unidos em 1980 e faleceu em 1994 em São Francisco. Publicações: *Cuentos breves y brevísimos* (Miami, 1998).

BALLAGAS, Manuel
Nasceu em Havana em 1948, filho do poeta Emilio Ballagas. Seu livro *Con temor* estava no prelo e com o fechamento das Ediciones El Puente não foi publicado. Nos anos setenta, foi preso por razões políticas. Em 1980 asilou-se na embaixada do Peru, em Havana, no episódio que antecedeu o êxodo de Mariel. Nos Estados Unidos foi co-editor da revista *Término* (1982-84). Reside em Miami, onde é jornalista.

BARNET, Miguel
Escritor e etnólogo. Nasceu em 1940, em Havana. Publicou sua segunda obra literária em El Puente. Ganhou menção de poesia no concurso Casa de las Américas, em 1967, com *La sagrada família.* Em 1994, recebeu o Prêmio Nacional de Literatura em Cuba. Dirige o Centro Cultural Fernando Ortiz, em Havana. Publicações: *La pedrafina y el pavo real* (1960), *Isla de guijes* (El Puente, 1964), *Biografía de un cimarrón* (1966), *La sagrada família* (1967),

Canción de Rachel (1969), *Akeké y la jutía* (1978), *Carta de noche* (1982), *Gallego* (1983), *Viendo en mi vida pasar* (1987), *Mapa del tiempo* (1989), *Ofício de Ángel* (1989), *Con pies de gato* (1993). Foi incluído na antologia *Novísima Poesía Cubana* (El Puente, 1962).

BARROS, Silvia
Em 1961, publicou seu livro de poemas *27 pulgadas al vacío* pelas Edições El Puente. Escrevia peças de teatro e publicou *Teatro Infantil,* nas Edições El Puente, em 1964. Com o fechamento da editora, foi presa e internada em hospital psiquiátrico. Em 1966, exilou-se nos Estados Unidos e estudou literatura hispano-americana no Hunter College, em Nova York. Publicações: *27 pulgadas al vacío (*El Puente, 1961), *Teatro Infantil (*El Puente, 1964).

BRENE, José Roberto
Dramaturgo (1927-1990), sua formação dividiu-se entre Cuba e os Estados Unidos. Com o triunfo da Revolução, voltou a Cuba e em 1961 ingressou no seminário de dramaturgia do Teatro Nacional. Sua obra *Santa Camila de la Habana Vieja,* encenada em 1962 pelo grupo Milanés, fez enorme sucesso, e foi publicada em El Puente um ano depois. Obteve o prêmio para teatro José Antonio Ramos da Uneac, em 1970, com a peça *Fray Sabino*. Trabalhou ainda como assessor literário e fez roteiros para a televisão. Publicações: *Santa Camila de la Habana Vieja* (El Puente, 1963), *Pasado a la criolla* (El Puente, 1963), *El gallo de San Isidro* (Ediciones R, 1964), *Teatro* (Unión, 1965), *Fray Sabino* (Unión, 1970), *Teatro* (Letras Cubanas, 1982), *Pasado a la criolla y otras obras* (Letras Cubanas, 1984).

CABRERA, Ana Justina
Poeta. Faleceu em Havana, em 2002. Participou das Edições El Puente. Juntamente com outros intelectuais, foi acusada de planejar um complô em janeiro de 1968, pelo ministro da Educação José Llanusa Gobels, por haver participado de reuniões para elaborar um manifesto negro, que seria apresentado no Congresso Cultural de La Habana. Publicações: *Silencio...*

(El Puente, 1962). Foi incluída na antologia *Novísima Poesía Cubana* (El Puente, 1962).

CASAUS, Víctor
Nasceu em 1944, em Havana. Participou da escola de milícias, no batalhão 112, em 1960. Licenciou-se em língua e literatura hispânica na Universidade de Havana. Trabalhou como realizador de documentários no Instituto Cubano de Radiodifusión, em 1966. Trabalhou também como jornalista em diversas publicações. Tornou-se membro do conselho de redação de *El Caimán Barbudo*, em 1967. Colaborou na revista universitária *Alma Mater*, na revista *Canal* (da Escola de Letras da Universidade de Havana), e nas revistas *Casa de las Américas*, *Unión* e *La Gaceta de Cuba*. Nos anos setenta, foi diretor de documentários no Icaic, onde trabalhou na elaboração de roteiros. Dirigiu o documentário *Alicia*. Nos anos noventa, tornou-se diretor do Centro Cultural Pablo de la Torriente Brau. Publicações: *Todos los días del mundo* (1966), *¿Donde está Vietnam?* (1968), *Girón en la memoria* (1970), *Seis poetas* (antologia, 1970), *Poesía de Bertold Brecht* (organização, 1976), *Sobre la marcha* (1978).

COFIÑO LÓPEZ, Manuel
Em 1969, ganhou o prêmio de contos no Concurso 26 de Julio de las FAR, com a obra *Tiempo de Cambio*. Seu romance *La última mujer y el próximo combate* foi premiado no concurso Casa de las Américas, em 1971. Publicações: *Tiempo de Cambio* (1969); *La última mujer y el próximo combate* (1971).

CONTRERAS, Félix
Nasceu em 1939, em Pínar del Río. Formou-se na Escola de Instrutor de Arte de Havana. Foi instrutor de arte (teatro) e jornalista. Colaborou em *El Caimán Barbudo*. Publicações: *El fulano tiempo* (1969), *Debía venir alguien* (1971), *Cuaderno para el que va nacer* (1978), *Corazón semejante al tuyo* (1983), *Ultima persona, Gardelianas, Así es la rosa*. Publicou poemas na antologia *Cinco poesías jóvenes* (Cuadernos Girón, 1965). Sobre música publicou: *Porque tienen filin*; *Música cubana, antología personal*; *Eu conheci Benny Moré* (Hedra, 2003).

CORTÁZAR, Mercedes
Nasceu em Havana. Exilou-se em 1961, nos Estados Unidos, onde reside até hoje. Publicações: *El Largo Canto* (El Puente, 1960). Foi incluída na antologia *Novísima Poesía Cubana* (El Puente, 1962).

CUZÁ MALÉ, Belkis
Nasceu em 1942, em Guantánamo. Estudou na Universidade de Oriente. Estudou também letras na Universidade de Havana e foi jornalista literária. Recebeu menção no concurso Casa de las Américas com os livros *Tiempos de sol* e *Cartas a Ana Frank*. Exilou-se em 1980, com seu marido Heberto Padilla, nos Estados Unidos. Dirige a revista *Linden Lane Magazine*. Publicações: *El viento en la pared*, *Tiempos de sol* (El Puente, 1963), *Los alucinados*, *Cartas a Ana Frank*, *El clave y la rosa* (Madri, 1984), *Women on the Front line* (Unicorn Press, 1986), *Elvis: la tumba sin sosiego o la verdadera historia de Jon Burrows* (E. Press, 1994). Foi incluída na antologia *Novísima Poesía Cubana* (El Puente, 1962).

DÍAZ, Jesús
Nasceu em 1941, em Cuba, e faleceu em 2002, em Madri. Nos anos sessenta, foi professor de filosofia na Universidade de Havana. Dirgiu o suplemento *El Caimán Barbudo* de 1966 a 1967. Ganhou o prêmio Casa de las Américas, em 1966, com sua obra *Los años duros*. Fez parte do conselho de redação da revista de filosofia *Pensamiento crítico*. Em 1971, passou a trabalhar no Icaic, onde escreveu dez roteiros e dirigiu dois filmes de ficção. Em 1991, viajou a Alemanha para trabalhar como professor na Academia de Cinema de Berlim. Posteriormente, exilou-se em Madri e fundou em 1996 a revista *Encuentro de la cultura cubana*. Publicações: *Los años duros* (Casa de las Américas, 1966), *Las iniciales de la tierra* (Letras Cubanas, 1988), *Las palavras perdidas* (Déstino Áncora y Delfin, 1992), *La piel y la máscara* (1996), *Dime algo sobre Cuba* (1998), *Siberiana* (2000); *Las cuatro fugas de Manuel* (2002).

DORR, Nicolás
Nasceu em 3 de fevereiro de 1947. Estudou letras na Universidade de Havana. Recebeu voto especial do jurado Ezequiel Vieta na categoria teatro, no concurso da Uneac, em 1966, com *La extraña visita de los Abelineses*. Publicações: *Teatro* (1963), pelas Ediciones El Puente.

ESCOBAR, Froilán
Nasceu em 1944, em Madruga. Em 1966, foi redator do semanário *Pionero*, suplemento infantil do jornal *Juventud Rebelde*. Era militante da UJC. Seu poema ganhou menção no concurso Septimo aniversario de Juventud Rebelde, em 1966. Colaborou em *El Caimán Barbudo*.

FERIA, Lina de
Nasceu em Santiago de Cuba, em 1944. Foi incluída na antologia *Segunda novísima de poesía cubana*, organizada por José Mario, que foi impedida de ser publicada com o fechamento das Ediciones El Puente. Trabalhou na página cultural do jornal *Juventud Rebelde* e estudou literatura hispânica na Escola de Letras da Universidade de Havana. Em 1967, seu livro *Casa que no existia* recebeu o premio David de poesia para escritores inéditos da Uneac, premiação que compartilhou com Luis Rogelio Nogueras. O júri era formado por Manuel Díaz Martínez, Luis Marré e Heberto Padilla. Foi chefe de redação na segunda época de *El Caimán Barbudo*.

FULLEDA LEÓN, Gerardo
Poeta e dramaturgo. Foi incluído na antologia *Segunda novísima de poesía cubana*, organizada por José Mario, que foi impedida de ser publicada com o fechamento das Ediciones El Puente. Juntamente com outros intelectuais, foi acusado de planejar um complô em janeiro de 1968, pelo ministro da Educação José Llanusa Gobels, por haver participado de reuniões para elaborar um manifesto negro, que seria apresentado no Congresso Cultural de La Habana. Publicação: Poemário *Algo en la nada* (El Puente, 1961).

GARCÍA RAMOS, Reinaldo

Nasceu em 1944, em Cienfuegos. Estudou línguas modernas na Universidade de Havana. Em 1980, saiu de Cuba por Mariel e estabaleceu-se em Nova York, onde foi um dos fundadores e membro do conselho de direção da revista literária *Mariel* (1983-1985). Jornalista e tradutor, reside em Miami. Publicações: *Acta* (El Puente, 1962), *El buen peligro* (Madri, Ed. Playor, 1987), *Caverna fiel* (Madri, Ed. Verbum, 1993), *En la llanura* (Miami, 2001). Com o pseudônimo de Reinaldo Felipe, foi o organizador da antologia *Novísima poesía cubana* (El Puente, 1962), juntamente com Ana María Simo. Publicou também nas antologias de poesia: *Poesía cubana de la revolución*, de Ernesto Cardenal (1976); *Antología de la poesía cubana*, de José Miguel Oviedo (1968).

GRANADOS, Manuel

Escritor. Participou das edições El Puente. Juntamente com outros intelectuais, foi acusado de planejar um complô em janeiro de 1968, pelo ministro da Educação José Llanusa Gobels, por haver participado de reuniões para elaborar um manifesto negro, que seria apresentado no Congresso Cultural de La Habana. Radicou-se em Paris, onde morreu em 1998. Em 1991, assinou com mais nove intelectuais a *Carta de los 10*, que reivindicava reformas políticas e liberdade de expressão na ilha. Publicação: *Adire o el tiempo roto* (Prêmio Casa de las Américas, 1967).

HERAS LEÓN, Eduardo

Ganhou em 1968 o prêmio de contos da Uneac com o livro *La guerra tuvo seis nombres*. Recebeu menção de contos no concurso Casa de las Américas, em 1970, com seu livro *Los pasos en la hierba*. Pertenceu ao conselho de redação de *El Caimán Barbudo*, mas foi desligado pela repercussão do seu livro *Los pasos en la hierba*. Publicações: *La guerra tuvo seis nombres* (1968), *Los pasos en la hierba* (1970), *El acero*.

HERNÁNDEZ ESPINOSA, Eugenio

Eugenio Hernández nasceu em Havana, em 1936. Participou em 1960 do seminário de dramaturgia, organizado no Teatro Nacional, onde conheceu José Mario. Participou das reuniões do grupo El Puente e uma obra sua seria publicada na antologia *Primera novísima de teatro*, que permaneceu inédita com o fechamento da editora. Posteriormente, dirigiu o seminário de dramaturgia do Teatro Nacional. Sua peça *María Antonia* estreou em 29 de setembro de 1967, sob a direção de Roberto Blanco, com o grupo Taller Dramático y el Conjunto Folklórico Nacional. Apesar de polêmica, teve enorme êxito junto ao público. Juntamente com outros intelectuais, foi acusado de planejar um complô em janeiro de 1968, pelo ministro da Educação José Llanusa Gobels, por haver participado de reuniões para elaborar um manifesto negro, que seria apresentado no Congresso Cultural de La Habana. Trabalhou como assistente de direção, assessor literário e a partir dos anos oitenta, como diretor artístico do grupo de teatro de Arte Popular. Em 1977, obteve o prêmio de teatro Casa de las Américas, com sua obra *La Simona*. Dois filmes foram realizados baseados em suas obras: *Patakín*, em 1982, sob a direção de Manuel Octavio Gómez, e *María Antonia*. Dirige o projeto Teatro Caribenho. Publicações: *María Antonia* (Letras Cubanas, 1979), *La Simona* (Casa de las Américas, 1977), *Odebí el cazador* (Revista Tablas, 1984), *Emelina Cuandiamor* (Revista Tablas, 1989), *Teatro* (Letras Cubanas, 1989).

HERRERA, Georgina

Nasceu em 1936, em Jovellanos. Aos 20 anos, mudou-se para Havana. Trabalhou como doméstica até 1962, quando se dedicou à literatura. Publicações: *GH* (El Puente, 1962), *Gentes y cosas* (1974), *Granos de sol y luna* (1977), *Grande es el tiempo* (1989), *Gustadas sensaciones* (1996). Foi incluída na antologia *Novísima Poesía Cubana* (El Puente, 1962).

HINOSTROZA, Rodolfo

Nasceu em 1941, em Lima, no Peru. Viveu durante dois anos em Cuba, onde terminou seu primeiro livro de poemas *Consejero del Lobo*.

Publicações: *Consejero del Lobo* (El Puente, 1964; Tixi Produciones, 2003); *Contranatura*.

LÓPEZ MORALES, Eduardo E.
Nasceu em Havana, em 1939. Graduou-se primeiramente como contador público e posteriormente em língua e literatura espanhola na Universidade de Havana. Dirigiu a página de cultura do jornal *Juventud Rebelde*. Colaborou na primeira e segunda época de *El Caimán Barbudo*. Foi diretor do centro de documentação de Casa de las Américas. Nos anos setenta, trabalhou no jornal *Juventud Rebelde* e foi diretor nacional de literatura e publicações do Consejo Nacional de Cultura. Publicações: *Ensayo sobre el entedimiento humano* (poesias, 1969); *Camino a hombre* (1974).

MARIO, José
Nasceu em Havana, em 1940. Iniciou em 1959 estudos nas carreiras de filosofia, letras e direito, na Universidade de Havana, cursos que abandonou em 1962. Fundou e dirigiu a editora El Puente de 1961 a 1965. Trabalhou no Teatro Nacional, escrevendo peças infantis. Membro da Uneac, publicou poemas nas revistas *La Gaceta de Cuba* e *Unión*, entre 1963 e 1964. Foi preso após o fechamento da editora e esteve nove meses nas UMAPs. Exilou-se em 1968 na Espanha e viveu em Madri até morrer em 2002. Na Espanha, manteve seu trabalho como editor e publicou livros de escritores exilados cubanos pelo selo El Puente e La gota de agua. Editou também em Madri a revista *Resumen literario El Puente*, que circulou até o número 50. Recebeu duas vezes a bolsa *Cintas*, oferecida em Nova York pelo Institute of International Education, durante os anos de 1972 a 1974. Colaborou em diversas revistas como *Mundo Nuevo*, *Exilio* e a *Revista Hispano Cubana*. Publicações: *El grito* (CTCR, 1960), *La conquista* (El Puente, 1961), *De la espera y el silencio* (El Puente, 1961), *A través* (El Puente, 1962); *Clamor agudo* (El Puente, 1962), *La torcida raíz de tanto daño* (*El Puente*, 1963), *15 obras para niños* (El Puente, 1961 e 1963), *Muerte del amor por la soledad* (*El Puente*, 1965), *No hablemos de la desesperación* (El Puente, 1970 e 1983), *Falso T* (1978), *13 poemas* (Betania, 1988), *El profeta en su casa*, *Karma* (*La*

gota de agua, 1979), *Dharma* (La gota de agua, 1980), *Oración a San Lázaro.* Babalú-ayé, prícipe de Betania (La gota de agua, 1980), *El grito y otros poemas* (Betania, 2000).

MARTÍNEZ FURÉ, Rogelio

Etnólogo e poeta. Nasceu em 1937, em Matanzas. Em 1955, mudou-se para Havana e começou a escrever um romance sobre a vida do rei haitiano Henri Christophe. Estudou direito e trabalhou como funcionário administrativo diplomático. Foi pioneiro no estudo da literatura africana em Cuba. Organizou a antologia sobre poesia yorubá, editada por El Puente. Compilou os mitos yorubás *Ifá Dice*, que seriam editados por El Puente, não fosse o fechamento da editora. Foi um dos fundadores do Conjunto Folklórico Nacional, e trabalhou na criação dos seus primeiros espetáculos de música e dança. Trabalhou como pesquisador do Instituto de Etnologia e Folclore da Academia de Ciências, em 1963. Juntamente com outros intelectuais, foi acusado de planejar um complô em janeiro de 1968, pelo ministro da Educação José Llanusa Gobels, por haver participado de reuniões para elaborar um manifesto negro, que seria apresentado no Congresso Cultural de La Habana. Recebeu o Premio Nacional de la Danza e o Premio Nacional de Investigación en el horizonte de la cultura, em 2002. Participa do projeto de pesquisa "África na América Latina" e organiza um dicionário sobre poesia africana. Publicações: Organização de antologia de poesias da cultura afrocubana: *Poesía yoruba* (El Puente, 1963), *Poesía anónima africana* (1968), *Diálogos imaginarios* (1979), *Diwán africano: poetas de expresión francesa* (1988).

MOREJÓN, Nancy

Nasceu em 1944, em Havana. Obteve, em 1964, o prêmio de poesia da Escola de Letras e Arte da Universidade de Havana. Em 1966, licenciou-se em língua e literatura francesa na Universidade de Havana e recebeu menção de honra na categoria poesia, no concurso da Uneac, com *Richard trajo su flauta y otros argumentos.* Juntamente com outros intelectuais, foi acusada de planejar um complô em janeiro de 1968, pelo ministro da Educação

José Llanusa Gobels, por haver participado de reuniões para elaborar um manifesto negro, que seria apresentado no Congresso Cultural de La Habana. Em 1986, ganhou o Prêmio da crítica por *Piedra Pulida*. Recebeu o Prêmio Nacional de Literatura Cubana, em 2002. Dirige o Centro de Estudos Caribenhos de Casa de las Américas. Publicações: *Mutismos* (El Puente, 1962); *Amor, ciudad atribuida* (El Puente, 1964); *Richard trajo su flauta y otros argumentos* (1966); *Lengua de pájaro* (1971); *Reconpilación de textos sobre Nicolás Guillén* (1974); *Octubre imprescindible* (1978); *Parajes de una época* (1979); *Nación y mestizage en Nicolás Guillén*(1982); *Where the island sleeps like a wing* (1985); *Piedra Pulida* (1986); *Baladas para un sueño* (1989). Foi incluída na antologia *Novísima Poesía Cubana* (El Puente, 1962).

MORO, Lilliam
Nasceu em Havana, em 1946. Foi incluída na antologia *Segunda novísima de poesía cubana*, organizada por José Mario Rodríguez, que foi impedida de ser publicada com o fechamento das Ediciones El Puente. Estudou letras na Universidade de Havana e foi agraciada com o Primeiro Prêmio de Poesia Universitária em Cuba, em 1965, com sua obra *El extranjero*. Exilou-se em 1970, e reside na Espanha desde essa época. Recebeu em 2003 o Primeiro Premio de Novela Corta Villanueva del Pardillo, na Espanha, com o livro *En la boca del lobo*. Publicações: *La cara de la guerra* (1972), *Poemas del 42* (1989), *En la boca del lobo* (Verbum, 2004).

NOGUERAS, Luis Rogelio
Nasceu em Havana, em 1944 e morreu na mesma cidade, em 1985. Estudou literatura hispânica na Universidade de Havana. Tornou-se membro do conselho de redação de *El Caimán Barbudo* desde novembro de 1966, e desde janeiro de 1967 tornou-se, juntamente com Guillermo Rodríguez Rivera, responsável pela redação do suplemento. A partir do número 15, em junho de 1967, Luis Rogelio Nogueras tornou-se o único responsável pela redação de *El Caimán Barbudo*. Em 1967, seu livro *Cabeza de Zanahoria* recebeu o prêmio David de poesia para escritores inéditos da

Uneac, prêmio que compartilhou com Lina de Feria. O júri era formado por Manuel Díaz Martínez, Luis Marré e Heberto Padilla. Colaborou na revista universitária *Alma Mater* e na revista *Canal*, da Escola de Letras da Universidade de Havana. Luis Rogelio Nogueras e Guillermo Rodríguez Rivero foram premiados em 1976, com seu romance policial *El cuarto círculo*, no concurso de aniversário do triunfo da Revolução, promovido pelo Ministério do Interior. Em 1977, obteve o prêmio no concurso da Uneac, com seu romance de espionagem *Y si muero mañana*. Recebeu o prêmio de poesia Casa de las Américas em 1981, com *Imitación de la vida*. Publicações: *Cabeza de Zanahoria* (1967), *El cuarto círculo* (1976), *Las quinze mil vidas del caminante* (1977), *Y si muero mañana* (1977), *Imitación de la vida* (1982), *El último caso del inspector* (1983).

OROVIO, Helio
Nasceu em Santiago de las Vegas (província de Havana), em 1939. Licenciou-se em direito diplomático e trabalhou como jornalista. Seu poema ganhou menção no concurso *Septimo aniversario de Juventud Rebelde*, em 1966. Colaborou em *El Caimán Barbudo*. Publicações: *Este amor*.

PADILLA, Heberto:
Nasceu em 1932, em Pinar del Río. Foi colaborador de *Lunes de Revolución*. Em 1960, viveu alguns meses em Londres, onde abriu a primeira sucursal da agência *Prensa Latina* na Europa. Em 1963, trabalhou como redator do jornal *Novedades de Moscú*, na União Soviética. Foi membro em Cuba do conselho de direção do Ministério de Comércio Exterior, além de diretor gerente da Empresa Cubartimpex. Viveu um ano em Praga, como funcionário de Comércio Exterior. Seu artigo polêmico, publicado em *El Caimán Barbudo*, levou ao desligamento de Jesús Díaz e sua equipe da publicação, no final de 1967. Na época, trabalhava no jornal *Granma* e perdeu seu emprego. Obteve o prêmio nacional de poesia da Uneac, em 1968, com sua obra *Fuera del juego*. Preso junto com sua esposa Belkis Cuzá Malé, em 1971, foi acusado de realizar "atividades subversivas" e obrigado a fazer uma autocrítica pública, na Uneac. Em 1980, foi autorizado a exilar-se e passou a viver nos Estados

Unidos. Publicações: *Las rosas audaces* (1948), *El justo tiempo humano* (1962), *La hora* (1965), *Fuera del juego* (1968; 1998); *Provocaciones* (La Gota de Agua, 1973), *La mala memoria* (Plaza & Janes, 1989), *Fountain, a house of stone*.

PÉREZ SARDUY, Pedro:
Nasceu em Santa Clara, em 1943. Estudou letras clássicas na Universidade Central de Las Villas, além de língua e literatura inglesa e francesa na Universidade de Havana. Foi incluído na antologia *Segunda novísima de poesía cubana*, organizada por José Mario, que foi impedida de ser publicada com o fechamento das Ediciones El Puente. Recebeu menção de poesia no concurso Casa de las Américas, em 1966, por *Surrealidad*. Em 1967 recebeu outra menção, no concurso da Uneac, com seu livro inédito *Como una piedra que rueda*. Juntamente com outros intelectuais, foi acusado de planejar um complô, em janeiro de 1968, pelo ministro da Educação José Llanusa Gobels, por haver participado de reuniões para elaborar um manifesto negro, que seria apresentado no Congresso Cultural de La Habana. Atuou como jornalista em rádio desde 1965, em 1981 passou a trabalhar para a BBC Latin American Service. Trabalhou como escritor residente na Universidade de Columbia, entre 1989 e 1990, e posteriormente no Hunter College, em Nova York. Publicações: *Surrealidad, Under the Storyteller's Spell* (1989), *Cumbite and other poems* (1990), *Afrocuba* (1993).

RIVERO, Isel
Nasceu em 1941, em Havana. Trabalhou em 1959 no INRA e no Teatro Nacional. Foi incluída na antologia *Novísima poesía cubana* (*El Puente*, 1962). Exilou-se em dezembro de 1960 nos Estados Unidos, onde estudou sociologia e administração pública em Nova York. Por seu trabalho como assessora política e de informação na ONU, mudou-se em 1968 para Viena e posteriormente voltou a viver em Nova York. Também residiu em Namíbia, África do Sul, Angola, Moçambique e Ruanda (entre 1994 e 1996). Desde 1996, reside em Madri, onde é diretora do Centro de Informação das Nações Unidas para Espanha. Publicações: *Fantasías de la noche* (Ucar y García, 1959), *La marcha de*

los hurones (CTCR, 1960), *Tundra* (Las Américas Publishing Company, 1963), *Songs* (1968), *Night Rained Her* (1972), *Palmsontag* (1980), *Águila de hierro* (La Gota de Agua, 1980), *El Banquete* (La Gota de Agua, 1981), *Relato del horizonte* (Endymion, 2003).

RIVERO, Raúl
Nasceu em Morón, Camaguey, em 1946. Foi miliciano e lutou na Sierra de Escambray. Graduado em jornalismo pela Universidade de Havana. Trabalhou no jornal *Juventud Rebelde* e colaborou em *El Caimán Barbudo*. Em 1969, recebeu o prêmio David de poesía com a obra *Papel de hombre*. Em 1972, recebeu o prêmio Julian del Casal da Uneac pela obra *Poesía sobre la tierra*. Nos anos setenta, foi correspondente em Moscou da agência oficial Prensa Latina por três anos. Foi também correspondente na guerra em Angola. Trabalhou na Uneac como secretário de relações públicas e foi assessor do presidente Nicolás Guillén. Em 1982, ganhou o concurso 26 de Julio do Ministério das Forças Armadas, com os poemas *Panfleto* e *La canción del Ejército Rebelde*. Nos anos noventa, rompeu com o governo e tornou-se jornalista independente e militante pelos direitos humanos. Em 1991, assinou com mais nove intelectuais a *Carta de los 10*, reivindicando reformas políticas e liberdade de expressão. Em 1995, fundou a agência de notícias independente Cuba Press. Em março de 2003, foi preso (juntamente com mais 74 dissidentes) e condenado a 20 anos de prisão por "conspirar com a potência estrangeira para acabar com a independência e soberania do Estado cubano". Foi solto sob liberdade condicional em 30 de novembro de 2004 e exilou-se na Espanha em 2005. Publicações: *Papel de hombre* (1969), *Poesía sobre la tierra* (1972). Desde os anos noventa, foi impedido de publicar em Cuba e publicou fora da ilha: *Firmado en La Habana* (1996), *Estudios de la naturaleza* (1997), *Herejías elegidas* (1998), *Puente de guitarra* (2002), *Sin pan y sin palabras* (2003), *Poesia* (2004), *Provas de contato* (2005).

RODRÍGUEZ RIVERA, Guillermo
Nasceu em Santiago de Cuba, em 1943. Foi incluído na antologia *Segunda novísima de poesía cubana*, organizada por José Mario, que foi impedida de

ser publicada com o fechamento das Ediciones El Puente. Graduou-se em literatura hispânica na Universidade de Havana, onde se tornou professor de literatura. Membro do conselho de redação desde o primeiro número, tornou-se chefe de redação de *El Caimán Barbudo* a partir do número 5. Colaborou na revista universitária *Alma Mater* e na revista *Canal*, da Escola de Letras da Universidade de Havana. Ganhou menção em poesia no prêmio Casa de las Américas, com *El libro rojo*, em 1970. Guillermo Rodríguez Rivero e Luis Rogelio Nogueras foram premiados em 1976, com seu romance policial *El cuarto círculo*, no concurso de aniversário do triunfo da Revolução, promovido pelo Ministério do Interior. Publicações: *Cambio de impresiones* (Ediciones La Tertulia, 1966), "El libro rojo" em *Seis poetas* (1971), *El cuarto círculo* (1976), *En carne propia* (1983).

ROSACOLANO, Alberto
Nasceu em 1932, em Holguín. Colaborou em muitas publicações depois do triunfo da Revolução: *Verde Olivo, Sierra Maestra, Hoy, Ahora* e *La Gaceta de Cuba*. Publicou os primeiros poemas em 1955. Obteve o prêmio de melhor poema dedicado a *V Zafra del Pueblo*, com "Donde echaron las cañas sus raíces". Recebeu menção de honra na categoria poesia, no concurso da Uneac, em 1966, com *Diestro en soledades y esperanza*. Publicações: *Diestro en soledades* (1967), *A cara y cruz* (1970), *Es de humanos* (1976), *En buenas manos* (1978), *Porque tenemos héroes* (1982), *Fundar la gloria* (1988), *Ella dibujada por la lluvia y el recuerdo* (1988), todos de poesia. Em Prosa: *Apuntes para un estudio acerca de Manuel Navarro Luna* (1979), *El ultimo de los raros* (1982), *En años del reposo turbulento* (1984).

SANTIAGO RUIZ, Hector
Nasceu em Havana, em 1944. Estudou arte dramática em 1958 e participou de programas infantis na televisão. Em 1959, participou como bolsista do seminário de dramaturgia no Teatro Nacional de Cuba, criando muitas obras de teatro infantil. Sua obra *Iroko* (com temas afro-cubanos) foi escolhida para a inauguração da sala Avellaneda do Teatro Nacional de Cuba. Como Santiago Ruiz, publicou o livro de poesia *Hiroshima*,

pelas Ediciones El Puente, em 1961. Foi incluído na antologia *Novísima poesía cubana*, publicado pela editora El Puente, em 1962. Trabalhou como bailarino, professor de dança, coreógrafo, ator de marionetes e diretor de teatro. Em 1968, foi assessor teatral do Consejo Nacional de Cultura e finalista no concurso de teatro de Casa de las Américas, com a obra *Dios en el cielo y el diablo en la tierra*. Preso em 1965 por ser "anti-social", em 1967 foi novamente detido por tentar fugir do Serviço Militar Obrigatório. Obteve uma bolsa concedida pela Centro Dramático do Oeste em Rennes, França, em 1968, mas o governo impediu de recebê-la. Em 1969, foi interrogado pela Seguridad del Estado por seu nome ter aparecido na revista *Mundo Nuevo*, publicada em Paris. Em 1970, foi incluído na lista dos "parametrados" do Consejo Nacional de Cultura. Quando tentava sair clandestinamente de Cuba, em setembro de 1970, foi preso e condenado a três anos de prisão em campos de trabalhos forçados. Em 1974, foi novamente julgado pelo delito de vacância e foi obrigado a trabalhar recolhendo sucata em 1975. Trabalhou como produtor e coreógrafo em 1977, em espetáculos de cabaret ligados ao Instituto da Indústria Turística. Em 1979 consegui exilar-se devido a sua ex-condição de preso político, viajando a Madri e estabelecendo-se em Nova York. Publicações: *Hiroshima* (Ediciones El Puente, 1961).

SERRANO, Pío E.
Nasceu em San Luis, no Oriente, em 1941. Estudou filologia hispânica e literatura cubana na Universidade de Havana. Foi incluído na antologia *Segunda novísima de poesía cubana*, organizada por José Mario Rodríguez, que foi impedida de ser publicada com o fechamento das Ediciones El Puente. Colaborou em *El Caimán Barbudo*, na revista universitária *Alma Mater* e na revista *Canal*, da Escola de Letras da Universidade de Havana. Reside desde 1974 em Madri, onde fundou e dirige desde 1990 a Editorial Verbum, atividade em que promove a literatura cubana e hispano-americana. Fundador da revista *Encuentro de la cultura Cubana*, juntamente com Jesús Díaz, em Madri, em 1996, projeto no qual participou até o terceiro número e retornou como membro do conselho de redação em 2004, no

número 34/35. Membro do conselho editorial da revista *Hispano Cubana*. Publicações: *A propria sombra* (1978), *Cuaderno de viaje* (1981), *Segundo Cuaderno de viaje* (1987), *Poesía reunida* (1988).

SIMO, Ana María
Era estudante de jornalismo em 1960. Trabalhou na agência de notícias Prensa Latina. Foi co-editora das edições El Puente. Organizou a antologia *Novísima poesía cubana*, juntamente com Reinaldo García Ramos, pela editora El Puente, em 1962. Foi militante do Movimento 26 de Julho e posteriormente da União de Jovens Comunistas. Com o fechamento da editora, foi presa e internada quatro meses em hospital psiquiátrico. Exilou-se na França em dezembro de 1967. Reside nos Estados Unidos. Publicações: *Las fábulas* (El Puente, 1962), "A deathly sameness", "Growth of the plant". In: COHEN, J. M. *Writers in the New Cuba* (1967).

YANES, José
Nasceu em 1945, em Havana. Em 1966 era funcionário da Uneac, quando recebeu o prêmio de poesia no Conselho Provincial de Cultura e recebeu menção de honra na categoria poesia, no concurso da Uneac, com *Permiso para hablar*. Em 1967, concorreu ao prêmio David para escritores inéditos da *Uneac* e seu livro de poemas *Abrazo al hombre* recebeu menção e recomendação do júri para publicação. Colaborou em *El Caimán Barbudo*.

LIVROS PUBLICADOS PELA EDITORA EL PUENTE

ABASCAL, Jesús. *Soroche y otros*. Havana: El Puente, 1963.
ABDO, Ada. *Mateo y las sirenas*. Havana: El Puente, 1964.
ÁLVAREZ, Antonio. *Noneto*. Havana: El Puente, 1964.
BARNET, Miguel. *Isla de guijes*. Havana: El Puente, 1964.
BARROS, Silvia. *Teatro infantil*. Havana: El Puente, 1964.
------ *27 pulgadas de vacío*. Havana: El Puente, 1961.
BRENE, José R. *Pasado a la criola*. Havana: El Puente, 1963.
------ *Santa Camila de la Habana Vieja*. Havana: El Puente, 1963.

CANIZARES, Dulcila. *Cicatrices de sol.* Havana: El Puente, 1962.

CORTÁZAR, Mercedes. *El largo Canto.* Havana: El Puente, 1960.

CUEVAS CARRIÓN, Guillermo. *Ni un sí ni un no.* Havana: El Puente, 1962.

CUZA MALÉ, Belkis. *Tiempos del sol.* Havana: El Puente, 1963.

DORR, Nicolás. *Teatro.* Havana: El Puente, 1963.

FELIPE, Reinaldo. *Acta.* Havana: El Puente, 1962.

------; Simo, Ana Maria (org). *Novísima poesía cubana.* Havana: El Puente, 1962.

FERNÁNDEZ GUERRA, Angel Luis. *La nueva noche.* Havana: El Puente, 1964.

FULLEDA LEÓN, Gerardo. *Algo en la nada.* Havana: El Puente, 1961.

GARBINSKI, Ana. *Osaín de un pie.* Havana: El Puente, 1964.

GRADANOS, Manuel. *El orden presentido.* Havana: El Puente, 1962.

HERRERA, Georgina. *GH.* Havana: El Puente, 1962.

HINOSTROZA, Rodolfo. *Consejeros del Lobo.* Havana: El Puente, 1964.

JUSTINA CABRERA, Ana. *Silencio.* Havana: El Puente, 1962.

MARTÍNEZ FURÉ, Rogelio. *Poesía Yoruba (antología).* Havana: El Puente, 1963.

MARIO, José. *A través.* Havana: El Puente, 1962.

------ *Clamor agudo.* Havana: El Puente, 1961.

------ *La conquista.* Havana: El Puente, 1961.

------ *De la espera y el silencio.* Havana: El Puente, 1961.

------ *Muerte del amor por la soledad.* Havana: El Puente, 1964.

------ *15 Obras para niños.* Havana: El Puente, 1ª ed., 1962; 2ª ed., 1963.

------ *La torcida raíz de tanto daño.* Havana: El Puente, 1963.

MILIÁN, José. *Mani omi omo.* Havana: El Puente, 1965.

MOREJÓN, Nancy. *Mutismos.* Havana: El Puente, 1962.

------ *Amor, ciudad atribuida.* Havana: El Puente, 1964.

RODRÍGUEZ HERRERA, Mariano. *La mutación.* Havana: El Puente, 1962.

RUIZ, Santiago. *Hiroshima.* Havana: El Puente, 1961.

SANTANA, Joaquín G. *Poemas en Santiago.* Havana: El Puente, 1962.

SIMO, Ana María. *Las fábulas.* Havana: El Puente, 1962.

TAMAYO, Évora. *Cuentos para abuelas enfermas.* Havana: El Puente, 1964.

AGRADECIMENTOS

Este trabalho é um desenvolvimento da Tese de Doutorado *Os intelectuais cubanos e a política cultural da Revolução (1961-1975)*, defendida em outubro de 2005 no Departamento de História da Faculdade de Filosofia, Letras e Ciências Humanas da USP. À minha orientadora, Profa. Dra. Maria Ligia Coelho Prado, que desde a graduação estimulou meu interesse pela história da América Latina e de Cuba em especial, minha imensa gratidão por todo seu apoio e dedicação, pois possibilitou que esse livro fosse gerado com tantos estímulos.

Agradeço a leitura atenta, os inúmeros comentários elaborados na Bancas de Qualificação e Defesa pelos professores Maria Helena Capelato, Marcos Napolitano, Kátia Gerab Baggio, Márcia Mansor D'Alessio, Mary Anne Junqueira e Teresa Cristófani Barreto. O grupo de pesquisadores em história da América, coordenada pela Profa. Ligia, também acompanhou de perto esse trabalho e realizou muitos comentários e críticas valiosas.

No Brasil, a Bolsa de Doutorado concedida pela Capes foi fundamental para a realização da tese. Agradeço também à Fapesp pela concessão do auxílio publicação, que viabilizou este livro.

Para a realização da pesquisa em Cuba, recebi ajuda de muitos amigos e colaboradores, que tornaram minha estância mais proveitosa na ilha. Sou grata a Raúl Rivero, ao Prof. Guillermo Rodríguez Rivera e a Georgina Herrera, pelas entrevistas concedidas; a Antón Arrufat, José Prats Sariol e Enrique Saínz, pelas valiosas indicações. A Pedro de Oraá, por ceder-me generosamente a reprodução de sua obra para capa de meu livro *Cultura ilhada: Imprensa e Revolução Cubana*. Em especial, agradeço a atenção e carinho recebido de Rosa C. Báez Valdés e Guadalupe Pubill, pelas colaborações na Biblioteca Nacional José Martí. Lina Alfonso, Emilio Jorge Rodríguez, Maria Cecília Barquet e Antonio Vidal também me auxiliaram com recomendações e com seu fraterno apoio.

A Bolsa de Doutorado Sanduíche do CNPq no exterior, recebida na Espanha, foi imprescindível para a conclusão da pesquisa. Meus sinceros agradecimentos à Profa. Dra. Elda González Martínez, minha co-orientadora no Consejo Superior de Investigaciones Científicas (CSIC), que me recebeu de maneira tão calorosa e muito me auxiliou durante minha estadia na Espanha. No CSIC, contei também com a colaboração da Profa. Dra. Consuelo Naranjo Orovio, do Prof. Dr. Alfredo Moreno e com o apoio amigo da pesquisadora Asunción Merino Hernando. Durante minha permanência em Madri, foram muitos os que colaboraram com sugestões ou doações bibliográficas, entrevistas e indicações importantes, que viabilizaram meu trabalho. Agradeço especialmente às entrevistas de Pío E. Serrano, Lilliam Moro, Isel García, Waldo Balart, Eladia Mendo Duarte, Fabio Murrieta, César Leante, Tony Évora e ao Prof. Carlos Taibo, da Universidade Autônomia de Madri. Contei ainda com a amizade de Adriana Ulloa, Mara Mamede, Pedro Mir e Pablo Fernández Alemny.

O Prof. Dr. Jesús Barquet, da New Mexico State University, em suas visitas como professor visitante na USP, tem acompanhado com grande entusiasmo minhas pesquisas sobre Cuba, desde o mestrado. Graças a seu auxílio, tive acesso a valiosos textos, além de muitos comentários que enriqueceram o meu trabalho. Meus agradecimentos ao Prof. Dr. James N. Green, da Brown University, que me forneceu novos livros em suas vindas a São Paulo. O Prof. Dr. Carlos Espinosa, da Seton Hall University, também colaborou com sugestões e materiais bibliográficos em sua vinda ao Brasil.

Diversos amigos me auxiliaram ao longo dessa jornada. Em especial, Mariana Martins Villaça e Idalia Morejón Arnaiz foram parceiras e cúmplices nas dificuldades e alegrias de estudar a cultura cubana a partir do Brasil. Agradeço a Mariana por acompanhar-me tão de perto e afetivamente desde o mestrado e a Idalia, por me ajudar a compreender certos enigmas que lhe são mais familiares. Gabriela Pellegrino Soares, Luiz Bernardo Pericás, Ival de Assis Cripa e Ricardo Gessa trouxeram-me importantes contribuições bibliográficas de suas viagens. A Alvaro Bianchi, sou grata por seus comentários teóricos e sugestões bibliográficas. Stella Maris Scatena Franco compartilhou comigo os desafios percorridos durante a pós-graduação. Também lhe agradeço pela parceria na elaboração do livro didático para o ensino médio, *Revoluções e reformas no século XX*.

Minha família sempre me acompanhou de forma muito especial. Meus calorosos agradecimentos a meu pai Antonio, Anair, minha mãe e aos meus irmãos, Adriana e Mauro.

A Henrique Soares Carneiro, por seu imenso amor, amizade, apoio e cumplicidade, ao longo de tantos anos que compartilhamos a vida juntos. Ao meu filho Michel, maior fruto de nosso amor, por dar-me a indescritível alegria de gerar uma nova vida e acompanhar-me em meu ventre durante a redação da tese. Aos dois, dedico esse trabalho.

Este livro foi impresso na ProlGráfica no verão de 2009. No corpo do texto foi utilizada a fonte Adobe Caslon tamanho 10 com entrelinha 14.